U0947408

正乾坤

统纪诸家归德

总御群方宗性

德学宗义

王爱品◎著

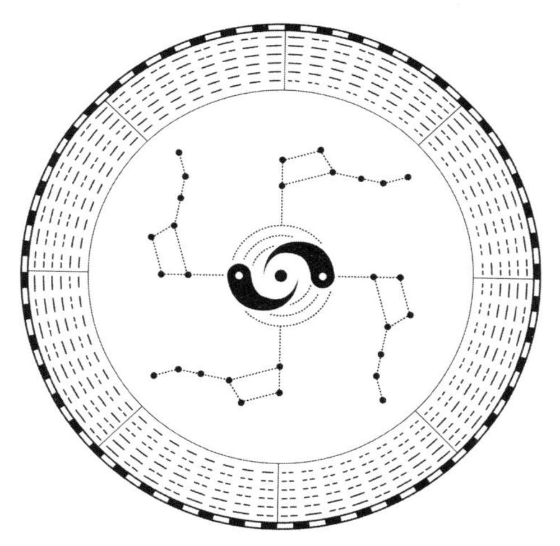

亨册 | 正乾坤

图书在版编目（CIP）数据

德学宗义 . 亨册 : 正乾坤 / 王爱品著 . -- 北京 :
华龄出版社 , 2022.10

ISBN 978-7-5169-2389-4

Ⅰ . ①德… Ⅱ . ①王… Ⅲ . ①道德—研究—中国
Ⅳ . ① B82

中国版本图书馆 CIP 数据核字 (2022) 第 173883 号

策划编辑 董巍　　**责任印制** 李未圻

责任编辑 郑雍　　**装帧设计** 郑博文　牛书磊

书　名	德学宗义 . 亨册	**作　者**	王爱品
出　版 **发　行**	华龄出版社 HUALING PRESS		
社　址	北京市东城区安定门外大街甲 57 号	**邮　编**	100011
发　行	（010）58122255	**传　真**	（010）84049572
承　印	北京文昌阁彩色印刷有限公司		
版　次	2023 年 1 月第 1 版	**印　次**	2023 年 1 月第 1 次印刷
规　格	710mm × 1000mm	**开　本**	1/16 开
印　张	21	**字　数**	270 千字
书　号	978-7-5169-2389-4		
定　价	1199.00 元（全四册）		

目录

法序卷　易道法序 /001

卷之言：从四易体证到九易法则 /003

章一　体时位方法系统

体时位贯穿四易体证 /007

章二　九易法则

方圆：神圆方知 /044

有无：有无互生 /052

藏相：内藏外象 /060

顺返：循顺置返 /073

阴阳：负阴抱阳 /080

终始：终而复始 /090

动静：消息盈虚 /100

体用：同体同用 /111

生灭：唯生识灭 /122

序德卷　乾坤同治　/149

卷之言：从乾坤同治到秩序七建　/151

章一　乾坤同治

乾　坤：君子与治道　/155

章二　无序之难

屯　卦：无序之难　/176

章三　秩序七建

蒙　卦：启蒙之道　/194

需　卦：养需之道　/218

讼　卦：治讼之道　/240

师　卦：军政之道　/258

比　卦：确制之道　/275

小蓄卦：德礼之道　/293

履　卦：德位之道　/312

法序卷：易道法序

卷之言：从四易体证到九易法则

本卷以四易之道与九易法则共同呈现易道法序。以体时位方法系统领起，以九易法则统领。之所以言法序，在于四易之道与九易法则乃道法秩序，以独立不改且周行不殆之特性得常运转。

体时位方法系统。言体时位者，乃分析卦、爻、卦与卦、爻与爻，以及卦象和爻象而常用的体、时、位三者之方法，以此构成析易的体时位方法系统。体，有本体、总体、大体、小体、个体之汇，虽因“体”的取用不同而呈现的位域对待不同，但在同体位域里，诸体皆汇，故皆言体。时，有大时、小时、卦时、变时、具时之分，因“时”之变化而以盈虚消息贯穿，且盈虚而有动静，以动静见其位。位，有德位、序位、体位、卦位、爻位之别，体不同、时不同，则位必然有差别。无论是卦中言位，还是卦与卦交易，以及爻与爻变易，皆依位而言，故而位域差别而德位不同，又以“位”的当位、称位、配位属性而有德位法则。德位法则成为分析位是否得正的重要法则，尤其得吉、凶、悔、吝之占而系其辞。

四易之道。由周易、不易、变易、简易四者呈现四易之道。因法序和本性，呈现了事物变易的诸变原理，言诸变原理之全者，乃周易也；以“周”言性，无所不包亦无所不起用，来承载不易、变易、简易而有周遍之易的正是“周易”。从“易”而言，周易乃周遍之易，是“易”一种内容和形式；从“周”而言，乃以周易总枢易理，以周易总持不易、变易、简易、交易等一切易之特性，且包罗易理内容；从道体四域并德性四体的本来体性观而言，有周易易周本体论。不易者，自然法则也；自然法则以不易之特性，使万物尊法则而变易，所谓因生而易与依易而化的生化原理的背后，正是法则所主，自然法则为变易提供变之理和易之度。变易者，乃体性合相因“道生之”之“生”而主的生之易，亦乃变易之本质。简易者，以取象比类“简易”之法而达乎深入浅出之用；圣人设卦观象，立系辞言明吉凶，刚柔相推而见变化，正是行简易之法，使本质与外象之间产生必然联系，经“取象比类”化繁为简，虽有简出，但外象诸事物亦有万变不离其宗之则。

体时位贯穿四易体证呈现错综复杂系统、德位法则系统、吉凶悔吝系统、明暗术用系统等。错综复杂乃由体时位方法系统贯穿的两卦或多卦之间的变易、交易关系，主一卦到另一卦的错卦、综卦、复卦、杂卦变化关系，以体卦与错卦、综卦、复卦、杂卦交易相互而成错综复杂系统。以当位、称位、配位来解析体时位所成之卦体，可依“位”而见时体，又能见四易体证之过程，而呈现出德位法则，以德位法则析卦且行德政治道而有诸卦的德位法则系统。体时位贯穿四易体证必因“位”而见德，又从错综复杂卦而相推变化，故而可知吉凶；在吉凶悔吝系统中言吉凶有占吉凶、知吉凶、治吉凶之过程。因凶吉而生治道，尤其是以明治暗，使德位法则在明暗术用系统中言治理之用，而生明暗术用系统。

九易法则。由“神圆方知”的方圆法则、“有无互生”的有无法则、“内藏外象”的藏相法则、“循顺置返”的顺返法则、“负阴抱阳”的阴阳法则、

"终而复始"的终始法则、"消息盈虚"的动静法则、"同体同用"的体用法则、"唯生识灭"的生灭法则共同呈现九易法则。

方圆法则乃由以圆达方并以方贯圆的方圆义呈现至微至彰同体承载的法则。有无法则乃由有无互生呈现生化源流变的法则，尤其强调"有生于无"呈现生化之源而见体性圆融的法则。藏相法则乃由内藏外象在藏相系统中呈现藏相内外属性的法则。顺返法则乃由循顺置返机理呈现道生之生化动态的法则；是联系大道生化过程而解构时空体中生化延展性的法则。阴阳法则乃由负阴抱阳机理呈现的阴阳生化的法则。终始法则乃由终而复始机理呈现的如环无端却能知终始的法则；以及以终而复始贯穿之周易易周之动态，使其呈现如环无端且周遍圆明之特性的法则。动静法则乃由动静二相机理呈现的体用分化动态的法则；以及基于阴阳而解构刚柔相摩的动静机理，尤其是发生体用动静以及消息盈虚动静的法则。体用法则乃立于体和用两者共同呈现体用相的法则；以及基于体用而解构动静二相机理，尤其是发生体用动静的法则。生灭法则乃由唯生识灭机理呈现的唯识生灭之法则；以及基于唯识而解构外、身、内诸事物之生灭过程，尤其是发生藏象系统内的唯识生灭与传导机理之法则。

易道法序。遵其"方圆、有无、藏相、顺返、阴阳、终始、动静、体用、生灭"九易法则之易道，以四易体证作用在圣、圣化凡、在凡、凡转圣的周易易周完整过程。易道法序，正是遵其九易法则之易道，以四易体证作用周易易周的完整过程，独立不改且周行不殆，作用于任何宏观、微观，盈虚变化的事物，包含一切至微至彰时空性之表达。

章一：体时位方法系统

体时位贯穿四易体证

体时位贯穿四易体证

何为易？乃以“体时位”之大方，呈天地万物之四易；一曰周易，二曰不易，三曰变易，四曰简易；以德位总枢之机，察实理自然源流之踪，见万变不离其宗之性。

由事物变易的源流与流变关联，有万“变”之诸变，而万变不离其宗的正是“不易”的自然法则，以自然法则不易之序，统领其“宗”，再以“简易”深入浅出而达识、用；之所以能知易、习易、懂易，且用易，便在于任何一种变易皆由性起用，而性乃不易之“宗”所朝之本性——德性。以“周”言性，无所不包亦无所不起用，来承载不易、变易、简易而有周遍之易的正是“周易”。万变不离其宗之本性，乃是由法入性，再由性起易，易以实相，使万变万易皆活性也。

正因法序和本性，呈现了事物变易的诸变原理，言诸变原理之全者，乃周易也。变易在不同的德位位域会呈现不同的“体”，能以周遍圆明之性统纳诸体，唯“周易”以周易易周程式完整呈现道体四域的源流变过程，且在道体四域见玄德、圣德、用德、证德之德性四体，包括不易之九易法则亦贯穿其中。所谓不易非一成不变，而是尊法序而序易；不易之易，正是由法入性再由性起易呈现的变易，为变易在法序上的用相，所谓独立不改又周行不殆便是如此。四易以体时位交易其中，形成四易系统。所谓四易体证而不言四易体用，在于不取用之下，而达证之上。

周易。从“易”而言，乃周遍之易，是“易”一种内容和形式；从“周”而言，乃以周易总枢易理，以周易总持不易、变易、简易、交易等一切易之特性，且包罗易理内容。从道体四域并德性四体的本来体性观而言，有周易易周本体论。周易易周本体论，为在圣、圣化凡周而易与在凡、凡转圣易而周，共同呈现的在圣、圣化凡、在凡、凡转圣周易易周程式。道→母→器程式中，在圣为“道”域，圣化凡为从道域联系“母”域生化“器”域的生化关联；在凡为“器”域，凡转圣为从“器”域打破“母”域升华到“圣”域的生化关联。

在圣之“圣”为无极圣，圣化凡之“圣”为太极圣，而“凡”则为天下万物，圣化凡乃无极而太极的生化变易过程，为周而易；在凡之“凡”为坤尘凡，凡转圣之“凡”为有情凡，而“圣”为自性圣，乃内证自性圆满的正阳进德变易过程，为易而周。周易易周程式，从“易”而言，正是基于因生而易与依易而化的生化原理，以及三圣三凡含义下的生化源、流、变关系，由易道贯穿的四易体证系统。一切不易、变易、简易、交易，皆是在此本体程式下言说具体内容。周而易易而周的周易易周，因性起用，使任何“易”都呈现出圆明而圆满的状态。

在周易易周程式里，以“化”和“转”的生化联系，呈现在圣、圣化凡、在凡、凡转圣的动态“易”变过程。在圣与圣化凡周而易，乃无极而太极过程，为天地万物生化之过程，以太易→太初→太始→太素→太极先天五太贯穿其中；在凡与凡转圣易而周，乃正坤返乾过程，以乾坤总纲性命双修而易坤周乾，为内证德性而自性圆满的性命之道，以“坤→复→临→泰→大壮→夬→

乾”正坤返乾修真图为正阳进德之轴，辅以他卦呈现修真的路线与火候。

不易。从万变言易，不易的正是万变所朝之“宗”——自然法则，自然法则以不易之特性，使万物尊法则而变易，所谓因生而易与依易而化的生化原理的背后，正是法则所主，自然法则为变易提供变之理和易之度。自然法则之所以不易，乃独立不改之特性，正因独立不改，方能主万变而不离其宗，虽言不易，却又在周易易周程式里，以“方圆、有无、终始、阴阳、动静、体用、藏相、顺返、生灭”九易法则作用于任何宏观、微观和盈虚变化的事物，乃周行不殆之特性。

独立不改又周行不殆，乃易道以不易呈现的“易”的特殊状态，不易非恒定不易，而是以法则主变易之特性来尊法序而序易。言独立不改，是从变易来言不易，以法则之易理主其变，如阴阳法则，主导阴阳盈虚变化，随阳消阴盛在卦象上呈现乾→姤→遯→否→观→剥→坤执妄迷失过程，再随阴消阳长，在卦象上呈现“坤→复→临→泰→大壮→夬→乾”正阳进德的正坤返乾过程，阳消阴盛与阴消阳长皆是阴阳消息的变易过程，而这种变易正是遵照阴阳法则所变化，在执妄迷失于正阳进德过程中，阴阳法则以不易之特性，主阴阳盈虚一切之变易；在正阳进德过程，其一爻阳长到二爻阳盛，乃至六爻阳全，乃变易之度，其法则又显其法度。

尊法序而序易，乃周行不殆之变，是从周易易周之总持动态而言，乃同体位域下的不同位域对待。之所以是九易法则而非唯一法则，乃九种不同的法则各主其同体位域下的变易，不易之易，正是由法入性再由性起易呈现的变易。事物并非单一法则所主，乃九易法则共同主其不同位域下的变易，以及自身尊法序而序易，九易法则以交易杂糅在一起，虽有多种法则共同作用，但混杂而不乱。

变易。万事万物皆在周易易周程式下变易，正因有变易，才赋予了大道“道生之”动态哲学观，“道生之”之“生”，正是由生、变、易呈现诸事物的生化源流变关联，才形成生化本质、生化原理、生化过程构成的恒顺生势，大道“道生之”恒顺生势便是对“变易”的哲学描述。在“因生而易与依易而化”大道恒顺生势过程中，便有了源——生与流——化三者一体生化关联，源，为大道恒顺生势道生之中“生”的本原和本质的发源，常特指无极道体的本源，有了无极的源以及道生德蓄的本原和本质，而有道生之，以此起“源”的生，便是源与生的交互圆融同体承载，但任一变易之“源”并非都是基于无极道体之源，而是由性起用，在什么位域阶段便有与之对应的德性起用，这便是道体四域与德性四体合相如如而起用变易的源。

道生德蓄体性合相的大道具足清净、周遍圆明，以真如体如来义显金与阳的延展性，此延展性为阳蓄而大，阳大为元，自元阳之大而蓄积生动，成物形之与势成之顺生之势，乾元生生之健之势成，以此生生之健依顺而有长→育→成→熟→养→覆生变易过程，自“覆易”产生易相态的临界状态，呈现从生的缘起到长育成熟养的生变易蓄积过程，以及变易后显现出往象，便完成了生→变→易，而这个生变易单元便是往象，也构成了因生而易与依易而化的生化原理。因生变易而出往象，又基于往象恒顺道生之，往象这个最基本的道生之单元生化后，就成为道生之生化属性下的“物形之”，并以往象的物形依恒顺生势定律而成势，随着“物形之”“势成之”在一定因缘条件下的和合集聚，再以道生之的恒顺生势贯穿，就呈现了道生之生化过程。

简易。以取象比类“简易”之法而达乎深入浅出之用。圣人设卦观象，立系辞言明吉凶，刚柔相推而见变化，正是行简易之法，使本质与外象之间产生必然联系。其八卦取象以“乾健、坤顺、震动、巽入、坎陷、离丽、艮止、兑说”为原则，对宇宙万象从八卦八个内涵属性上进行系统的类比和取象，其取象有相对取象、相反取象、相因取象等方法，经“取象比类”而化繁为简，归入八卦之类，既御并归类万物，又行变与简的“简易”之法，使外象诸事物万变不离其宗。

《易·系辞》说：“八卦成列，象在其中矣”“易者，象也”“彖者，言乎象者也”“圣人设卦观象，系辞焉！而明吉凶，刚柔相推而生变化。是故吉凶者，失得之象也；悔吝者，忧虞之象也；变化者，进退之象也；刚柔者，昼夜之象也。六爻之动，三极之道也”，其八卦之象大致有爻画之象、方位之象、爻位之象、爻变之象、错综之象、互体之象、卦情之象、像情之象、承乘比应中之象等，其八卦取象以“乾健、坤顺、震动、巽入、坎陷、离丽、艮止、兑说”为原则，对宇宙万象从八卦八个内涵属性上进行系统的类比和取象，其取象有相对取象、相反取象、相因取象等方法，经“取象比类”化繁为简，呈现八卦的变与简之象，便是简易之法。

正因取象比类，使人与宇宙万物产生全息交易的联系，同时宇宙中的任何一分子又反过来都与其他全息交易相互，行“简”则能窥自身而联系其他，行“变”则能以一卦变八卦，再以八卦的错综复杂关系而知其他。故而全息时空性，以天人合一全息元象就能找到大生命的必然联系，而形成宇宙生命观，如人体经络子午流注，从人体内部的时空体视野把天地外时空体融合起来，从而形成完整的人体内外历法，把人的生命律动与自然大道融在一起。八卦取象比类的简易之法，便是藏相法则的载体，其主导变易的本性与作用变易的法则为并不可见之“藏”，而诸外象易见，以内藏外象呈现藏相内外的交易联系，所谓“妙万物而为言者也”便是如此。

《系辞》曰：“易有圣人之道四焉，以言者尚其辞，以动者尚其变，以制器者尚其象，以卜筮者尚其占。”四者，皆四易之易道所主的变化之道。“言”所以述易道变化之理，以言求理而尚其辞，乃以辞达变化之理；“动”所以述易道之变动，动则变，顺动变之理则入易道而知变动，乃尚其变；辞以明变象之理，占以断变象之应，制器作事，当体乎象，卜筮吉凶，当考乎占。

以不变应万变。《系辞》曰："言天下之至赜而不可恶也，言天下之至动而不可乱也。"至赜者，乃至杂乱而混乱不堪，此乃人厌恶之因，杂乱而深奥难懂，将为人所恶；正因生厌恶却不可恶，在于可入至幽之义而达简出，乃易可行简也，若生厌恶则离易道远矣；深有深之理，简有简之用，易道虽有四易之变易之道，但亦有不变之理，若被变动所乱则易道远矣，故执易理通变道，以不变应万变，知变易之理而不为动所乱，方能观易变而应变在先。

错综复杂系统

言体时位者，乃分析卦、爻、卦与卦、爻与爻，以及卦象和爻象而常用的体、时、位三者之方法，以此构成析易的体时位方法系统。体，有本体、总体、大体、小体、个体之汇，虽因"体"的取用不同而呈现的位域对待则不同，但在同体位域里，诸体皆汇，故皆言体；时，有大时、小时、卦时、变时、具时之分，因"时"之变化而以盈虚消息贯穿，且盈虚而有动静，以动静见其位；位，有德位、序位、体位、卦位、爻位之别，体不同、时不同，则位必然有差别，无论是卦中言位，还是卦与卦交易，以及爻与爻变易，皆依位而言，故而位域差别而德位不同，又以"位"的当位、称位、配位属性而有德位法则，成为分析位是否得正的重要法则，尤其得吉、凶、悔、吝之占而系其辞。

易之本体，乃周易易周程式下的周易、不易、变易、简易四易系统，四易系统并非单一取用，而是彼此交易联系且共同作用，以能达其本而见易之性，故而有"本体"之称，若能明晰以性起用之妙，则任一之易皆能见其本体。易之总体，乃六十四卦体与三百八十四爻体，以及基于八卦而取象比类的诸多交易联系之体，但万事万物总体皆能归入六十四卦体与三百八十四爻体。易之大体乃在六十四卦内基于某种属性的类分之体，如秩序七建、小人七难、灾祸八体、君子九德、君子九明、交感五通、养正七建、德教十政等，皆围绕某一主旨而重构的体系，形成新的易之大体；大体乃总体下的类分，集合诸多卦之小体而着重言明特定主旨。易之小体，常为卦体，多以单独一卦为体，在具体问题时，也有以一卦之中的某爻为体而辨其时、位，且因时、位而联系其体，让时位成贯穿卦之小体而联系诸多卦体。易之个体，乃卦之小体中某爻之体或具体一事、一人、一象之体。从易之本体到卦之小体以及爻之个体，都遵循着同体位域而一体承载之原则，任何一事、一人、一象之个体，都能见本体，而诸事物又亦是从本体所出，乃本体所显的具象。

界说空间位域，是藏相系统中以大道体性内容结构，从道生之的“生”联系道体四域和德性四体的“位”“域”内涵，而见乾天、坤地、相虚之间的源流变化，又把界说域以道生之的“生”串联联动起来，使其同体，为既在大道体性上分位域，又从位域联系同体，乃分析“体”内涵时的同体位域之方法，使其以同体位域的同体承载呈现周易易周程式的本体动态。

其位域的界说是一种分析方法，之所以可以分位域来界说，在于既可以是整体观，又可以在整体观下的界定位域而具体对待，并且可以从整体到局部再联系整体而见本体。由“体”呈现的同体位域，从界说位域方法上，建立了以道、法、体、用、证的多位域体系，并以“化”和“转”变易其中，又交易其中，从而建立“体”之间的内在联系。从大道体性来说，天地指道体域，而乾坤指道性域，正因同体位域之界“定”，使大道体性圆融同体承载，同时又体性各域；因同体位域而有“体”，故而因体不同而位不同，其有尊卑之位便是“体”处同体时为尊，处同体中的域体时为卑，同时道性所作用的道体阶段不同而亦有尊卑，乾作用天，显圣德，坤作用地，显用德，圣德为体，用德为用，坤为乾化，用为体出，故乾天圣德显尊位，坤地用德显卑位。立于体用法则和体用相上，便能将性体之位界定，又能定尊卑之位。

易之大时，乃法序之时，如阴阳盈虚变化过程中所呈现的“时”状态，便是大时。从周乾易坤的乾→姤→遯→否→观→剥→坤执妄迷失过程可知，阴妄从乾体生，离乾体而一阴成姤，随阴势浸长而至坤体，整个执妄迷失过程阳消阴长，以时成轴，而呈阴阳盈虚之大时。其正坤返乾“坤→复→临→泰→大壮→夬→乾”正阳进德过程亦是大时所主。此大时被阴阳法则所主，以法则独立不改其常度的不易特性，值“大时”时，不可与敌。

易之小时，乃大时法序之中的小时，小时通常便是卦体之时。在周乾易坤以及正坤返乾过程，每一个卦体阶段皆是小时贯穿之体，正因大时被小时串联，才形成了体时位的交易变化，大时赋予小时盈虚过程，小时成为大时之体位，随阴阳盈虚之动静，时变则爻位变易，爻变亦致使卦体易变，时变之前处卦的交易状态，变后以交易成新卦体。在周乾易坤过程中，小时被大时赋予，阴妄自是而长，一阴在下而成姤体，后随阴妄渐长，阴浸阳而盛大，被大时赋予而渐生遯、否、观、剥之体，直到纯阴之坤体，其姤、遯、否、观、剥便是周乾易坤大时中的小时，小时成体而生姤卦、遯卦、否卦、观卦、剥卦之卦体。反之，正坤返乾“坤→复→临→泰→大壮→夬→乾”正阳进德过程亦是。

小时之卦体以“体”便成为大时之位，所谓六位时成，大时之成，必被小时以卦体之“位”贯穿，从而六位集时又集体，以时位体系统之位域而有大时之同体，大时一体承载小时的体时位系统再以自身周行来合道体之位，在更高的位域成小时。在乾卦言“时成六龙以御天”，所御之“天”，乃阴阳法则所主之时，大时赋予小时盈虚变化之法则与法度，小时以时位体贯穿大时而言“成”，在阴阳盈虚过程之“龙”形里，可见卦体之迹，可以卦位探卦体。

卦时，特指消息卦之卦时，大时赋予小时，以小时之位，使卦必有具体所指之时，或必有卦体居卦时之位。小时与卦时的区别就在于卦时以卦体呈时，乃具体“时”之所指，而小时虽立卦体言时，但包含了爻位交易与变易的整个“时”的过程，故而不单单使卦体之时，还有交易与变易过程中所含的时，也就是在每个具体卦时之间有中间过程，而这个中间过程“时”交易着其他众多卦体。

在周乾易坤和正坤返乾过程中，随阴阳盈虚而有十二消息卦，阳去阴来为“消”，乃阳消，阴去阳来称“息”，为阴息；十二消息卦亦称十二辟卦，“辟”者所主也，乃以卦体主卦时之义；十二消息卦配十二个月，每一卦主一月之时，复卦一阳动息而主子，乃十一月之时，临卦二阳生息而主丑，乃十二月之时，泰卦三阳开息而主寅，乃正月之时，大壮卦四阳壮息而主卯，乃二月之时，夬卦五阳决息而主辰，乃三月之时，乾卦六阳全息而主巳，乃四月之时，姤卦一阴遇消而主午，乃五月之时，遯卦二阴浸消而主未，乃六月之时，否卦三阴来消而主申，乃七月之时，观卦四阴大消而主酉，乃八月之时，剥卦五阴尽消而主戌，乃九月之时，坤卦六阴全消而主亥，乃十月之时。

十二消息卦被阴阳法则所主，精气贯大时，卦体贯小时，卦时主盈虚，变化呈动静，演绎出时令更替和变化，连续连贯独立不改又周行不殆循环往复。周乾易坤和正坤返乾过程乃阴阳法则所主之不易，精气贯大时乃时空所居，以不易之法性而有神。大时赋予小时而有小时贯大时过程的盈虚动静，此乃卦体小时的变易之道，因变易才能贯通，使小时动而不居，时成大时。小时之变易，在不易之阴阳法则下变动，其消去息来井然有序，在时令更替与变化中，见四季更替与日夜变化乃入其简易，其大时、小时、卦时皆又随时交易，取一能贯其他，动一而动全身，皆乃交易之力。

十二消息卦以大时连续连贯循环往复，独立不改又周行不殆，又以小时变动不居，大时乃小时之体，小时乃大时之位，又贯穿卦时，使体时位在同体承载过程中灵活变动而得神。周乾易坤易而周，正坤返乾周而易，以此入周易易周程式，乃周易统领其不易、变易、简易、交易之性，既用于四时显四季更替，更超越时令更替而作用任何生变易之事物。所谓卦体贯小时合精气贯大时，其贯大时之精气乃太素至精与五天五云气，源于生而未分分后循生之先天，流变于太极浑伦生变易而呈后天，卦体小时之精气正是后天藏象祖气，独立成体，又以神主气精而与先天法序相连。

变时，指卦中六爻之时，六爻值“时”而变，故六爻之时变动不居，既在本卦变动，又变易成他卦而交易相连。六爻之变时以卦时为体，其“时”之所指虽不超乎卦体时令之外，但因变易又连接其他卦体，故而变时既在卦体之内又超乎卦时之外，如同言“复卦一阳动息而主子，乃十一月之时”，其主“子”之复卦，并不单指十一月，所取时空位域不同，则时令所指不同，在同体位域中，所取“体”不同，则体时位皆不同。知变时，有利于厘清在“体”不变的情况下，因变时之动而呈现事物发展的过程，若再能联系变易之时以及卦之小时，则能判断事物在时轴上的走向，再在变动之中根据体时位而知吉凶悔吝。

具时，乃卦或爻呈现的具体所指之时。蛊卦有“先甲三日，后甲三日”，乃值蛊卦应推原先后，虑之深，推之远，而思治蛊之道；甲为十天干之首，取“甲”言蛊为造蛊祸之端，从“甲”以记，先甲三日，为“辛”，借言新，以尚新、取新而言治；后甲三日，为“丁”，借言叮咛、叮嘱，以叮咛之嘱咐言防祸于未然。临卦有“至于八月有凶”，乃知先前之弊祸，临体先有凶，或其凶祸存于临体之先，临卦二阳临四阴，从时令消息而言，至“八月”其阳有道消之患，故而阳消阴又长，使其原本阴之不正之祸更盛大而成“凶”，故言有凶；临卦以“至于八月有凶”立戒，在于警惕阴又盛长而使阳道消之弊。复卦有“七日来复”，乃阳气复生于下，以一阳来复而七日阳气刚壮出震，以内阳刚壮之震示阳道之成，正道复立，七日者，乃逢七生变，为阳蓄成刚而出实质变化之时。损卦与益卦皆有“与时偕行”，乃日益万阳而蓄德之谓，损益修身之道，皆因时制宜，损其当损之物，益其当益之事，益阳而万物进益，育德亦如是。

以取象言时，取象之时多为具象之时。丰卦以“日中”，晋卦以“明出地上”言时，其“日中”和“明出地上”皆取象，乃以“时”取象，借时取义而言辞。丰卦“日中”取象，乃丰卦以明为主，以日中之明，照而无所不及，连幽隐亦能照；日中照幽隐，便是去忧患之故，丰主明，而生明之法在于有德，且“日中必昃”，故丰以雷电皆致立象，警示处丰要行有明之德照，不能行丰而无实以及尚大假丰之政。晋卦以“明出地上”取象，离为日，性明而照，六五主晋，以柔履尊，柔进而上行，有顺而丽乎大明之德，明出地上，乃万物进长之时；易有晋、升、渐三卦，晋如日之方出，其义最优；取“明出地上”为象，言内阳能以外德入内阳之进，以内外合德之功，明出地上而有离明以照。

在六十四卦中，犹在彖辞中言“时”，有豫卦、随卦、颐卦、大过卦、遯卦、解卦、姤卦、革卦、旅卦等言“时义大矣哉”，又有坎卦、睽卦、蹇卦言“时用大矣哉”。“豫之时义大矣哉！”豫之时义乃法序之时义与豫体治理之时；法序之时义，以日月四时顺动之理，知法序见天地，洞悉“顺以动”之至理，以及在豫卦所呈现的天地顺动→日月四时顺动→圣人顺动→建侯君子顺动→民众顺动等顺动位序之理；法序之时义，既有大时又贯穿小时，又有卦要之具时——其九四从隐伏地中健德行健到雷出地上，必以“时”成，被时所赋予；豫体治理之时义，乃治豫需时，从君子行谦建侯到治豫生豫乐，皆需时；“豫之时”为治豫需时以及以制礼尊德之德治而可见德果之时，尤其是德服之德果产生之时，更非一日可成；治豫需时，从行谦到治豫，既待君子修身健德，以及志行进位，又需待制礼崇德的治之时，制度建立并完善，以及民众从制与履制皆需要相当长的过程，而这个过程，便是“时”。

“随之时义大矣哉！”随卦以唯变所适主随，只有以随物应情之过程而明心见性，才能成其心能辨物而不被迷惑，故君子师泽中有雷而随物应情之象，宜静养而不宜妄动，心神宜入宴息一念不起而不宜随识妄动以妄逐妄；只有自强不息修身健德方为大利贞正的随“时”之道，只有阳足德固的随时之生息，方能成一念之随时，一事之随时、一物之随时……从而心不随境转固守心阳，得其妙明真心才能治随道有成。

“颐之时义大矣哉！”以颐道成颐体而具颐养之时，时者，人按时进食，并以“时”的随处可见而随时可用，随时随地都有“自求口实”的颐事，故颐之事关乎天下大事；从颐之时求颐道来养万民，便是颐德，既是颐的卦体之德，又是颐义自身之德；君子知颐时，通颐德，进颐养万民而正邦之志，行颐养术用之正而大行颐道之时。

“遯之时义大矣哉！”遯有大时亦有小时，大时为周乾而易坤的乾→姤→遯→否→观→剥→坤执妄迷失过程，此为阴长成势之时；小时，为卦体之时，卦体之时以位成体。大时不可与敌，遯以行避藏志应对之，显遯体之明。大时之法序可夺任何卦体使其失体，但此种之“夺”为“浸而长”，其“时”是宏大时空的时概念，或已然超脱常规时概念，存在于不同法序体系里，只能以“震”网通大小法序而通之，从小时贯大时，再从大时降小时，必通易的时、位、体以及震传德承序之大器。

“姤之时义大矣哉！”姤以时成，言时，又值时，在时轴上有位而成姤体，故而姤以时、位、体备具而成卦。时者，为成姤之主轴，姤之阴，长在乾，阴从气形质的过程长成而有位，成长在乎时，阴之质与阴之位皆以“时”成，正是阴之质与阴之位成，才成其姤体，姤体成方有柔遇刚之势，姤因时义方成其姤义，在周乾而易坤过程中，从乾到姤的开端赋予了“时”轴之起势。故而姤之时，既是姤成体之小时，亦是执妄迷失之大时。

“姤之时义大矣哉！”革卦以“治历明时”犹言革时，乃以治法序之知而健明德，以明德知革时与革势，使当革之时方革。革卦以“巳日乃孚”言革信与革时，革者，处革当取革信于先，革时，为当革之时方能革，不能强革为祸。巳，居天干之中，后序庚辛，以万物辟藏诎形而言万物有始发之义但仍隐伏；以巳言始，后序庚辛，从始发而发育，继而成变革之体；庚者，犹更也，辛者，言新也，以庚辛言更新、去故之变革。革变，要经过一个周期的检验，既不能一蹴而就，又要循序渐进。革时以度、以数、以位言孚信，当如日、月、列星般有序，以信之正序来言革始于自然法序之革序； 历者，示天地法序之历数，以日月星辰各行其度，亦各有其数，皆为示之以自然法序，君子观四时之象，以历法裁定并推演天地之革数，既授人时，又可以此历数察革时，实则以治“历”而明法序之要，法度之质。君子以治历明时，从治历而知历，以知而察，以察而明，以明通法序之本，德性之地，从而明德彰显。以“顺乎天而应乎人”之天时、地利、人和齐备而生革，再以革变出新，以新序治于邦，从而以革新民。

“旅之时义大矣哉！”观卦之全体来言，正因山上有火，才有行羁旅之事，卦中柔暗者行羁旅，连九三与上九有刚且用强之人亦受火在而不得不行旅，只有九四、六二与六五能正旅，旅体继丰体，从丰体穷尽而来的旅体，定是先有羁旅之实，才有正旅在后，特别使六二以柔居艮，以中正柔顺之德出诚于内，才是旅卦有羁旅与正旅的分水岭，故六二出诚需时，六五治明顺刚亦需时。在旅卦有刚明君子与柔暗小人因德位差别而分野之事，君子与小人位域分野，正是由卦时所呈现的羁旅与正旅治道之别，羁旅之旅应祸履灾，正旅之旅治离明而升华法制文明。

“险之时用大矣哉”。坎卦言“时”，在于坎难发生过程有“时”义，从初应难到陷难，又从陷难到陷之又陷之重陷，从重险之难到坎难至深重，再到维心君子济难，皆依时而成，尤其是遇时位得体时方有维心君子出，亦时位得体时才能使维心君子正位居体，且中间还贯穿了君子三习三炼之过程，以及“行险而不失其信”治中孚健信的过程，皆依时、待时而成。不知“时”之变，不明出入无期究竟何义。时者，处坎体乃正道之天时，唯有孚维心者能通天时。之所以有“时用”便在于三习三炼出有孚维心君子必用险时，以重险坎难之用，而习教事，唯自健德方能出重险之难而自升。

“睽之时用大矣哉！”睽有时义，亦有时用之义。睽之时义，在于睽体从内违到外离的过程，需睽时所赋予再以动成用，家道并非一日可穷，乖张之性情亦不能一日致两体离散，皆需“时”所赋予。睽之时乃睽体内之时，在睽体内可见因“时”不同所致的家道穷而睽违之变化。睽之时用，乃睽体必行其用，无论是成体之时用，还是治睽求同之用，皆有时用义。治睽求同之用，正是天地睽而其事同、男女睽而其志通、万物睽而其事类之理，立新事势可统一违合，无论是天地、男女还是万物，要用其建新序而求同之时用，立新势而生趋同内体，待时、位皆不违而相和时来正位且建序。时用，乃待时而用，且用而需时；待时而用，乃用其二女性情之动，用而需时，乃治睽求同需赋予新的体、时、位，使其在新体、时、位条件下能变违有同。时用与时义的区别便在于时义只需顺承其特有属性而顺延“时”之发展，时用以其“用”则能变易其体、时、位，使其卦体进入新的卦体阶段。

体时位贯穿四易体证呈现错综复杂系统。错综复杂乃由体时位方法系统贯穿的两卦或多卦之间的变易、交易关系，主一卦到另一卦的错卦、综卦、复卦、杂卦变化关系，以体卦与错卦、综卦、复卦、杂卦交易相互而成错综复杂系统。本卦是不变之卦，错卦、综卦、复卦、杂卦便是由本卦的变易之卦，故而错综复杂言变易之“变”，而错综复杂系统中多卦交易相互，既能互通彼此，又能触类旁通他卦，从而形成一卦与六十四卦系统紧密相连。

错卦，乃两卦互“错”，阴爻与阳爻完全相反而错，爻位求反而卦体相对，如天风姤的错卦便是地雷复卦，姤卦主阴生，复卦主阳生，阴生之体与阳生之体完全相对，且卦时亦因变而不同。错卦与体卦位位相反，各自走向自己的对立面，所谓双方递相否定又在错变中予以肯定便是如此。

综卦，又称反卦与覆卦，把六爻翻转颠倒而成的卦，把体卦的初爻作综卦的上爻，以此类推，二爻与五爻互巅，三爻与四爻互巅，如天风姤卦之综卦为泽天夬卦；如果说错卦是完全否定而达肯定，综卦便是换我作你与换你作我而又不全盘推倒，所谓“覆”，并非反而倾覆，而是交换立场。

复卦，乃交互而复合，亦称交互卦或互卦；把体卦的第二、三、四、五爻按照第三、四、五爻为上卦，第二、三、四爻为下卦，先交互再复合，使其重新成为一个卦；其中第五爻下连到第三爻，下连为交，第二爻上连到第四爻，上连为互，以此交互后再以上卦和下卦重新复合。如火雷噬嗑卦的交卦为坎，互卦为艮，坎为上卦与艮为下卦交互复合而成水山蹇卦，故火雷噬嗑卦的复卦便是水山蹇卦。复卦乃体卦之内在，交与互不同，不同在爻位不同和时位亦不同，以不同的时、位交互联系，把内在交易联系放在另一个崭新位置，这个崭新的位置便是先取交互再使复合的复卦。

杂卦，既有将本卦的内卦与外卦互换而成杂卦，乃上下二体的体位交杂，使其成为一个新卦之说，如师卦的杂卦为比卦，又有将交互卦再进行错、综的分析而得到互卦的错综卦，使其杂糅众卦。或者将本卦、变卦、错卦、综卦、复卦杂糅一起分析，使其多角度看待问题。

变卦，因爻变而成变新卦，爻变者，乃遇老阴、老阳而生变，乃卦中一爻变或多爻变，多在占卦时用，乃遇极生变，老阴是阴之极，阴极而变阳，老阳是阳之极，阳极而变阴，所变之爻为变爻。变卦乃卦中爻变而成卦，故乃本卦向变卦基于爻变的直接变化。

错综复杂主变，其“变”产生了新卦体，新卦体与本卦又成为整体，在整体下变，以此相互联系，既能更加全面认识本卦现状，又能根据变化看到事物的发展状态。错综复杂既是变易思维，更是整体思维，如错卦与综卦既因变化而组成两两的关系，又超越两两而错综复杂其他，建立由一卦变八卦以及他卦紧密相连的变易系统。错综复杂系统有利于去固化思维且建立多面看问题的系统，变卦为事情发展的直接变化或变化后的结果，错卦是与本卦完全相反的角度的卦，综卦是从另外一种角度思考本卦而看变化。

错综复杂系统是不易、变易、交易在卦上的直接呈现，在错综复杂的变易中看体时位，会发现体时位灵活多变，不拘泥于固定形式。错综复杂是基于卦与卦之间的关系而言，但根本上还是卦体中“时”“位”“体”之变，错卦的阴爻与阳爻完全相反乃时变，因“时”而阴爻与阳爻相错，综卦与交互卦乃位变，杂卦以内卦与外卦互换乃“体”变，故而错综复杂系统以体时位主变而变易相连，再交易相互。

德位法则系统

易之序位。乃法序之位与秩序之位，在道→母→器呈现的周易易周程式里，其道域、母域、器域乃秩序之位，在圣、圣化凡周而易与在凡、凡转圣易而周的“化”和“转”联系中，见其生变易之法序，而主导生变易之法序者，乃九易法则也，法则以不易之特性主其变化而生法序，故而有道→母→器“程式”以及周易易周“程式”，其程式便是法序的一种形式，因法序而赋予秩序，乃序位的高级形态。法序之位，九易法则主导并作用生变易的先后而生位；秩序之位，乃程式的位域之位。在六十四卦中言秩序之位，为被易之大体赋予，如在治君子九德系统里，修身健德有成有身德称位而有君子之身位；其九卦所呈从困→复→损→益→恒→井→巽→履→谦的治君子过程，便是易之大体的一种“序”的形态，因“序”的赋予而在身德系统有身位；君子立身位进位而当位，在德政系统当政而主政位。

易之体位。因“体”在总体、大体、小体、个体的取用不同，而有体位之别。体位者，乃因体而有位，其“体”为位之体，如在治君子九德系统之“体”里，其九卦任何一卦皆是九德系统之体位。体位，被“体”所赋予，时常在易之大体里言位，时常超出六十四卦而言自然法序。

易之卦位与爻位。卦由爻组成，因爻位而成卦，爻位成而卦体成，爻位定而卦位定且卦序亦定。卦位，卦体所处的位，通常在卦序中言，但卦序非既定不变，故卦位亦根据“体”而变位。卦有爻成，阴爻言六，阳爻言九，其卦爻的个数便是爻位，由三爻所成之卦为经卦，有八经卦；由经卦成体而两两组合成别卦，有六十四别卦；经卦在别卦中居上者为外卦，居下者为内卦，而外卦与内卦便是别卦之位，内卦常称内体，外卦常称外体。爻位变则卦体变，卦体变则卦位不同，所变之爻位亦不同。爻以时成，自居有位，以位呈体，卦体以时位体成，且卦体又呈卦时，自身又有卦位，因卦时、卦位而交易他卦成序，而有易之大体或序体，故而皆体时位成卦与成序也。

德位，乃“位”之性，依“位”的当位、称位、配位属性而确“位”之德性。当位者，法序之位与礼序之当，乃位任所系；称位者，当位之任与职责所当，乃称职所系；配位者，尽职之位与善政之当，乃德果所系。以当位言卦中之位，以称位言当位之任与职责所当，以配位言位的尽职之当和当位之德。

当位。当位之“位”几乎处处可见，犹以当中位或当尊位而著称；如同人卦六二“柔得位”而当位，比卦九五以“位中正”当尊位。同人卦之六二以阴居阴，得下卦之中，又与九五正应而得位，六二以“柔得位，得中而应乎乾”成同人之主；同人九五刚健中正居尊位，二以柔顺中正得其正应，为皆得其中德与皆居其中位，二应乎乾，为既应志又应阳德；二得中成离，火德离明且炎上；中则联系上下，成同人的天火之象，同人者，阴者皆同；天火者，乾阳明丽，而阴者亦燃，燃者火德升华而阳明；以“柔得位得中而应乎乾”的天火之主，成其独特的阴者皆同、阴者亦燃的同人之象；在爻中，同人六二以宗法之吝道治理众同人君子，得其治同人之密钥。比卦九五以阳居中而当尊位，比卦之君乃为君之典范，既得益于比卦君主的确制之圣功而称位，又显著于他崇高之君德而配位；九五安位有法，治有安邦确制、安民求亲比、安位限王权不徇私、安服含容设礼、安德以德化天下之五安之术，以当位、称位、配位之范让其成为志明、法明、为明、显明、德明五明圣君，从而产生“上下应”之德服。

称位。多卦均有当位而能称位之爻，如师卦九二以当位治师有功而称位；亦有小畜卦之六四因得位而称位。在师卦，六五君主以“德”凭行任用之道，对比“长子”当位且健德以及“弟子”失位且无德的现状，锡命九二为帅师，九二阳爻为众阴之主，以刚居下卦之中，又应于五，以阳中统众阴而为统帅“师”之“丈人”；九二以“位”德和“丈”能成军队统帅，以治军齐律之典范，行王丈之德范，而称位其能，九二成王丈亦决定了军队在开承后行治师以政的思想，又得称位之德。小畜卦六四以阴柔得位，成小畜卦之主，在卦中，众乾阳君子志心向邦，政治联合“密云”已成，但政见协商未成而“不雨”，六四以一阴蓄止众阳，通过以柔蓄乱以及以柔蓄志化解矛盾，继而以礼怀柔、以礼定序、以礼蓄大等术用，以政治联合之共体，行小畜德政之实，再以礼序而微入邦、民，出现“既雨”的亨通状态；小畜之六四得位提出了礼，并发展了礼，从“礼”的术、用到礼序，再升华到治于精神，乃称位其能，不仅使小畜卦得治，又以德礼之道沉淀德文明而有称位之德。

配位。常以当位之位行称位之能而有配位之德。在鼎卦，以九二成“贤器”和六五成“德器”而有得其配位之德。九二以刚居中与五相应，得正且阳刚有实，为鼎有实之象，九二以鼎有实之象养贤，以两相虚位之贤器际出来静待圣贤；五柔二刚，举鼎以贤，鼎器便成贤器，鼎体便成贤体，既利贤就位且当位，又利王鼎安其位有实，使鼎体重新成序，以纳新而出新。君王既有去故之决心，又得出新取新之方法，更有使鼎体成为贤器之大气度，这便是鼎体能大治且治天下的原因所在。六五以虚中履尊，有“鼎黄耳金铉”之象，在鼎卦以“耳”言尊，全凭尊位之大德，离明中德以照，使呈黄离之色，故而尊位中德昭著，除了尊位有其中德外，鼎之全卦，从立“鼎”象而健君子使命、王道使命、文明使命、德位使命、道德使命这五位使命，从而使天下君子正位居体，健德于身，进位以位，行善以政而凝重天命，使精气神畅于四支，发乎事业，以此凝“命”而通天下大同之志，犹鼎器之重而不可移，从而以尊位之当位，称位全卦，且配位“鼎”之大德。

德位法则。以当位、称位、配位来解析体时位所成之卦体，可依“位”而见时体，又能见四易体证之过程，故而呈现出德位法则。在六爻中，六爻皆相互交易其位、时，又有取象之简易，从简易入法象而析位，以位见时，见时而见其变易之过程，因变易而得错综复杂之卦体，卦体之间又彼此交易相互，使其“位”不仅是六爻之位，乃交易相连的错综复杂卦体所关联之位。以德位法则析卦，主要从时、位之变而见其“位”德，再由位德见卦体所呈之法序以及卦体之治道，卦体因治道而有卦德，从卦德可知卦在法序之位，以及由自然法序所呈的天地之大德，既入大道本性，又让我们见自性而合道。

当位其位、称位其能、配位其德的德位法则乃见治道并见德之利器，但亦有位不当，或当位但不能称位其能，或能称位但无配位其德者，如大壮卦之六五，六五阴柔居尊，值阳壮之体其性柔则为离阳而居，故言六五位不当，但位中得正，又居尊位，以得中和得尊化解了其位不当之忧虑；尊位赋予了六五将执中正之道而护大壮全体，值大壮之四刚刚盛大势下，六五以尊位治其过，以柔化刚，用和易之术防其大过，故而六五有称位之能。虽有称位之能却无配位之德，六五以和易之术防其刚壮之势大过，将危害化解，但大壮卦之所以有从大正到正大的升华，便在于以德化之功，使内在刚壮之德外化成政，尊位之君若不能主导从大正到正大之道，则失尊位之德，就算六五有化危之功，但无使善政、德教普施之能，六五仅治其无悔，却无内刚化外政之功，为以尊位仅行中道，却未执正大之道，若不能以内之刚盛来壮外之大政，则不能全大壮养大体并全大体的养正理想，故六五虽有称位之能但却无配位之德。

《系辞》曰："天尊地卑，乾坤定矣。卑高以陈，贵贱位矣。动静有常，刚柔断矣。方以类聚，物以群分，吉凶生矣。在天成象，在地成形，变化见矣。是故刚柔相摩，八卦相荡，鼓之以雷霆，润之以风雨；日月运行，一寒一暑。乾道成男，坤道成女。"从体时位贯穿四易体证解析之，以尊卑之"位"所"定"的乃天地人三才本体，以乾坤天地定尊卑，按体性来说，天地指道体域，则乾坤指道性域，这个"定"是整体观的定，即大道体性圆融一体同体承载，同时又体性各域。那么尊卑何位呢？为德位，德为道性，故为道性作用的道体内容与阶段不同，而有尊卑，乾作用天，显圣德，坤作用地，显用德，圣德为体，用德为用，坤为乾化，用为体出，故乾天圣德显尊位，坤地用德显卑位。立于体用法则和体用相上，便能将性体之位界定，又能定尊卑之位。

在同体位域上，卑与高皆同体承载，如六爻卑高之位，源流之体主生变易而得流变之体，其源流之体因生化之源，显“贵”义，流变之体因被生化而显“贱”义，万事万物莫不由卑下之近而知高大之远，以取象陈列在外而知藏相之内，外象易知，而主外象之法则与性难测，但因同体承载之“位”而能藏相内外，贵贱与尊卑皆可知，故而知尊卑，在于同体位域中的源流与流变之位，乃德性在不同的位域呈现的不同德位特性，从天地人本体而言，乃以道体四域见玄德、圣德、用德、证德之德性四体而位。

动静之“常”，乃主动静之法则显“不易”之特性，因法则独立不改之特性而为常道。动静能断刚柔，无外乎阴去阳来为“息”，阳来而刚，阳去阴来为“消”，阴来而柔，消息盈虚以时贯穿，爻位之时变而见刚柔，爻位之时再主卦体小时，小时见精气，精气动静而贯大时，故以刚柔动静之精气而见大时之气神，大时者，九易法则周行之时，其大时皆由刚柔动静同体承载，之所以能“断”，在于爻位之时位皆生成有数，有外象之物成，必有藏相之气数交易贯穿。

吉凶之“生”。乃体时位贯穿的卦体必因“位”而见德，有德而吉，无德有凶，有德乃向阳从正之果，无德乃阴妄不正之果；位有德则体有德，时成而能类聚党同者，位无德则体必占凶，若不待其时变而从正，必被时位群分，以别于有德君子。方以类聚，物以群分，物之类聚与群分，乃取象比类“简易之法，通过类聚与群分之特性，推现象之变化而立吉凶。类聚者，党同也，群分者，志异也；之所以言“方”，在于使其类聚与群分之治道也，治道有为而见德，乃以位以德见吉凶之髓；群分的乃君子与小人之类别，小人常因趋利而类聚成阴类，君子有大志，虽党同却并不轻易结党。以吉凶之占见治道之德，乃吉凶之道；吉凶之占，先占其位，再占其治，位有吉凶两者，得治则得吉，非治则凶，其占并不生吉凶，乃占后之治方生吉凶之果，故而“治”乃吉凶之变，如小人阴而不正，再妄行趋利必凶，治身德可成君子，故可从凶得吉。

变化之“见”，乃通过外象与藏象的源流之推而生大知之明，因明而见。变化者，生变易所主之变易，因生变易而有源、流、变，外象可见，外象乃同体位域下的外象，同体承载而变化相连之源，便是不可明见之藏象，见外象可相推源流而明藏象，此“明”便是建立在藏相法则下的大知之明，大知乃知藏相法则，因藏相法则主藏相内外而明外象与藏象之间的联系，故而见变化便知联系。在乾藏界、相虚界、坤形界的藏相系统中，天象为乾藏界之藏象，地形为坤形界之外象，从外象而知藏象乃藏相法则主之，以藏相内外而知变化。在同体承载的源流与流变的生变易关联，见一处而知其他，亦知其变化之源，外象之成，必是藏象所生，而贯穿其中之“变化”便是变易所主之生化，以生化源流变而见变化。藏相内外所主的源流为体，生变易之流变而有位，变易依时而成，故而气数充满，变化可相推而见。

雷霆与风雨皆为可见之外象，从寒暑之时令而知日月之法度，日月运行被阴阳法则所主而呈寒暑更替之法度，其寒暑便是日月运行法序上的“位”，寒暑之时令便是小时贯穿日月运行之大时，而日月之行被阴阳法则所主，以不易之体独立不改且周行不殆，虽阳来阴息与阴来阳消呈刚柔相摩，故而时、位、体齐备，在刚柔动静之间呈太阳、太阴、少阴、少阳四象，继而以体时位交相变化而有八卦相荡。所谓体时位交相变化，阴阳法则为日月运行之体，日月周行乃寒暑时令之体，寒暑时令生雷霆与风雨，“体”变幻而时、位亦变，以此体时位不断在同体位域中变化，使其有八卦占位而知时令。鼓之与润之乃八卦“组合”后呈现的卦体动静变化，如风雷则益之，雷风则恒之；所谓的“组合”便是体时位再次进行同体位域相联，使其能一以贯之，在同一属性下变动。

言“相摩”，乃阴来阳消与阳来阴息之消息，在变化中以刚柔之性而动静分明，摩者，阴来阳消，有阴势浸、剥、战，阳来阴息，有阳势浸、壮、决；“浸”便是阴阳消息发生相摩之动静，阴与阳势长皆用“浸”，乃“浸而长”势，再随势长，阴势强则剥阳，继而战阳，阳势强则阳壮，再继而决阴。故相摩以小时之位而贯穿大时，八卦占小时与大时体时位之位，在刚柔相摩的动静中，从大时之体来看，大时体中的八卦之位呈现动荡不居之态，这便是时空中由气数曲线呈现的“涟漪”。

在大时之体中，因阴阳消息而相摩出曲线涟漪，其八卦之位更两两交易来主变易，故而在大时体的曲线中呈现八卦相荡之态，也正因在法序内在出现八卦相荡，才生雷霆与风雨等外象，使藏相内在与外象发生必然的联系。在法序所主的大时之气中，由体时位同体承载的气、数位符之单元，便是八卦；此位符单元遇时成体，由小时贯大时，两两相荡而成卦体，既显外象，又联系内在而知藏相，便以此呈“道”。因“道”之所呈，法之所在，而上下同体连贯且内外贯通，将外象之“男”类比到乾，将外象之“女”类比到坤，并以外象之生成而知生化男者乃乾道，生化女者乃坤道，其道之所呈，法之所在，同体位域的生化源流变皆依性起用；性者，德性也，道体德性同体承载，大时之体合道体，被德性起用，法则所主而生德位，继而位位连贯，再以体时位在各种“体”中变动盈虚，且由一个位符单元而节节贯通而法性遍知。

吉凶悔吝系统

体时位贯穿四易体证呈现吉凶悔吝系统。体时位贯穿四易体证必因“位”而见德，又从错综复杂卦而相推变化，故而可知吉凶；言吉凶，乃吉凶悔吝系统中的吉凶。设卦观象可占吉凶，圣人系辞明吉凶而可据辞知吉凶，又以刚柔相推之变化而知吉凶之发展，故而在吉凶之果尚未落定时能治吉凶。吉凶之占，因位而见德，有德而吉，无德有凶，治吉凶便是以“德”而治，所占之吉凶非吉凶之果，因“占”而是吉凶之征兆，在德治之后的吉凶方为吉凶之果，以吉凶之占见治道之德，乃吉凶之道。在吉凶悔吝系统中言吉凶有占吉凶、知吉凶、治吉凶之过程。

《系辞》曰:“是故，吉凶者，失得之象也。悔吝者，忧虞之象也。变化者，进退之象也。”之所以有吉凶悔吝，在于有得失忧虞且含进退变化，得则吉，失则凶，吉凶相对，而悔吝居其中间，所谓吉则象得，凶则象失，悔则象忧，吝则象虞便是如此，忧虞虽未至凶，但足以致悔而取羞。吉凶悔吝也自有其循环系统，悔了便吉，吉了便吝，吝了便凶，凶了又悔，以此进退变化而杂糅相间，有悔为吉之渐、吝为凶之渐之说，在于悔吝为吉凶进退转换之间。悔吝居其吉凶中间，在于忧虞未至于得失，故而悔吝不入吉凶，所谓“事有小大，故辞有缓急，各象其意也”便是如此。

吉凶之所以有进退变化而循环不定，在于以德确治可以趋吉避凶，使其而互为进退，言“治”多在于化凶转吉。言吉凶之失得，失得者何？乃德也，有德为得，无德为失，乃以“德”定吉凶。在占吉凶、知吉凶、治吉凶的过程中，以德治来治吉凶，用正德使其有得而入吉。从当位、称位、配位其德位法则来确德治，可以有为之德治来正德，使其称位其能且配位其德，自然以正德之能事而化凶为吉。言占吉凶，便是据象而占其是否当位，以及时位体综合之兆，但占象不能确吉凶，可以有为之德治来确之，若称位其位能化非当位之位有悔而悔亡，亦可使有咎而无咎，若称位其位则必然有配位之德，配位之德乃正德之得，必然化凶为吉。

吉凶之占在象，吉凶之知在理。象者，体时位之变化也，占象能知畸形，在于占象知理，乃以理言吉凶。吉顺自然法序和体时位之理则为顺理之得，逆自然法序和体时位之理则为背理之失，衡量得失之标杆便是是否顺应了自然法序与体时位之理，顺之则为正，背之则为不正。得顺理之吉更要行敬慎之道，占背理之失又可以德治使其得正，故而确吉凶全在于有为之治。

在未济取“狐”象，离中六五阴为小，坎中九二阳为大，成前小后大的立狐之象，从象占之，狐乃阴而不正，其占亦不能得正，全卦再以时不与、位不当、体有终之体时位呈现诸多不正，不仅难以成吉，遇他卦还将呈凶。在未济卦，狐渡水而冰未成，狐之老者多疑，善履冰而听，惧其陷，但小者尚未练就老成，只能以壮勇而往，结果因不察而导致濡其尾，渡水濡尾乃未得其时；同时又处雷电合章而惩恶制阴之时，其善躲藏之性造就无暇顾及危险，故行壮勇冒进之行，反而濡尾，致未济，此乃时不与。未济之卦火炎上与水下润，水火两不相交亦不相济益，相交且济益者乃既济之卦，既济与未济之别便在于水火之位迥异，上下卦体失位，六爻亦皆失其位，位不当则不能称其位，更不能成其配位之德，践行诸事最终将因福德不足而未济，此乃位不当。以未济卦列六十四卦体之终，既在于阴类行未济之事本有终，又在于以未济继承其复始之义；本有终者，在发生“几济”之过程来振济，依然呈未济之果，便应该思考其本因，改变其策略，而启复始之道，此乃体有终。未济卦因时不与、位不当、体有终等因素成其未成之果，使诸事未济，若再以未济一卦交易且联通他卦，使诸卦皆有履灾遭难之恶果。未济事不成，才能纵观易体而探寻不易之至理，未济必有因，从因上治理来达其既济之道。

是否顺应自然法序与体时位之理而生吉凶，那么悔吝如何生呢？悔吝在践理过程中生。占吉凶在象，知吉凶在理，知吉凶不一定能得正德之果，在于知理且顺理而践行之，以践行得正且有称位之能而得正有吉，为知行合一方能得正见吉，生确吉之果。在知理而践行过程中，知理且顺理之行，为气盈之为，若不行敬慎之道，常有悔，乃过阳过正而有错失，错失生悔；不明理且背理之行，为阴妄所主的气歉之为，虽有为但难顺正理走正道，常不能达其常，而生吝，同时气歉则生节制，有拘谨又猥琐之义，因识不明而不能光明正大，乃节制之吝。错失生悔，以知悔而困于心且衡于虑，呈忧象，吝在不正之先，识不明不知何为而陷于安且溺于乐，呈虞象。

吉凶悔吝如何相间转化呢？通常吉了便吝，因知理明正而敬慎得失，故而行顺理明正的节制之吝，此为吉吝；行吝之节制长久，则难称位其位，故而从吝转凶，有凶则又将生悔，以此种种进退变化而杂糅相间。吉吝不会立马生凶，乃行吉吝有过则从吝转凶；吉吝同悔吝不同，悔常自凶至而有悔，有悔再不吝则必凶祸犹甚，故行悔吝又能化凶而趋吉，通常以悔吝来立凶之戒。形成吝自吉而趋凶与悔自凶而趋吉循环往复之态，并与刚柔进退相贯，所谓进退相贯，乃进自柔而趋乎刚，退自刚而趋乎柔，如《周易本义》所言“柔变而趋于刚者，退极而进也。刚化而趋于柔者，进极而退也”。从而刚柔相摩主进退，与体时位共同形成吉凶悔吝循环系统。在吉凶悔吝系统中，占吉凶、知吉凶、治吉凶全在乎“位”，而位以爻象呈现，由六爻递相推动而生变化，以此由浅及深，由卦体贯本体，由卦时贯大时，结合六爻之位，而总推天地人三才之道。所谓“三极”乃道源无极，先天太极，后天无极而太极；三极之道，乃道体德性合相之体，主源流生化，为道之体，以天地人三才对三极，有三才之道，为道之用。

吉凶之治在德。《系辞》曰：“八卦定吉凶，吉凶生大业。”吉凶之定在于八卦之象，占象而知理，所以能定凶吉；治吉凶所生之“业”乃立德性德治之大业。治道有为而见德，乃卦德之髓，顺理明正且知行合一，有德得正而吉，背理失正则凶，虽有吉凶之占和吉凶之理，但确吉凶之果全然在治，以德治可使不正得正，故而吉凶之治乃趋吉避凶为养正之道。正者，在德文明体系里，赋予了阳正、大正、正大、德文明之同正之义。阳正者，乃身德修持诸卦体，通过治君子九德系统，健德修身而有称位君子之阳正，以称位君子之成，有阳正君子成。大正者，乃卦之小体的贞正之道，亦是居小体的德政之治道，以德政治理卦体，而得卦之小体之大正。正大者，从大正之道全大体之德政王道，所谓正大之事业正是以小体之养正而全大体之同德同正。德文明之同正，乃同人之正，内有明志双正，外有王道德政之大正，为内外精气神皆同。以“正”为标尺，便知不正何在，以及如何通过有为之政使不正得正，从而化凶为吉。

在姤→遯→否→观→剥→坤执妄迷失过程中，以阴势浸长主刚柔之变，故而呈现了诸多不正之灾祸；君子在姤体、遯体失阳正，从一阴始生浸阳至二阴势长，阴势渐长，阳正渐消，且不正之姤风遇阴势之遯山而回转成蛊，蛊惑伤正，又贯穿于归妹之乱正，使阳正无以制阴继续恶化；君子在否卦失位，否卦主小人道长，君子道消，并因阴势否塞，致使否体无法与大秩序交通往来，而生不交不通之否难与小人当道之难，小人当道则君子失位；君子在观卦失时，阴长阳消而阴有余，君子虽然予政与予德于民，以风行地上遍触万类而化德政，奈何四阴在下使君子已失大观中正之时；君子在剥体，失阳正，无位又不得时，阳又被阴剥丧，且烂落在地。从剥落之灾可知，失阳正，失位，失时，再以众小体之失，烂落在剥卦而成灾。德政之体，最重时与位，时未至，位不仅非正还将不存，阳不能及阴，出现姤卦不正之患、蛊卦蛊惑之祸、归妹卦乱正之祸、小过卦小过之祸、剥卦剥落之灾……非君子八灾而在所难免，若不正之凶得不到治理，将祸乱深重，还将出现如屯卦无序之难、蹇卦险困之难、坎卦重险之难等难体。

值阴而不正之卦体，必然有患、难、灾、祸之凶，故而要行德治之道。治不正使其得正，必行制阴与止阴之法，制阴与止阴者，在姤卦五阳皆有制阴之任，犹以“以杞包瓜”和“包有鱼”言制阴之志，谓以“包”行制阴之法；

在遯卦，虽有避阴势为主体，但依然从“刚当位而应”来应阴，行阳当位之责；在蛊卦与归妹卦，皆行“止”道，祸在前，治在后，以“止”通正；小过之治，更依制阴之法与止不正之道，尤其行以有过求无过的纠过得中之道。

经过德治，不正之诸卦皆能从不正有凶而达养正有吉。在姤卦以中正德制正不正之柔，而有风物德化大行四方之象；在蛊卦成其不正有终，得正而大正有始，全其终始之义；在剥卦行“止”道，知天之厚生之道，而行安民之法厚待百姓；在归妹卦“止”不正而通正，使其有归妹初九与九四有守位之典范，九二与六五有正位之典范。

以德治趋吉避凶之能事，犹以涣卦呈现了卦体应涣难，立宗庙摄众志与凝人心而制礼治涣，通过立宗庙之道治涣达收神制礼正风气而得正，终以倡德风且立德范而行王化之政得亨通，完成了从凶到吉的转化，而这个转化过程便是涣卦德治之过程。涣卦以风行水上水遇风涣散立象而占吉凶，占涣象可知涣卦有涣散之难，入涣象而知涣因，乃涣体刮起风行水上之祸风，致使柔顺在中孚君子身边的暗众亦逐渐离散，不仅涣体有难，还因涣体呈现出小人趋利而害正道之本质而伤其他卦体；观涣象与知涣因便能明涣理，故而值涣体的涣散之祸要治涣；治则从涣因起治，止“风”则止涣，立宗庙之重器以正魂魄、聚人心、摄众志而祛风止浪，再收神制礼正风气，使其诸多不正经德治而得正，最终达到凝精神且治于精神之目的，并以正邦礼器成王道德化之大器而正风化，使涣体从涣散之难中因德治而得亨通。

涣卦历经了涣难有凶、立宗庙礼器之德治、最后达到了得亨通而趋吉的过程，且在涣难有凶时，立宗庙之道收神制礼从涣因治不正，便是从涣难悔过，悔过且治过，乃悔自凶而趋吉的过程，通过行之有效的德治，使其终得吉；由涣卦呈现了宗庙之道，以德治的称位其能，而配位“亨”与“王假有庙”之卦德。从卦序有位而言，以一卦得治而交易他卦，使其因“位”之治而位位得亨通。

涣卦从涣难起治，以宗庙制礼舒难疾得亨通而趋吉的过程，立德治趋吉避凶之典范，可见有为德治才是吉凶悔吝系统转换之器。有为德治，在于有为和德治两者，有为乃识“易”有变易之特性，知变而通，且主动求变，寻求得亨通而趋吉之道，卦体之吉凶随时、位、体而多变，且无时无刻不在变，知变而通，以德治通，必然能在吉凶悔吝系统中找到趋吉的路径；德治，便是得亨通而趋吉的路径，德治内容众多，且吉凶因“位”见德，乃德位法则主之，至于用什么样的方法乃卦体所赋予，如涣卦立宗庙、中孚建孚信、颐卦言养正、离卦言德照……皆不一而足，不胜枚举。

故而，若占象有凶，处位与卦理亦凶，遇凶时、凶位、凶体若不积极有为，寻求出凶之道，放任自流必然凶上加凶，从小凶而应大难。以剥卦剥体三凶灾为例，初六剥床以足、六二剥床以辨、六三剥床以肤，从足下，辨中，外肤，言剥灾之渐进，亦是凶灾之渐重之状态；剥自下而上，以阴剥阳，随阴渐长而成势，不仅阳被剥落且阴更灭阴，连六二以中德亦不能辨阴而失明。剥卦占象有凶，爻理系辞亦凶，又不知修持健德而从阳道，故而失为又失治。

失为乃不知修健身德，失治乃不知从正举善，其身德修持不进则退，无有安逸可言。不执向阳从正之道，则退而履灾难，在剥卦当阳落无以剥时，其阴更灭阴，使阴从足下、辨中、外肤之位，尽被灭，直到剥床及肤，身死垂亡之际，仍然不能脱剥体，这便是遇凶象和见凶理而不积极有为的后果，只能任其堕落而履灾应难更深重，其惨状可知。在坎卦初六下欲重，上九上无明，行欲与无明在坎体以重险之难显现，且陷之又陷，故而成履难最深重者，在易体中很难出现如初六、上九这种死路一条之人，只有在困卦上六困于“葛藟”之极困悲惨如此，导致如此悲惨现状的原因皆在于遇凶象和见凶理而不积极有为，不知健德从正寻求变通之道。

《系辞》曰：“通其变，使民不倦，神而化之，使民宜之。易穷则变，变则通，通则久。是以自天佑之，吉无不利。”民何以有倦？乃民履患、祸、灾、难众卦体，在灾难中被灾难所陷而苦难重重，既无济困之道，又无脱身之途，难以自持而疲于奔命而心神涣散，更有灾难深重者，流离失所且漂泊无依，不仅亲众离散，还随时有性命之忧、戗身之害，这种身心皆苦时时刻刻伴民左右，故而身心皆疲，变动劳倦。“通其变”便要治灾祸找到出入灾祸的方法和途径，而“神而化之”便是变通法则，以变通化之而有治理之神功，且以知变、求变、通变、最终能适变而有神。

所谓“穷则变，变则通，通则久”，乃知变、求变、通变、适变贯穿的变通法则。变，有理变与求变之义；理变，乃事物无时无刻皆变动之理，亦乃万物的变易之道，万物唯一不变之理便是变；求变，乃识变易之道而顺理施为，吉凶之道重在有为德治，所谓求变，必然遇凶或想趋吉避凶来寻求变通之道；求变必顺自然变易之理，更要识体时位变动不居之态以及错综复杂之变化，乃理通才能求通。通，有理通和变通之义，理通，乃求变的过程中寻找变通之理，识变易之道而通变动之理便是理通；求通，在体时位交相变易过程中自有转换之机，识得此机便找到了变而通的路径，当求变而不能致通，乃理未通，亦求通不得其法。理通且求通之“通”，乃阳舒阴疾、清患除难之通，不仅有亨通之理，还有变通且致亨通的方式与方法，多卦立“亨”为卦德，便是卦体自有致通之道。

通则久，在变易之道中与体时位同频共振而达恒久之道，之所以能“久”，便是相机应变或变动于先而“适变”，适变者，乃唯变所适而与变易同变，或料变于先而率先制变，使其不为“变”所困。适变乃知变、求变、通变的最高境界，万事之变机尽在掌握，洞察于先而能神而化之，故而才能自天佑之，吉无不利。之所以“吉无不利”，便是顺天理自然法则，在体时位变动相摩中能知变、求变、通变且适变，既通变易之理，又有诸多变而能通的方式方法，自然就能在吉凶悔吝系统中找到趋吉的路径。“自天佑之”的“天”不是哪个老天，正是能在吉凶悔吝系统中趋吉避凶之德、以位见德之“德”，唯德才能济通而通达所有，修德自健便能以德性通天而福祸自主。

明暗术用系统

德位法则犹在明暗术用系统中言治理之用。在周易易周程式中，以周乾易坤周而易与正坤返乾易而周，被阴阳法则所主，以消息盈虚之大时贯穿成体而呈现明暗系统。周乾易坤的乾→姤→遯→否→观→剥→坤执妄迷失过程，以阴势渐长主暗系统，以正坤返乾“坤→复→临→泰→大壮→夬→乾”正阳进德过程，以阳势强劲主明系统。

暗系统以“执妄迷失”为旨，执妄阴便势长，迷失则失明又失志，出现乱正又伤正、小人当道、君子烂落、昏蒙暗众等不正现状，且犹以不正言害，害君子、害正序、害正道、害德文明等。暗系统阴强妄大主患、祸、灾、难，因无明而有妄小人七难，又因失志而有非君子八灾。暗系统以小人得势而肆意妄为，小人具有强大的破坏力，尤其是履难破坏正序后贻害大众，使大众皆遭大难，在明夷卦有大阴诛阳、昏蒙诛明、迟钝诛志、否塞诛序、险困诛身、大过诛位的明夷六伤害正序与正道，造成善政难为、教化难行、阳德难积之明夷大难，且患、祸、灾、难系统的诸卦亦有此类特征。

在姤→遯→否→观→剥→坤执妄迷失过程中，其“柔”起于姤风之“柔”，盛于否卦之长，变于观卦之时，成于剥卦之刚，故柔变刚，有渐变之过程，且伤害之力亦随柔变刚的过程而增长。姤风之柔，并未成害，以不正之风渐长，至二阴成遯时，才在蛊体伤正，继而又在归妹乱正；三阴成否后，柔因小人道长而渐生难，以否难之成，可知“柔”已然成大势；四阴成观，且在观得时而变，正因阴势强盛，阴阳战，正是正道消退不可不观之时，以中正观天下，可见阴伤阳致大不正，而观卦之正已然去之甚远，柔之变，使德政亦变，不得不行观之治，由此可见柔已有刚之力；五阴成剥，阴柔之势强盛成刚，已能消阳致使阴体与阳剥离，通常在正不伤的情况下阳强阴弱，阳大阴小，阴势既然能消阳成剥，必然阴势强大，破坏力十足，从君子失位与德政失序可见，其柔刚之力已非同寻常；六阴成坤，正道被剥落而沦丧，正序因烂落而失效，民众彻底丧明，不知天道更不明心性，无有法阴阳变造化之志，更无立君子健身德之实，阴妄弥漫而柔势强盛，致使善政难为、教化难行、阳德难积，君子亦是稀罕之物。

明系统以“正阳进德”为旨，秉正阳便盛长，健明德又进志德，呈现阳正、大正、正大、同正之正而序的文明状态，且犹以健德成身君子而有身德之治道，以身德为基，走向大正，再从大正之道全大体而走向正大著称，明系统中内有明志双正，外有王道德政之大正，且以法、礼、德三者同建而健德文明以正。之所以有内阳化外政之诸卦体，便是明系统肩负着对暗系统的治理，尤其是君子以大乘之进，执天道行王道进诸如明夷卦之难体，以德政治理之养正，行全大体之同德同正之理想。

在“坤→复→临→泰→大壮→夬→乾”正阳进德过程中，阳气刚壮于复卦，以一阳来复之刚出震复立阳道，阳道之事，事关君子治身德之重任，君子治身德，从一阳来复起修，以正固之利进阳裕德，经治君子九德之修健，以身德君子之成，使刚复阳气渐盛而成临；二阳成临复正道，临卦既临蛊惑伤正，又临正气正固，最终以知临之明行德政临民而振民凶，临卦治明德，又治政德，以施善政惠民而复正道，使其“阳”阴正道复立而大盛；三阳开泰复正序，泰卦复立天地、上下、内外、君子与小人四重位域的往来秩序，使其天地交而万物通，重要的是因交通往来秩序复立，君子在泰卦当道，裁节调度并施为有方而大行德政，以交易之质和往来之实，既安其位序，又立德政；四阳壮盛于大壮，升华与转机亦在大壮，四阳壮盛使其有以德大之健动，行内刚化外政的转化之能，不仅执大正之道使天下大壮，亦以大正之道执天道行王道而全大体，从大正到正大乃大壮之升华，全大体在于正大成序，大壮卦铺垫了正大之序的基础；五阳成夬，正大成序必先建制，而决制在夬决，卦中五阳共决于王庭，建夬制而根除涣散，拯济明夷，夬制德大而厚生王化之政，使其能内外合德而文质相资升华内文明，并外照德政；六阳全乾，以德为核，内精气神升华阳德全圆而无所不照，又以法、礼、德三者成制载万政，内外合德而合功，使其天下德同而德服天下，既有盛大丰有的大有之境，又有纯粹精神的大治之功，乾君子统领天下所有君子，使君子文明和德文明各正性命而以乾化坤。

明暗术用。暗系统与明系统皆被阴阳法则所主，阴之大时主暗系统，阳之大时主明系统。暗系统以阴之大时为主轴，阴主不正，故阴妄暗众贯穿诸卦体，以小人当道猖獗其中，以患、祸、灾、难贯穿诸卦或关联诸卦为特点，能连贯起如妄小人七难、非君子八灾而成灾祸系统；暗系统以阳之大时为主轴，阳主正，故君子贯穿诸卦体，且多有大君子主其治道，君子当道而小人不能主政，阳正、大正是其主要属性，以复阳道、复正道、复正序、立正大、建德制、同德同正为特点，以养正七渐、德教十政而有养正与德政系统。

明系统中君子健明德亦进志德，肩负起制阴与治阴之任，故而君子志在进位并当位，且通天下君子之同志而践行大同理想，通过德文明以健全正大之事业，从大正走向正大的首要责任便是治阴之不正，救小人与暗众出患、祸、灾、难，这便是德位治则言“术用”之所在，治“暗”有术且达其所用。

为何要治理？从暗系统来说，暗众与小人履难，因失明又失志，很难自救，非小人之坤众虽不及小人深陷阴妄，亦有昏蒙、草昧、欲多、妄强之特性，亦难以自出难体，何况正序被小人当道打破、剥落，难以助暗众修身健德，故需救苦救难之君子助其出难；从明系统来说，君子志在大同更需积大善，身德君子可自修自健，而位德君子必依善政，最好的善政便是建法、礼、德三者成制，又以法礼德三者成一制正序，以一序统所有，既载万政又积万善。

德位治则下的术用系统。在践行大同理想的路径上，明系统诸君子以治君子九德系统，通过困→复→损→益→恒→井→巽→履→谦的治君子过程，修身健德而治身德，以身德君子称位而区别于暗众和小人。身德君子以身德修健之终，走向进位德之始，君子进位且当位必先养正，通过革→渐→家人→颐→大畜→升→大壮的养正七渐系统养正气，再执抱元守一之精神，以内之精神化外在之政，外政便是君子担当匹夫之责教化暗众之德政，君子主德政必行大乘之进，进明夷体、进患、祸、灾、难之卦体。德政教化当以德教十政，通过观→中孚→涣→夬→晋→离→贲→鼎→同人→大有的德政治理，从大正之道执天道行王道，以中正养大体并全大体，使天下所有体皆能正大，再建法、礼、德三者正序以德序统所有，以德文明正大之治道，治天下同服。

化裁变通而举措推行。《系辞》曰：“化而裁之谓之变，推而行之谓之通，举而错之天下之民谓之事业。”之所以有德位治则下的诸多术用系统，在于围绕德之核以及德位治道来化裁变通，形成德位治则的新体系，并以序德系统、身德系统、明德系统、志德系统、感德系统、养德系统、化德系统来举措推行，使“化而裁之存乎变，推而行之存乎通”的易道思想能唯变所适，不拘定式而能万用。孔颖达曰：“阴阳之化，自然相裁，圣人亦法此而裁节也。”能化裁在于知变且善主变，能推行在于知通且致通。

德位治则下的明暗术用系统自身亦有循环转化体系，小人亦能进步，君子亦会堕落，小人能通过治君子九德系统健德成为君子，君子若不养正且正固，不进远大之志，与小人为伍行妄逐欲，亦会入暗。明系统可治暗使不正皆正，暗系统和与暗系统交易的诸卦，在德政治理生卦体治道的基础上，会因阳利而紧随君子，并效仿君子，尤其是法、礼、德之正序保障民生，会逐渐使不明者渐明，无智者有智，在诸多不正之体中因德治会德化出君子，同坎卦经过重险之难炼出维心君子一样，法序之内在自有转换之机，何况德政教化之力，以德力之牵引，既能行小乘之利，又能践行大乘之愿。

一体两观。观卦为暗系统趋明的内在转换之柄。其身德系统，明志双健系统，皆能成为暗众、小人健德成为君子的转换枢纽，不仅明系统可以使暗众与小人驱明，在暗系统也有内在转换之柄，便是观卦。言德政治理，既要洞悉观卦乃暗系统不正之体，又要习观卦行王道以教而德化天下的风化之道；若以“正”来看待观体，则有观卦之“欺骗”性，之所以有“欺骗性”，便是不正主观，观卦被阴之大时所主而四阴成观，从否卦小人当道后，不正势长，且在观卦主中正观天下之德政后，其阴势仍盛长，既有恶佞作祟，又有暗众驱阴且阴势难以回转，德政在阴势强盛下将失去治理效力，继观卦的噬嗑卦生阴恶作梗而有恶佞之灾，变时继观之不正而继续发酵，故不能从表面看中正观天下行王化之道，阴妄从生、恶佞滋长才是观卦主体。也正是观卦被阴之不正所主，且阴势盛长而渐成剥体，观卦观阴妄之生且观阴妄致祸，阴势盛长致灾祸如此，不得不行观道治之，观卦正是以众卦未有的制阴教化之力，才得德化制阴与修德行政之典范，在暗系统中以德化之力尽观体之责，正是因为观体德化之责，成为暗系统趋明的内在转换之柄。

同观卦一样，诸多卦体皆有一体两观的两面性或多面性。我们言复阳道在复卦，复正道在临卦，复正序在泰卦，立正大在壮大卦，建德制在夬卦，同德同正在乾卦。其“阳”之复与“正”之立，皆离不开六十四卦体中每一卦来交易其中，共同呈现德政治道的德化之力，况且每一个患、祸、灾、难的卦体，皆有德位法则所主的德政之治道，任凭不正之状况多变，其德政治道之样式亦多变多样。

《系辞》曰：“乾知大始，坤作成物。乾以易知，坤以简能；易则易知，简则易从；易知则有亲，易从则有功；有亲则可久，有功则可大；可久则贤人之德，可大则贤人之业。易简而天下之理得矣。天下之理得，而成位乎其中矣。”所谓“易知”，乃知其易道，为周易易周程式贯穿的易之本体，由“周易”总持周易、不易、变易、简易四易体证之理。知此易道，则有亲，此“亲”乃明、志双亲，以知天下至理而健明德，有明德烛照必进“大同”之志而健志德。“易从”，乃以明志双用从阳向善，从明进志而志在有为，从志进善而主德政；也正因从阳向善，主德之善政而有“功”。明志双用能通达任一卦体，亦能体时位尽在掌握，故可久，久则不被任一卦体所困，亦能济任一卦体而主政有功，由此可从大正走向正大，再从正大求同德同正天下大同之“大”，亲可久与功可大，正是君子以明志双用，志通天下之利器，以德文明之治道，治天下同服之圣功，此乃贤人之德与贤人理想之事业。

贤人、大君子、君子必深究其至理而治大明，只有健大明德方能发乎道体德性之本来而知大始，亦能知万物生变易演化之性，只有洞悉乾坤合功如何作成物之理，才能从大始知本始，其制定的德政治道方不背正理、违天则，才能合乎体时位与四易体证众法，亦才能通达本理而发乎简易。

易之事业，最终要走向简易，最终要以简易通达天下，要使天下人皆能从简易而得正理，天下人行简，可亲贤、养贤、从贤，从贤人与君子处受教而知易理。从简的得正理之法，便是知体时位方法系统，并识德位法则和德位法则所主的德位治则。一个“位”字是诸事物的方法，一个“德”字是诸事物的本性，易之至理化简而出无外乎德位也。

章二：九易法则

方圆：神圆方知

有无：有无互生

藏相：内藏外象

顺返：循顺置返

阴阳：负阴抱阳

终始：终而复始

动静：消息盈虚

体用：同体同用

生灭：唯生识灭

方圆：德圆方知

方圆法则乃由以圆达方并以方贯圆的方圆义呈现至微至彰同体承载的法则。神圆方知是方圆法则最好的描述，且在法则义上又有以方入圆而有见性神知之法。

自古以来有“天圆地方”一说，天圆地方不是“地平说”，是以天地比类乾坤，以天地乾坤承载的道体德性而言宇宙本体。何为天圆地方？以“天”比类乾，言性，性圆明而遍知，谓之神，乃道之所成性之所化；以“地”比类坤，言识，识迷且执而知之有限，用之受限，谓之方，故而天圆地方呈现的特性便是神圆方知。

自性圆明可以致任用，任何方知、方用皆依性起用，故而圆性能达方；任何方皆是依性起用，亦乃道体德性同体承载之方，无性方无以显，无方圆无以成，以方贯圆而言贯之，乃见性而知“方”之实相。方圆法则的“以圆达方并以方贯圆”乃法则属性，“以方入圆”乃方圆法则的见性之法。

《系辞》曰：“是故蓍之德圆而神，卦之德方以知。”蓍之以专诚之念代万念，且不被专诚之念所障，入元神而见性，故知之以“神”，乃德性圆明遍知之神。卦之见卦象而被象所牵、迷，只能识卦象而被识神所主，故知之以“方”，乃知之有限，用之受限。

在道→母→器程式中，天类比乾性为道域，地类比坤性为器域，方圆法则从法则性上来说，为德圆方知同体承载义，乃道→母→器程式同体承载，且重在言从道域到器域的生化，为圣化凡的生化属性，故而方圆法则主源流生化。源流生化无以知，乃以器之方溯源而知道之圆，以方入圆，故称为“方圆”。任何方皆乃“圆”性所生化，以“道生之”贯之，任何圆皆由方同体且全息交易相连。

在神圆方知的方圆法则内涵中，之所以神，在乎“德”。德，乃起遍知和方知之性，遍知和方知皆是德性起用，只是在神用上需心性圆明才能达便知之神，方知亦是性所起用，见方知之性便能见实相。故而方圆法则最好的释义便是德圆方知，以德性总领“圆”与“方”大义，既能使圆与方同体承载，又能以方入圆而见性知法则贯穿万物无所不在。知，以知言用，无论是便知之神，还是限知之方，皆是“圆”与“方”大义显用，知圆与知方在“用”上千差万别，其中的差别就在于是否健明德，君子知圆，常无为而无不为，小人知方，常执其私利。既差别在世界观，又差别在认识论，所显之用，便有高低之别。

在“德圆方知”的释义中，之所以圆，在于乾性，之所以方，在于坤性。天，类比为乾，为心，为清净，为形上道，为在圣，为光明，为如来藏，为真如性，故有形上道乾天圣。地，类比为坤，为妄，为污染，为形下器，为在凡，为无明，为唯识变现坤形器物，故有形下器坤地凡。此天地为从周易易周本体论出发，立于在圣、圣化凡、在凡、凡转圣的广义所指，是基于大道本来的一种哲学表述，为了区别传统狭义天地之义，故以形上道乾天圣和形下器坤地凡来言说广义的天地。乾藏界的形上道域，具光明、圆明、大生、刚健、清净、德普施、如如来去等特性，坤形界的形下器域，具无明、方体、广生、柔顺、污染、顺承天、唯识变现、质碍等特性。

乾的周圆特性，乃周遍与圆明之义。周遍为大道○具足的一切至微至彰全时空显达性，乾体圣德周遍而显至阳金性大光明，此大光明周遍，呈大道〇具足圆明圣境或称十方圆明圣境。大道〇具足的一切（十方所说能说的一切）没有一个固定的中心点即没有我相，也没有一个固定的方向，大而无外、小而无内，无边界无内核，无时间无空间，而过去、现在、未来的一切时空里的所有变量，都本来如是地显现，不落一处而达所有，所有世界与变量集合的都在大道妙显并以至微而落一处时不丢失大道真性。

周遍与圆明为同步具足，周遍以圣德大光明遍十方三世，圆明以至微至彰全时空显达同步周遍。至彰的大而无外以及至微的小而无内，从道生之贯穿的生变易，至微以至彰显、至彰以至微达，任何至彰的“大”都是通过至微的生来达，任何至微的末端又都全息交易着至彰所包含的一切。周遍与圆明乃圣德妙明彰显并寂而常照；之所以“妙”，在于心清性净，心清性净在大道体性域上，道大合相玄德，为“清”，天大合相圣德，为“净”，有“性觉妙明，本觉明妙”呈现妙用，明妙的本觉为心——大道本源之心，在体性上为无极体与玄德性合相；大道〇具足“清”而明，清彰心，故本觉为大道心“清”而明妙。净显性，有心清→性净的生化和作用过程。结合周圆与妙明含义，可知清彰心、净显性，清净彰显心性。

心清→性净的生化和作用过程，为大道体性有了道生之的生生之健，大道体域上为道大生天大，大道性域上为无极“源”生了乾元亨利贞。心清→性净过程既有真如体具足清净的本性，又有大道恒顺生势而有“生”发生。心清→性净过程呈现了妙有和妙化。妙有为心清性净本有体性，妙化为大道恒顺生势的道生之以生生之健生化了道体内容。

有了妙有与妙化内涵承载的心清性净含义与心清→性净过程，便知“清彰心、净显性，清净彰显心性”承载了真如体的特征。心清性净之体为真如体，而心清→性净的过程呈现如来义。真如体为对乾道域进行的“体”的描述，而如来义为真如体视野下乾道域内体性内容流变过程，因妙明生化而有如来之过程。乾道圣域中以真如和如来承载的动静二相就是如如不动妙化万有。真如体法身常住，从乾域的整体视野上说，为“体”如如不动，而如来义便是在真如体“不动”含义上，加上如如，是对乾道域内各内容位域的“生”的描述，乃不动之体内有“生化”之动，乾体如如不动，又以妙化万有而有“生”之动，这便是如来体真如义下的动静二相。也呈现了心清→性净过程承载的真如体如如来去则生妙有，妙有周圆妙明而有妙化。

如如不动真如体显如来义妙化万有，而有如来体真如义下的动静二相。真如体如如不动为“静”，道体常住、不生不灭，立于在圣、圣化凡、在凡、凡转圣程式的时空观上表达，为道体的恒常不动的至静，此如如不动的“至静”为净念至极的静物极必反而有道生之的动，故显道体恒常的如如态，又有“道之生”大动。真如体周遍圆明达大而无外小而无内的动，显如来义的妙有与妙化，为生之动，由于又显道体周遍圆明态，故此动为周遍一切的大动，即为至动，而至动至极的大动就又显真如体的静，呈现如如不动。这种至静显动，乃心清→性净过程承载的道生之最微观的生、动，为如来义妙有妙化的大动，心清→性净过程承载的道生之最微观的生、动的大动，在真如体之整体来看，又显如如不动之静，这就是动静二相内涵下的动静体用相。

坤的体特性，乃时空体和具象体之义；时空体与具象体皆有型与象的具体呈现，并因具体而显“方”之特性。坤道以“地”承载“地势坤”来言说厚德载物，“地”所反应的特性为坤域“体”的表达。地，从土，作土地、田地、领土、地方、地区和地域讲，土地既为我们生产了粮食又承载了生活居住的空间，若从某位置或环境呈现的领域讲，则构成了时空要素。地，是属乾天坤地含义中广义的坤地，为了以“地”的含义呈现“体”的特性，坤卦里用了一个词“疆”，为“德合无疆”的“疆”。疆，从土，从弓，从畺

(田界)。《说文》曰："畺，界也。从田，三其界画也。指事。"从土、从田都比较好理解，从"弓"，表示以弓记步，即以弓来丈量土地，其丈量的含义则指向了地域、领域、边界所指的"界"，疆界或域界。坤道"体"特性从疆界或域界指向了广袤且时空形态多变的域界体，就如我们放眼望去的宇宙星空一样，呈无边无际的无疆，虽言无疆但却有体。

用"德合无疆"来表述"体"特性，是从坤的大道体性来言说，疆为坤域体之所指，德为坤域性之所指。德合无疆一词是对在圣十方圆明境地和境界的描述，立于坤地言说，是指从坤凡以德证摆脱坤疆体的束缚后，心性圆明的境界呈现，无拘无束的大自在；同时从疆域体出发，强调"德"在坤道法则里的作用，坤道"德"的位域视野，为凡转圣的内证德性。德未能合"疆"，视野就要落入坤地广袤无垠的疆域体了，这里说疆域体就指无明在色法上具体呈现，基本理解为可见可知的"体"型范畴，它有型与象上的表达。德合无疆与德未合无疆为从德的视野来说明坤道"体"特性，从"疆"来探讨"体"，则是从德未合无疆的层面，单独对待坤域内的具象世界。

从德的不同位域来说坤，尤其是德未合无疆坤域内的具象世界坤的"体"特性，视野就落在德行承载的福德相上，为德用外相积善厚德广行善法。德用外相就指向了疆域所表的坤"体"，要在一定的疆域体发生行为关系，如人与人之间，人与社会之间乃至域体结构与域体之间等，就形成了个体、群体、域体等所指，这个层面是我们常规认同并熟知的领域。

体有时空体和具象体之义，时空体为外尘的体，乃宏观之域体。坤域内的时间与空间体，由于它非圆明的、刚健的、且为种子按因缘法和合积聚的、无量的种子与现行生起的现行世界，就各自呈现了不同的时间与空间体，且每一个种子与现行生起的因缘世界，都构成了不同的时空体。与此同时，时空体内会出现色法的表达，体现为色法上可以"受"（六识与六尘相应）来认知的型与象，狭义的理解为能眼见为实，或者是以眼见为实来指向色法上的型与象，但它非时空体的全部，因为能见和能受的都还只是时空体的一部分，而时空体又只是坤域内的一部分。时空体与时空体内的色法，从唯识的种子源与种子因缘起，到种子唯识变现的现行世界，再到现行世界时空体里出现色法上的型与象，都是遵循藏相动能理论的法则，它指向了外尘体的形成规则。

在坤域里说“体”，乃从疆域延伸卦体而呈现宇宙的形态。坤体中最独特的“体”的呈现，便是人的体，在坤道里说人，是因为人就是坤域的一部分，为“体”特性的个体形态，从坤说体，从体呈坤，必不可少要说人的“体”，在道体四域与德性四体的大道体性格局里，王大为道体四域中的人“体”域的综述，且地大与王大的集合，为坤，呈现坤道。以人身长大来界说内外，赋予藏象生命系统与外时空体联系，而有外体与内体，以藏象生命系统来言识、根、尘，便有了以内识体来说外身体。从宏观上说，内识体与外身体是同为唯识变现的形式，都同为唯识的范畴，但因无明与色法的缘故，内识体与外尘体隔断了，故而无法实现外、身、识进行天人合一。

方圆法则的德圆方知同体承载义有至微至彰全时空显达特性。至微至彰全时空体还是要立于人身来说，立于人体从外说至彰的外尘体世界，从内说至微的易念升起的因缘世界。天人合一全息元象学说就是全时空体独特而精妙的呈现，天人合一全息元象学说将人身与全宇宙全息交易，宇宙万物统一在四象五行法则下进行的取象和比类，人与宇宙的天人合一全息元象，体现在天地同律、人天同构、人天同类、人天同象、人天同数，宇宙与生命的相互收受、通应，共同遵循“四象五行”的对待协调、生克制化的法则。从人身往外来说的垣、四象二十八宿、七政按照“大运相”规律与人体的五脏、经络、气血、精气乃至情志等方方面面的律动产生同步和联系沟通，以至彰、以至微呈现在坤道特性“体”内涵上，则构成前面两个“体”特性内涵呈现的体态。

坤道里的至彰为宏大的外尘体，至微为以人身体来说识、根、尘的微观世界。至彰，为大道内容尽含一切的“大”与道具恒顺生势、其内容尽含而体现出无量的时空延展性，以及作用人易念并主导人一切的因缘种子只增不减的至彰性。道大、天大、地大、王大道体四域中一切可反映的内容，都为大道尽含，无有超出者，大而无外的大，它显至彰性；大道具足恒顺生势、其内容尽含而体现出无量的时空延展性，道生之的延展所体现的至彰性无以言说；作用人易念并主导人一切的因缘种子只增不减的至彰性，同人身长大的人身体一样，外尘体的一切外象世界皆为唯识因缘变现，外部世界与作用易念的因缘种子以全息元象交易相互，体现为只增不减而有至彰延展性。

至微，大道所含的内容以道生之而显“生”的至微以及大道真性达大道任一处体现为至微的时空性。作为道生之基本单元的往象，都是有生变易的过程的，且这个生变易过程在长育成熟养覆蓄积中而生，从往象这个基本单元的“微”来说，在形成往象过程中用循顺置返方法来立足任何一个元素体现“生”的动态的话，那么它就体现为至微；道以如如来去的本性，极速达任何一处，这个极速为算数譬喻所不能表达的刹那，乃一念而遍十方世界，这就是至微的体现和表达。

至微至彰体在方圆法则的呈现便是至微至彰不能独用，没有道生之的任何内容是纯粹以至微显或单以至彰显的，故方圆法则中的方与圆亦不能脱离彼此而独用，见方不知圆，乃不知有性起用，思圆不得方，虽言性乃未见实相，皆不得其要领。

至微至彰同体承载才能很好地描述道生之的一切皆在“方圆”之中，任何至彰都是通过至微的生来达，任何至微又都全息交易着至彰，这就是至微以至彰显、至彰以至微达所呈现的至微至彰全时空显达性，亦是方圆法则基于周遍圆明来达任何一体之方的内涵。至微以至彰显、至彰以至微达，皆乃德性起用，以“德”性统领方圆，才是方圆法则“德圆而神”之所在；德方以知，乃以方入圆的见性之法，亦能知方圆法则周遍之义。

有无：有无互生

有无法则乃由有无互生呈现生化源流变的法则，尤其强调“有生于无”呈现生化之源而见体性圆融的法则。从道→母→器的程式可知，天下万物为“器”，天下万物以“器”能明确眼见、分辨、认知，故“器”具天下万物能说和所说之用；器域的源流为母域以及道域，生器域的无论是“有”还是“无”，皆因“生”而有生之源，因源而有源流及流变。

器域生化之源为母域，“母”显有性，为无名无相但真空实有之“有”，因“母”而有生化源流变，才能呈现道域之“源”；“道”显“无”性，以母法（九易法则）起用而生化器域。因生而易与依易而化之生化法则贯穿在圣、圣化凡、在凡、凡转圣各位域间，成为圣与凡之间“化”和“转”的转换关系，这种立于生化关系的转换内涵，在真如心性、唯识因缘、坤尘器物之间按照位域的不同，呈现动能的源、流、变实质。

在道→母→器程式中，形上道在圣的精神域为精神相域和器域的源，把如如来去的真如体在圣态作为天下凡的源头，从而以此生化关系而有母域和器域的顺生，而道→母→器程式的“道”域也有一个源，它就是只能以“无极”来形容的假定的源头。纵然把无极强说为源，可这个真正的源也莫不知其所踪，非以智慧而不能言说，又因《道德经》曰：“复归于无极。”我们把这个最端的“源”以“无极”来强名，有了无极的源以及道生德蓄的本原和本质，而有道生之。以此起“源”的生，逐渐有了以道生之贯穿的三者九玄之气、先天五太，从无极而太极过程的在圣态生化坤尘凡物，而有形下器的一切所说与能说。

立于道→母→器程式而说源，为无极道体的源，以及基于无极道体而起源于无极道体的“生”，为道生之的“生”在无极体的源头。这两者“源”的含义，又因道生德蓄的本原是一切的根本，包括从无极道体的描述以及道→母→器程式所包纳的一切，因大道本原才有因本原而“生”源，才有大道恒顺生势贯穿的道→母→器程式。本原为大道本体、真性上的综述，它是体性合相的一种存在也是大道本来最精深、最玄妙、最不可言说的如如，有此本原的大道真性妙用，才有本原真性作用后发生变化的开端，即为源，故本源为本原哲学的妙显，本原为起源开端成本源的同体承载的真性。

本原在所说与能说上体现为道生德蓄的合相，为大道的体域（道生）和大道的性域（德蓄）交互圆融同体承载，生的源头为德性的阳蓄，道体显金与阳的延展性，为玄德妙显的“生为长”之性，以此发端，而有长育成熟养覆的物形之道生，顺延道生而有势成之，大道恒顺生势。

源含义所呈现的在道生德蓄本原的统摄下，所指的是无极道体的源以及道生之生的本质，为根本的源头。往往在界说位域的视野里，“源”可以理解为下一个位域与上一个位域产生联系的发端，也就是说不必都基于最本质的源头，而是指向一件事物发生在联系上的来源。从来源处产生的延展性联系，为流。流者，动也。动，就是大道依道生的“生”而动，是动的本质和最微观的形态，从最微观的形态来看，动的发生，是生的延展，对比生的延展之前的状态，则为“流”。若想把“动的发生，为生的延展”以及“对比生的延展之前的状态”解析清楚，就要从循顺置返而解析顺返法则。

道体至阳金性，显金与阳的延展性，此延展性为阳蓄而大，阳大则为元，自元阳之大而蓄积生动，成物形之与势成之顺生之势，“故道生之，德蓄之，长之育之，成之熟之，养之覆之。”长，为道体与玄德妙显蓄阳而长；育，为阳长而积；成，为阳蓄积而成大；熟，为阳大生延，延为基于未蓄之前的延展性；养，为延蓄积而养，阳大之生后继续蓄积之养，此养因阳大继续蓄养而变，为熟的延展性的基础上的变，也可以看出进一步的成与熟；覆，为蓄变而易，为阳蓄养到了一定阶段，可以把生与变连贯起来而生的易，这个易的产生就是生与变持续的发展，用覆字非常绝妙，既体现出循顺置返的哲学思想，又表现出变易的实质，所以覆为生变易一体的“易”。从生到变的过程发展，是不断蓄阳的过程，长、育、成、熟、养这五者均为依赖生并依生而变，直到发展到实质性的阶段，而有“覆”的易，从覆置返来看长、育、成、熟、养这五者，这就是“反者道之动”的哲学思想。覆就是在前五者连贯动态的基础上而有的实质性变化，针对覆的当下，前五者呈现为已经过去的弱态，但以前五者连贯的动态来呈现、反应并作用的，这就是“弱者道之用”。当然，由长养成熟养覆的生变易过程承载的内涵，只是循顺置返哲学视野的一种基本形态，大道恒顺生势道生之的生变易过程，是循顺置返哲学的具体呈现和表达。

从阳蓄而大，自元阳之大畜积生动而有蓄阳而长的“长”开始，长→育→成→熟→养→覆过程，都是“动”的发生，且是依生的延展而动，在生的延展上对比生的延展之前的状态，呈现“流”的含义，此含义为“流”的本义。流除此基于本质的生，以及因生而动“流”的本义外，立于“在生的延展上对比生的延展之前的状态”的位域对比，“流”常指在位域间有跨越性的变化。生的延展之前的状态与生之后的状态，构成了位域，换句话说，长→育→成→熟→养→覆过程就构成了长域→育域→成域→熟域→养域→覆域的位域变化，而依生而动的流，则是要把这种“动”态跨越并穿越各个位域，才能形成完整的长→育→成→熟→养→覆的生变易过程。

“流”乃由“动”承载的变化，便是“变”的内涵。从“源”的内涵，源的生、流、动以及生变易的每一个微观的变化、延展、流变、位域间的转换，都是由变所贯穿，且除了生的缘起外，其他道生之恒顺生势生化发展的一切，皆为“变”的内涵所承载。生、变、易微观变化承载的生变易过程，为生生之谓易中“易”的基本内容形态，而“易”又是大道〇从无极道体炁→母→器的整体观来看，包含周行不殆的在圣、圣化凡、在凡、凡转圣的周易易周全过程。由“易”依附于“大道”的所有变动不居过程而终始贯穿，成为易道。我们解析易道，它既依生而易，贯穿大道恒顺生势的道生之，又以遵其九易法则之易道，以三易体证作用周易易周的完整过程，彰显道运转的法度。

源、流、变为易道在贯穿道生之过程的基本形态，是基于生、变、易微观过程的宏观发展，直接体现在立于道→母→器程式而说源、流、变。源流是指有动态生变易的事物发生在联系上的来源，以及基于来源的变化。它里面有两层含义，第一层为事物本身要具足生变易动态发展，然后以事物动态发展的位域，去联系动态发展的源头，指向事情自身所在位域的前一个位域。第二层为两个位域间发生源和流内在关系，在位域间的源与流的内在关系，构成从源头位域发端的源流变化。有了这两层含义所指，就可以明白源流非一个固定的源头指向，而是要基于源头说发端于源头的联系性变化，同时它又是以“流”含义所贯穿的源流动态集合。

从道→母→器程式来说，大道〇从无极道体炁为源头，在圣的道域为源流，它呈现在源流动态集合为元亨利贞圣德周行。道域为源流，它本身具足生变易动态发展，且发生了元亨利贞圣德周行的宏观道体域。联系动态发展的源头，则是大道〇从无极道体炁的源头，这就从自身所在的位域指向了前一个位域，道域与源头域。从无极道体炁的源头来说，在道域的“流”则体现为元亨利贞多位域体，元亨利贞的多位域体的连贯集合成为道域圣德内容。从源头域到圣德贞域，就是从源头位域发端的源流变化。

大道〇从无极道体炁的源头，到乾元→亨→利→贞圣德位域变化，从源流含义延伸的多位域间的联系（含位域自身的流变）就是流变，流变多用于位域间转换，以及特指临界转换的状态。比如从无极道体炁的源头的生，有了源头的生才有道域的元亨利贞圣德内容的源流与流变，圣凡之间转换的流变，道域→器域的流变。这种临界转换的流变指向大道体性位域发生变化的宏观表达，通常认为圣态与凡态在大道体性的不同所发生的圣凡转换的流变。我们虽然在道→母→器程式中以道域再分元→亨→利→贞位域变化，但大道体性的总格局没有发生改变，一般还是用源流含义来指“流”的动态发展，而不用流变的特指。

源流与流变的不同在于是否有位域间的转换，无论是宏观还是微观，延续源流的发展凡涉及易变的独特对待和不同位域的转换，就是特指流变。流变由源流贯穿，源流的发展，集聚在因缘和合的临界态时，则发生流变，以此类推，道→母→器程式中母域与道域、器域与母域、器域与母域连同道域，皆是源流内涵贯穿，在位域临界转换中又以流变特指。在微观的“生”上，长→育→成→熟→养→覆生变易过程中，其生变易的其他过程为源流特征，而到“覆”阶段就彰显流变特征；宏观上的道→母→器程式中，大道恒顺生势的各个位域阶段为源流特征，而道域与器域的圣凡生化转换则是流变彰显。

从大道体性上说大道各域界生化的生命内容，在大道体域内容上（简称内容体），乾藏界承载的道域有太易→太初→太始→太素→太极先天五太无极而太极过程，为“无极五生象”。坤形界承载的器域有生生→生主→生入→生成→生育后天五生太极而生育过程，为“太极五生象”。相虚界承载的母域有独特的太极浑沦相呈现阿赖耶识种子与现行唯识变现过程，为道域生化内容跟器域生化内容的临界转换点，并发端器域生化形态，在说大道体域内容上，通常把太极浑沦相作为内容体，当说到这个临界状态转换时，以太极代称太极浑沦相，“太极”阶段落在先天五太过程为在圣道域对待，落在后天五生过程为在凡器域对待。立于道→母→器程式，太极不是大道生化起点，它是生育万物的起点和发端，是大道生化呈现万物生育的转折点。在藏象五系统讨论藏象生命，生育万物的起点和发端为“太极”，是从“太极”说生育，是从太极生而未分临界态时为后天五生的“生生”。太极生而未分临界态为立于在凡坤地器域视野，为识种子的如来藏识对待，为气形质毕具、元神元炁元精三元一体临界生而未分与分后循生流变起势。

在大道性域内容上（简称作用体或能量体），乾藏界道域圣德乾元亨利贞作用先天五太无极而太极过程，有元神元气元精三元一体的能量体态。坤形界器域用德体坤元亨利牝马之贞作用后天五生太极而生育过程，有神主气精和人身精气神能量体态。立于太极体生化转换，元神元气元精三元一体的能量体态流变转成神主气精和人身精气神能量体态，从而形成道→母→器程式视野下能量生化流变形态，道域为元态，器域从神主气精与人身精气神的差别而有先天和后天之分，成为围绕“精气神”为内容的元→先天→后天能量流变过程。人身精气神态为“器”的当下状态，为后天。神主气精态的太极“母”为生化人身精气神过程的来源，为器物唯识变现的先天，先天与后天的源头为道域的元神元气元精三元一体的元态。

依赖藏相系统生化本质和生化联系，以太极五生象生育系统、精气神界域流变转换系统、五藏神与阴阳五行之藏统御系统、天地人五行经络运相系统、意识三脑（大脑、心络脑、肺肠脑）传导与熏习系统为藏象生命五系统，在藏象五系统中围绕与人体相关联的藏象生命（含生理生命）的命象与运相，以及生命形态的源、流、变，形成以十二因缘为载体的天地人经络全时空关联因素整体视野，多位域多视野去总览一个动态完整的大生命观，以此所描述的“生命”。藏象生命为在藏象生命系统中立足于生育、流变转换、统御、大运相、意识传导与熏习视野，认识从生命唯识生化发端起，到微观生育过程以及胎体合而成形生育后，人体藏象生命系统（藏象五系统）主导并运转生命命象与运相的机理和整体过程，并在藏象生命动态中认识意识传导原理，尤其是后天意识如何在生命动态与环境中形成唯识种子因缘以及因果统一场认识，形成本质生命观下的广义生命内涵。

藏象生命所依赖的藏相系统为乾藏界、相虚界、坤形界来承载的道→母→器程式视野下的大道体系统，生化本质为大道〇道生德蓄道生之哲学本原，生化联系为大道生化原理与生化过程呈现的恒顺生势定律。

简述大道恒顺生势道生之定律下的生化本质、生化原理、生化过程下的“生”哲学，生化本质为道生德蓄大道生生之健本原，因大道本原才有因本原而“生”源，这个生源记为无极体源起，故无极体源起只是生化本质中道生德蓄本原所生的内容和所显的形态，道生德蓄本原又是什么呢？为大道〇无极体与玄德性合相同体承载彰显无为而无不为大道真性，以此无为而无不为真性的道生德蓄本原为大道生化本质。在大道本原生化本质下的“生”源起，经过生生之健呈现的长→育→成→熟→养→覆生变易过程而生成的往象道生之单元，“生”源→生变易（长→育→成→熟→养→覆）→往象这个过程和呈现的往象之道生之内容为大道生化原理，一切至微与至彰的生皆是此生化原理，它是由大道生化本原作用下妙有的“生生”。由大道生化本质和生化原理共同作用而彰显的大道生生之健为大道恒顺生势道生之定律，也叫恒顺生势定律。那么在大道恒顺生势定律生化基础上，由道生之往象呈现一切大道体性的内容，无论是宏观还是位域阶段，以及位域界说域内的阶段变化，都构成生化过程，以上就构成“生”的哲学体系，大道一切位域阶段的体性皆依附和立足于此，道→母→器程式中器域的生化和“生”也是如此。故围绕“生”来谈生命，在生化本质、生化原理、生化过程视野下的“生”，从而对超越常规生命形态认知，把“生”的哲学下，无论是微观还是宏观以及微观与宏观之间的联系弄明白了，就目睹了大道的真面目与本质。

太极五生象生育系统中的生生为立足于太极浑沦相的在凡视野，为坤地凡器域的对待，属烦恼藏范畴。太极浑沦相在阿赖耶识形态下为染义承载的如来藏识，以种子唯识变现的“识”义而在种子库两种视野对待里转换了真种子的如来“藏”义，其根本为无明染浊。故，太极浑沦相临界态为太极五生象生育系统的发端，这个发端“源”为在凡万物的生化源，以太极称谓，具万物生化的“生生”态。但要特别说明，万物凡在太极的发端“源”不是大道的总源头，万物只是大道道→母→器程式域界中器域对待的内容，这个万物凡在太极的发端“源”与以无极体“源”起是不在同一体性道元位域上的，但它们构成了生化联系，以万物凡在太极的发端“源”循迹生化本质下的起源或本源，则为无极体“源”起，它是大道生化可以强说来言说的“生”的总源起。如果说万物凡在太极的发端“源”记为“有”，而大道在道→母→器程式道域域界中的体性内容记为真空实有的“无”，那么太极浑沦相就是无→有转换的体性动能枢纽，从而也形成凡态的道元位域。

藏相：内藏外象

藏相法则乃由内藏外象在藏相系统中呈现藏相内外属性的法则。以内藏外象呈现真如道体与色尘之间交互内外的必然联系。藏相由乾藏界、相虚界、坤形界构成界说空间位域的藏相系统。从道元义来说，藏，就含有源，一切本来尽然包纳，一切皆由此出，就如无不从此法界流、无不归还此法界之义，但这个“藏”的源义，是道元本质的源，为一斑而窥全豹的道性，处处在在见性见大道，处处在在有藏源，为以介子而包须弥。相，则是本末依存在显达上的法则，以藏源立体，则有生化显相，藏与相呈九易法则之藏相法则。在相的内涵上有内相和外象，内相的组成单位里有往象，而往象生化过程中有独特的易相，为长育成熟养的生变易生化过程中“覆”→“易”临界状态的易相；从循顺置返哲学来说，大道显易相临界态的法相而生化往象，成为道生之的基本单元从而具足大道在“生”上的恒顺生势。

从乾藏界、相虚界、坤形界所呈现道→母→器程式宏观内容来看，“藏”更多描述了界域的整体观，而“相”更多强调界域整体视野内的具体内容形态，这也是整体视野和位域阶段的转换，从末的外象来说本末更多狭义地指向了内与外，而体用则狭义地指向了整体观与位域阶段的不同，但“体”中必然要指向“本”的本质和本来，才能呈现诸事物的本体而言说藏，以本体的藏，显用相与末相，都是藏相之内涵。

从藏相这个词的整体观来说，是言大道本体的，本体是自性真如的如来藏，是大光明之藏，即是道体如如来去的真性的体现。藏相里的“藏”与“相”的含义是什么呢？“藏”为道体如如来去的光明藏，道体的如如来去真性通过什么表现呢？就是性与色尘的交互合相。“藏相”法则的内涵可以总结为：道体清净时，则为如来藏，相为道体所彰显之德相；在色尘时，道体真性为藏在色尘背后妙显的如来宝藏，并与色尘交互合相，以其体用分别彰显真性之德相合色尘之德相。如果把色尘的象当作外的话，在色尘背后妙显的真性如来宝藏则为内。因为色为性显，性色圆融并没有藏在色尘背后这一说法，藏的含义为相对不能直接表达来说的，为不能显而易见。有了藏相内和外，则有体用，体，为内藏，如来真性宝藏；外，为外象，色尘的表象。立在体和用的角度，结合了内与外来说，就把藏与象的关系显而易见了。如果把内藏与外象联系起来并把体用动静连贯起来，那是什么呢？那就是内相，藏与象之间本来就是交互深入的，故有“相”，而“内”就是针对不能直接体现和显而易见来说，而有“内”，内相即是联系并连贯内藏与外象的体用动静。

联系和深入到内藏与外象的体用动静即内相，这三者之间的交互深入才能叫作交互合相，圆融一体，在交互合相于一体时，之前所立的体和用，就已经在三者一体之中，即是破了所立。所以“藏相”法则不单单是内藏，也不单单是外象与内相，而是三者体用动静圆融一体。我们视野落在色尘，应该先有外象，从外象入手，看到某一阶段的法则与外象的深入交互，而有内相，后再从内相入道体，即见到内藏，再把三者以其体用和体用动静联系起来，便入“藏相”法则，这就是说“藏相”法则不能单纯地理解为内藏外象。

在“人”身上体现的“藏相”法则就是藏象生命，以体用动静来表述这个藏象生命过程的话，就是“人”的元神为体、有生灭的识神与精气神主导的生理生命为用，藏象生命过程就是体用动静，藏象生命过程是主导生理生命的“人”生命的真相，一切生命的终始，都依赖于藏象生命过程所体现的

“藏相”法则。藏象生命只是“藏相”法则的象，是法则的特别表现，而藏象生命又是通过生理生命来呈现和体现。

何为藏象生命？藏象生命为在藏象生命系统中立足于生育、流变转换、统御、大运相、意识传导与熏习等内容，认识从生命唯识生化发端起，到微观生育过程以及胎体合而成形生育后，人体藏象生命系统（藏象五系统）主导并运转生命命象与运相的机理和整体过程，并在藏象生命动态中认识意识传导原理，尤其是后天意识如何在生命动态与环境（思想、行为、生活）中形成唯识种子因缘以及因果统一场认识，形成本质生命观下的广义生命内涵。藏象生命所依赖的藏相系统为乾藏界、相虚界、坤形界来承载的道→母→器程式视野下的大道体系统，在藏相三界域大系统中围绕与人体与生命相关联，有太极五生象生育系统、精气神界域流变转换系统、五藏神与阴阳五行之藏统御系统、天地人五行经络运相系统、意识三脑（大脑、心络脑、肺肠脑）传导与熏习系统的藏象生命五系统。我们在藏象生命系统里说藏象生命，在构建的藏象生命五系统中又依赖藏相系统生化本质和生化联系，这便是从大道生化上建立的藏相系统到藏象生命系统的联系。

在藏相系统里用了“藏相”，而藏象生命系统里用了“藏象”，藏相与藏象两者有何联系与区别呢？首先，藏相是描述大道生化原理与生化联系的系统，而藏象是从描述人体脏腑形象化象征，通过取象比类并以比类义言说主导并运转生理系统的系统。其次，藏相里的“相”为道→母→器程式中道对应性相、母对应法相、器对应用相的整体观，而藏象的“象”立足并依附人体肉身的外象，以及取外象比类义。再次，相与象为藏相法则中的法则属性与特征，藏象为藏相的独特形式与内容。一般来说，在用法上凡言说大道视野的常用“藏相”，而言说生命内容与形态的常用“藏象”。

生命的形态，联系生命的生化转换过程，同时也赋予了藏象生命系统统御并主导的生理生命系统的必然联系，既然有生理生命系统关于人体的生命体征，就有主导和运转它的藏象生命系统相联系，而且每一点滴的生命体征的内容以及围绕生命体征运转的藏象系统和因缘系统，在它们的背后都存在着一个巨大且紧密联系的哲学系统。围绕藏象生命系统与生理生命系统而言说藏象与命体的结合，这个结合非单独两套系统言说而结合，而是融合，藏象生命系统无不是与生理生命系统完美地融合在一起，且从精气神来言说生命形态的本质，精气神藏象形态最显著的特征就是围绕“藏”，也正是因藏义才有人身肉体乃至生理生命的象，从而从生命形态的生化转换的过程，来赋予生命藏与生命象在基于藏相法则的深刻关系。

何为生命藏？从生化过程以及生化内容，胎形体（生理生命系统）只是人体命象界的一个形态，因缘布局的实质是在人体命象界，只是从胎形开始显象，伴随胎形长成胎体以及胎儿发育，出胎到死亡整个生命过程，都是以人体生理生命来显象的，构成一个生命生灭的单位。一个生命生灭的单位是从胎形体开始承载的。但在人体命象界因先天因缘的业力牵引，这样从生到死的生命生灭单位可能是无量的，有多少先天因缘就有多少个生灭单位，就会呈现多少胎形体，这就构成了轮转的根本义。胎形体界只是人体命象界在生命形态上的具体显象，为因缘生起的现行变成现量的一个表达和呈现，所以构成一个生命生灭的单位开始——胎形体，就是生命象，以此类推凡是显象生命形态呈现在形与体上所有因缘单位以及因缘单位内生灭因缘的集合，都构成生命象。而承载了生命象显象生化转换流变过程的先天运相界、后天藏象界域、人体命象界域，以无量种子因缘库形态构成生命藏。而这三大界域只是生命藏的不同生命形态，它们并未随胎形体独立显象而消失，而是真正的生命形态藏库，是生命的宝藏。

生命象在生命藏里只构成了一个生命生灭的单位。如果说一个生命象过程里从胎形长成胎体，再从出生到死亡集合了无量的生命象因缘，构成了生命象过程内无量的生灭形态，就能明了在生命藏库里有无量的生命象单元，不仅生命藏库本来就有无量的生命象单元，而且还受生命象过程中无明业的熏习，返熏到生命藏构成其他生命象的因缘。以此认识，可把太极识认为是生命藏，而立三世两重因果的十二因缘关于生命生灭单元的显象过程看作生命象。如果先天运相界域、后天藏象界域、人体命象界域以无量种子因缘库形态构成生命藏的话，人体命象界就是生命象——生命生灭的单元里所有生命内容和轨迹的集合，也就是自胎形到长成胎体以及从出生到人死亡的所有因缘呈现，都写就在人体命象界域内，这就是布局的真实含义和形态，以此布局义，人体生命的每一个阶段和过程都只是现量，可以看作是存了一定量的存款，生命轨迹的因缘只是按每天的取款计划取款一样，无量的因缘现行变成现量然后又生灭，构成了时间轴上的生命空间关系。我们说凡是显象生命形态呈现在形与体上所有因缘单位以及因缘单位内生灭因缘的集合，都构成生命象。所有因缘单位以及因缘单位内生灭因缘的集合，以人自胎形到长成胎体以及从出生到死亡过程看作一个因缘单位，也就是前文所说构成一个生命生灭的单位，这就叫因缘单位；而在因缘单位内从生到死的生命轨迹就是生灭因缘的集合。

胎形长成胎体为从合而成形到形而成体，从而也完成在胎形长成胎体的生命形态，正如《灵枢·天年》说："血气已和，营卫已通，五脏已成，神气舍心，魂魄毕具，乃成为人。"这是对形而成体的具体描述，从五藏始定到五脏已成，从神气与魂魄到血气与荣卫，明显就是从合而成形跟形而成体的对比，也是藏象生命系统与生理生命系统的描述。五藏为藏象生命系统中的五藏神统御的灵气五态（五脏五行）能量体与五行之藏，是胎形体全部的五行属性系统，也包含五脏系统。"神气舍心"为先天运相界、后天藏象界域、人体命象界域随七门窍关和十二结节结固，通过禀受布局完成，生命象的胎形体完成与生命藏的隔离。“舍心”的心指生命藏内无量种子因缘库形态，为生命象单元的库源；而“神气”指禀受布局层面是生命象单元的因缘集合，也就是上文所说写就在人体命象界域的胎形界承载的一个生灭单元（从生到死）生命因缘，它是以布局义和胎形体发生关联，并赋予胎体生命信息和生灭因缘。“魂魄毕具”为胎形体中五藏神统御的灵气五态（五脏五行）能量体，通过天脉与中脉关联态下气机冲升四大融合，在胎形体有了以中脉为主导的三脉七轮结构下的藏象生命系统，成为胎形体精气神形态的五藏神内容，同时魂魄毕具的形成过程也是天脉与中脉关联态下气机冲升动态融合过程呈现的；也是“神气”如何通过生命藏以布局义把生命单位的生灭因缘显象在胎形体，从而此神气与魂魄一起成为胎形体的五藏神内容形态，以能量体形式入藏象生命系统。荣卫通、血气和是形而成体乃成为人的具象描述，也是五藏神统御的灵气五态胎形能量体在胎体临界态对于生命形态来说，完成的最具伟大意义的一次生化成体，它指向了血液的生成以及心脏的第一次跳动原理，并以此激发身体的自我命象生理机能，让藏象生命系统统御并主导的生理生命系统，具足生理生命形态，乃成为人。

《管子·内业》说：“凡人之生也，天出其精，地出其形，合此以为人。”正是对天地人三才关于生命形态相联系的大运相描述，天出其精为精气神三元一体到命象精气神生化流变过程，以神主气精关联的精以气动与气动必是精用的精气关联蕴藏“精”的高位域能量形态；地出其形为天地构精义和父母构精义，合此以为人，为天地人三才大运相的融合。以下就是以禀受并布局义联系天地人三才大运相视野关于生命形态的经典。

禀受并布局义承载的生命位域形态分为先天运相界、后天藏象界、人体命象界，最后以五藏始定与五脏已成描述在藏象生命系统和生理生命系统两套生命系统在胎体融合。无论是从“神气”的含义指向还是从“人始生，先成精”的精气关联义蕴藏“精”的高位域能量形态，都是从识神种子与种子因缘与精气结合，形成精气神广义所指的生命形态，也同时成就生命在不同位域体内呈现不同的生命形态，以此就能明了人体肉身只是生命形态中的一种内容和存在形式，当你以肉身形态出现，从运相生命形态藏象生命形态以及人体命象生命形态来说，已经是藏相动能视野下的堕落形态，业障染浊，烦恼如麻。我们说作用藏象生育阶段向命象发育流变转换的就是天人命象离一，以此有了藏象空间体向人体命象空间体的转换，且依七门窍关和十二结节结固，在胎形视野下以天脉与中脉关联气机冲升的四大融合，伴随藏象第一次平衡和藏象第二次平衡，形成藏象内外丹田精气神能量体形态向命象精气神形态生化流变转换，最终在胎形体形成以中脉为主体的三脉七轮统御人体经络系统。伴随五藏始定与五脏已成的胎体长成，在肉身形成藏象生命系统和生理生命系统两套生命系统的融合。

何为藏象呢？“藏象”二字，见于《素问·六节藏象论》。“藏”，《说文解字》曰：“藏，匿也。”就是隐蔽、藏匿的意思，同时重点是医学的角度，指五脏六腑，五脏六腑统称“藏”。从四象五行义上说，这个“藏”应该广义地指五行之藏，因为五脏六腑统一在五行属性之中，五行之藏还泛指宇宙与生命的五行所有能统一的属性。“象”，有某些具体事物的表现、现象、形象的意思，更有取象而有象征义，象征的本义是指被象征的本体是抽象的，或不可见的某种物的可以看见的标记，这个尤其以卦爻为例，卦爻之本体是抽象的，从卦爻的象推断自然和事物的变化以及相互之间的关系。

在《黄帝内经》关于五行之藏对神志活动的分类为，肝属木藏魂，心属火藏神，脾属土藏意，肺属金藏魄，肾属水藏志。其魂、神、意、魄、志称为藏象五神，或五藏神。在这五藏神里按照五行生克规律联系，五藏神又总统于心神，《类经·疾病》：“心为五脏六腑之大主，而总统魂魄，并该意志，故忧动于心则肺应，思动于心则脾应，怒动于心则肝应，恐动于心则肾应。”五行之藏的藏象系统，以五行的相生相克发生关系；同时，五藏间有经络系统相互作用，十二经脉在体内与脏腑相连属，其中阴经属脏络脏，阳经属腑络腑，一脏配一腑，一阴配一阳，形成了脏腑阴阳表里属络关系。即手太阴肺经与手阳明大肠经相表里，手厥阴心包经与手少阳三焦经相表里，手少阴心经与手太阳小肠经相表里，足太阴脾经与足阳明胃经相表里，足厥阴肝经与足少阳胆经相表里，足少阴肾经与足太阳膀胱经相表里。互为表里的经脉在生理上密切联系，在病理上相互影响，在治疗时相互为用，构成一个闭合循环的系统。

五藏神的“藏”又有哪些具体内涵呢？首先，直指人体命象中肝、心、脾、肺、肾五脏以及能统一在五脏里的六腑，以此脏腑含义来言说主导和运转的“藏”义，为在五脏系统中看不见的内在联系“藏”系统。其次，结合人体命象五脏与藏义运转系统而言说藏象义，藏象义是“藏”义的更深一层的指向，为联系五脏系统来说统御、主导和运转五脏系统的本质规律，为五脏系统和“藏”义主导运转系统两者构成，且有藏相法则中的五脏为外象系统，“藏”义系统为内相系统，为五藏神的藏象本义。

五藏神的“神”之所以神，是因为五藏神生化转换为依宫库田轮三库轮态能量体，且在“神”形态、“精”形态、“气”形态三者的后天藏象视野，对比人体命象五脏系统来说，其道元位域要高好几个层次，故此“神”可以理解为精气神三者高能量态的生化转换，一切人体命象系统统御、主导、运转的发生，都是精气神系统以能量传导来实现，这个能量传导的本质就是以“神”所寓意的精气运动态，高位域和高能量传导运动的状态，类似于目前科学研究的量子意识，实际上要高出量子意识诸多层面的位域与能量态，不仅如此，它更是内丹田层面的“神”的写照。以此“神”义对比人体命象五脏系统和“藏”义运转系统来说，它为藏在藏象义规律下且在高道元位域下的交互体用相义，是构成五藏神所有层面的能量“源”，且这个能量源依宫库田轮三库轮态能量体指向了后天藏象胎光玄精聚合态，以此聚合态联系先天和后天，有机联系了界带膜外的先天域界。

综述之，五藏神的“藏”义，为人体命象五脏系统以及基于五脏的藏义系统，前者构成外象与后者构成内相之藏象义，五藏神对人体命象诸系统的主导、运转乃至组织器官、经络气血的生化具统御功能和作用。除此，从五藏神的“神”义来说“藏”，为统御功能和作用背后的藏象原理的能量“源”。关于五藏神藏象原理能量源层面与藏象义下统御功能与作用，从命门离转和中位离散对宫库田轮三库轮态能量体的离转就可以窥见精气神能量的高位域状态。为了理解上的方便，把五藏神立在与五脏系统相联系的内容上去言说生命，为立足于藏象层面去言说人体命象，为从高位域能量态向低位域能量态的人体命象系统上叙述，从而从生化转换的过程和本质去显而易见主导与运转下的统御功能和作用。但五藏神的复杂就是在后天藏象时空体、在内丹田诸形态毕具后，五藏神就已经具人体命象的五脏义，只是还没有显化出来而已，所以对五藏神的解析就要先联系人体命象五脏和五脏系统来反过来说五藏神。

从五藏神言说统御功能和作用，除五藏神在内丹田的能量形态外，在外丹田与人体命象层面为以五行之藏规律来统纳运转。五藏神依五行之藏形成藏象与人体命象之间的联系，且在藏象系统中起统御的功能和作用。在五藏神含义解析里说人体命象的五脏系统（传统藏象学说系统）在藏象义下构成外象系统，而联系人体命象五脏的藏义系统在藏象义下构成内相系统。此外象与内相的关系为藏相法则（九易法则中的藏相法则）中的内涵与特性，构成一个基本的内藏外象内涵形态。五行之藏为木、火、土、金、水五种属性的藏象生命系统，统一在“五行”之中，五行为属性，具藏义，藏在藏象与人体命象诸多系统之中，成为五行之藏规律与法则，其五行之藏，是运用五行学说对五脏六腑的特性以及脏腑间的关系加以说明与解释，一方面把五脏归属于五行，另一方面用五行的生克规律说明脏腑间的生化制约，使之处于平衡的运动状态，这就使藏象学说更为系统化、理论化。五行之藏除了人体的脏腑、经络、气血按照“五行”的生克规律来运转外，人体外的宇宙与自然也统一在五行之藏里，形成人与自然相互感应的天人感应系统，这个系统是自如循环调节的严密系统，也是大宇宙与生命观的生命之轮。

如何理解五藏神精气神能量体在藏象与人体命象诸多系统中贮藏和隐藏呢？藏，有藏匿、隐藏的意思。《素问·金匮真言论》曰：“东方青色，入通于肝，开窍于目，藏精于肝；南方赤色，入通于心，开窍于耳，藏精于心；中央黄色，入通于脾，开窍于口，藏精于脾；西方白色，入通于肺，开窍于鼻，藏精于肺；北方黑色，入通于肾，开窍于二阴，藏精于肾。” 这个藏并非只单单指人体的五脏，而是天与人的藏，在天，为东方、南方、中央、西方、北方的四象五行，总御得失的中央三垣与二十八星宿。在人，即是肝、心、脾、肺、肾五脏系统。除五脏外，还有与五脏紧密相连的目、耳、口、鼻、二阴等器官，这些器官与五脏的联系又是什么呢？就是全身的经络、气血、精气，无不联动联系在一起。这是天人合一的大视野，所以说这个精、气、神在宇宙、人体、器官、自然界等无处不显，毛孔、毛发、器官、人体、自然界、星系、大宇宙等无不是指挥部、无不是生产车间，无不是生命的全部真相，一颗露珠，一个介子，一个星球，一个超级大星系等都是生命的真相，内证大道者，在觉悟的那天，从自己身体内部看去，无不是宇宙星辰身外的一切，正所谓《黄帝内经·素问》：“天地之间，六合之内，其气九州、九窍、五脏十二节，皆通乎天气。”

这就形成了天然的天地人玄天造化场，它以五天五运气从人体视野上看是日月星辰的变化，如《管子·内业》说：“凡物之精，此则为生，下生五谷，上为列星，流行于天地之间……是故此气，杲乎如登于天，杳乎如入于渊。”从生命形态天人合一的哲学视野来说是移精变气内外空间联系，从“凡物之精”的“精”与“是故民气”的“气”可见描述能生五谷并上为列星的指向就是精气关联的太素生命素，凡物与五谷皆从太素生命素“精”的能量体而生，而且太素生命素往物质形态的转换就是光子素所在的可见光。“上为列星”何意呢？就是天地构精形成的坤地体世界在宏观上的轮态，如列星星云旋涡的轮一般，它是以精气关联的藏相动能态。以此藏相动能态的精以气动与气动必是精用的精气关联义，从三维的眼界来看，为列星；列星的实质却是库轮义下的精气关联义所说的坤地体世界的独立时空体。

“藏”的目的是为了人体生理代谢之用。藏精，是因为精化气，精生血等一切生命运动都在消耗精，必须有足够的能量来支持。身体每一刻都在剧烈快速地运动，如微观到细胞分裂、气血运转，宏观到吃饭、睡觉、工作等都在消耗精，这个时候就需要精给予能量补充，藏就是这个目的，藏以致用。所以天人的大运相在给我们补充，脾胃运化在补充，肺系统在补充，我们每天每刻都在与宇宙自然发生密切联系，都在大运相，同时也反过来影响着宇宙的其他一切。“藏”的第二个目的就是成为藏，宝藏的藏，对于人体命象的生理功能而言，这些魄与精能量体藏起来就变成了生理活动与精神面貌的宝藏，尤其是补充营卫以防御外邪入侵形成正气成为无形的宝藏。为何呢？因为既要补充生命运动消耗的精，又要躲避生命运动带来的无明沾染，这是生命渴望光明的自发自觉，给自己的生命留一处宝藏。只要是生命运动包括起心动念都会增加无明障碍，所以在“神”需要明的作用下，要藏起来，躲起来，在五行之藏和五脏神的规律法则下，贮藏起来成为生命的宝藏。不然原本的胎光玄精，先天至阳的精气，就会越来越弱。鬼云为魂，鬼白为魄。先说何为“鬼”字，就是能量减弱，已经不再纯阳至精，再如此被无明障碍和堕落下去，只能成鬼了，以“鬼”喻是为警醒世人，不要再让魂魄堕落和沾染无明。

除了玄天造化场的太素生命素外，身体还能通过哪些途径获取“精”素呢？从运化精气态的运化机理来说，生理生命的人体可以运化什么呢？有通过食物运化水谷精微和通过呼吸运化呼吸精气两大方面，身体能运化的最高级形态就是光子素，动植物通过光合作用运化了光子素，人体再经过生理机能运化这种光子素中的热量，所以“素”就是高能高位域的精华与精粹，“素”的能形态就是指高能量，它指向了“精”的含义。通过食物运化水谷精微途径是脾胃系统，脾胃主运化。除了脾胃主运化外，参与工作的还有与其相应的经络气脉等。这个精微，除了消化系统吸收我们已知的各种营养成分外，重要的是提炼“宇宙生命素”，宇宙生命素通过五天五运以气的形式从太空中经过地球，地球表面的所有物质如植物、动物、水、岩石、土壤等都可以将其截留并贮存，都可以根据自身的特性吸收并保存这种生命源动力，从而获得能量与能源。

通过呼吸运化呼吸精气。在《素问·六节藏象论》曰：“五气入鼻，藏于心肺，上使五色修明，音声能彰。”第三个能量途径是肺，肺通过呼吸空气，肺系统在空气中提取宇宙生命素。肺系统运化后的气与脾胃运化水谷精微提取的气，形成人体系统的源动力。这些途径的精气，都是后天精气，虽然同是依赖于宇宙生命素，但是这三个途径的宇宙生命素经过了生命生理，参与了生命运动，实际上伴随了业气，所以都是属阴。后天之精的形态是可见的，如血、津、汗、液等都是精所生和转化。如“汗者，精气也”“精生血”等。

精不但可以生化气血、津液，它还是五藏神的能量来源，“是故五藏主藏精者也，不可伤，伤则失守而阴虚，阴虚则无气，无气则死矣”。后天之精气运转到五藏的，称为五藏之气，行于经络者称为经络之气。经络之气又分为营气、卫气，营气行于脉内，气在十二经络奇经八脉和五藏各部间，片刻不停滞。人体各部位上不但经络、五藏、六腑有气，皮肤、骨骼、毛发都有，全身之气，分则无数，合则为一，皆成为了生命之藏。

从藏相法则而言，人统乾道与坤道于一身，因人人本有如来智慧德相，皆有真如体之藏，人的色身为坤世界中根尘蕴结集妄的和合所成，色尘外相遵循坤道法则，故人统摄乾道大生与坤道广生于一身，既以藏象生命系统呈现藏相内外，又跟大道真如本体以内藏外相联系。大道因“藏”而有“相”，在坤道凡域为用相。用相，为恒顺道生之生化属性，以往象作为诸唯识因缘，按色法凝聚与动能沉淀所显的相。用相的“相”从根本上不能脱离道生之生化属性，道生之的基本单元——往象便是用相里最微观的因缘单位，它在道→母→器程式生化过程中，按色法凝聚与动能沉淀而显外象。通过外象的“象”可以法则贯穿用相，其中贯穿用相之“法”为效法、取法、用法之义，而法则便是藏相法则。

效法，人效法自然规律来改造自然，再从取法中熟知其用法；取法，为从效法过程中洞悉了规则与法则，来取法自然规律形成规则，效法已经从外象入了内相，是一个由外入内，从外象入内相的过程；用法，通过效法与取法而能了然从外象入藏相内规律之规则，从而产生基于内藏外象规律的用法。不仅人体有藏象系统，八卦取象比类的简易之法，便是以藏相法则为载体，深入浅出，使其取简易之象而取象的性质不乱，正因有内藏外象的藏相法则，才使我们基于外象而知与其必然联系的大藏相。

顺返：循顺置返

顺返法则乃由循顺置返机理呈现道生之生化动态的法则；是联系大道生化过程而解构时空体中生化延展性的法则。以独特的“反者道之动，弱者道之用”视界呈现循顺置返，来解构大道道生之的生化动态。

何为“循顺置返”呢？大道道生之恒顺生势定律生化的一切，都是顺生，顺承大道源动能作用下的“生”源起，以此顺生呈现道→母→器程式中至微至彰一切内容。顺与顺生是必然联系在一起的，就跟我们说“果”不能独用，必须联系因一样。顺则有生的含义，而生必须依顺才能生。

在解析“生”的内涵时，从乾道元亨利贞圣德蓄大而生生，至坤元变易，坤元后顺承乾道因缘和合而有恒顺因果，自坤元恒顺乾道变易的缘起后，一切因和缘的汇聚、因与缘的条件不断成熟和充实、众因缘升起交互深入，因与果显现的同步时空性，这一切的“生”，都依赖其“顺”。在道元论和藏相动能义下，大道道生之的顺生成为恒顺生势定律。“顺”指向的顺承的源，为道元合相论的大道源动能之玄德性以及大道生动能之圣德性，从顺生的“果”找到顺承的“源”，这个方法就是依顺循而置返。

返，还也，复也，通作反。道以其如如来去的本性，以能说之性和所说之性，而显所有能说与所说，看似一切是顺生，但其实要明晰、洞察这一切真相，甚至入其本质，就必须依赖“返”。返为道之所呈的一切“生”在时空延展性上的停顿与凝滞，先要明白道之所呈的一切“生”是什么，为道→母→器程式中一切过程的“顺”的生化过程，其顺的过程就是道不断的“生”的过程，就拿人来说，从出生到老死的过程就是顺的过程，顺其十二因缘无明因果，从婴儿“顺”下去就是童年，从童年“顺”下去就是少年，以此类推，顺的过程就是人不断的生长的过程，同理，道→母→器程式中程式过程的一切，就是道不断的“生”的过程，这个“生”不像我们用人的出生到老死过程这么简单，而是整个宇宙的全时空的生，人只是三维世界的一分子，这个生就有无限的时空性，时空延展性如何理解呢？人从婴儿到童年，再从童年到少年，在婴儿时，是在向童年顺的过程中，但还未到的少年就是时空延展性，所以任何顺生都具有时空延展性，这也是宇宙的膨胀理论所在。

如何理解在时空延展性上的停顿与停滞呢？先说停顿，我们在童年顺生向少年时，是直接就到了少年么？当然不是突然就长到了少年，而是由婴儿逐渐地长成，到童年，再到少年，那么从时空上看回去，就能看到生长的痕迹和过程，这个从时空上看回去，就是在顺生之上的停顿或者叫凝滞，注意，在这里停顿或凝滞不能独用，必须依赖于顺生之上，在顺生的过程中停顿，从时空上看回去，这就叫作返。

我们举例的婴儿、童年、少年可以换作任何时间弹性，如昨天、今天、明天，乃至过去、现在、未来“三世”，所以一切的事物都具此性，一切事物的顺与返都是如此，在顺生的过程中从时空中看回去，而发现一切的“生”的本质，其停顿与停滞就是顺生在时空延展性上的返，说是停顿与停滞，一定是依赖顺生的停，本质是永不停歇，而且停不是当下顺生的停，而是过去的停，在顺生的流动过程中，当下看过去，刚才看的这一念或思维，已经就是过去的停了，这就是返的根本义，所以在顺生的时空延展性上，是用返把顺联系起来，连续而连贯，至于是否有缝连接还是无缝连接，要看所研究的事物的具体时空立场，在没有具体所指的情况下，就都是无缝顺与返连接，这就是时空延展性上的流畅性。

有了在顺生的时空延展性上的返，在全时空动态中顺与返具备同步时空性，和因与果、生与灭一样，如果在坤世界局限的对象中，因与果、生与灭、顺与返呈时间上的先后性，但同步时空性包含时间上的先后性，因为全时空动态中包含具象狭义的时空，全时空动态就是道的如如来去本性，刹那间因与果、生与灭、顺与返同时并同步显现。这就能明晰道之所呈的一切内容或道之面目。

在顺生的流畅性上，根本就不存在停或滞，在上文用停或滞是为了说明返的含义，过去针对现在是停了或滞了，其实根本没有停或滞，因为一切都是顺生流动起来的，那么准确的说法是什么呢？就是“置”，为本来如是的在哪儿，已经顺生流动起来的过去，本来如是的置着，不是过去，不是现在，更不是未来，而又包含顺而返的过去、现在、未来的一切。

《说文》：“置，赦也。”用赦来释义“置”，在这里不能解释成宽免罪过，而是通过宽免罪过的本义去理解置的含义，我们要体会在宽免层面上对“赦”含义的拿捏，不紧不松，不紧是已经宽免其罪过了，可以不用担忧责罚与刑罚，不松，就是虽然宽免了但还有警示警醒的意味在。这就是“置”在返上的状态，依顺而返，展现的是时空流畅性的状态，之所以是这种状态，就是要体会在顺生流畅的流动性中的不紧不松的返置状态，即不随顺而流也不随返而滞，这就是“置”返的神韵所在。

理解了“返”所呈现的“置”义，就要更深入一层了，从置返上明晰了什么呢？就是明晰了道生的面目，道的顺生面目，例如从今天可看到了昨天的一切一样，我们从置返上看到了道顺生的一切，如果阶段性或狭义地去理解，从今天的置返上看，把昨天道的生弄得清清楚楚，那么以时空为立足点，不断和不停的置返，就能连接起道生的全部面目，再把不断和不停的置返以及不断和不停的顺生一起连续而连贯起来，就是道的面目了，这一切都是以置返的角度与含义去呈现的，由于置是返的内涵，一般以置返连用而体现顺返两仪特性中“返”。从置返再联系顺生，并置返与顺生连续而连贯起来，深入到了道的面目上，若放在道的面目上，则是返来显用，这个显用不能当作独用，一定是依顺而返的基础上，返来显用，这个深刻而深入的内涵叫什么呢？就叫“反者道之动”，返通作反，道的一切“动”的面目如脉搏一样，从反而遍知一切，“动”即是从置返联系顺生并置返与顺生连续而连贯起来的“顺”生，为由变易连接起来的动态（顺返两仪特性中“顺”）。

依顺而有顺生的流动性，再把时空性连接起来，是什么呢？就是“循”，我们说的依顺就是依现在的顺，而说未来，把时空连接起来就是把过去放在现在之前，以过去顺现在，以现在顺未来，这个顺的时空性，就叫“循”，是连续而连贯的，带有从根源上去说，从缘起上去说之义，《道德经》里说的“循之不得”的“循”就是这个含义。在循顺的时空流畅性里，顺生是道的本性，因其道生德蓄合相作用而生，就算在坤世界无明所主，但大光明作用力依然在作用，所有道生德蓄而顺生是道的本性，在循顺的时空先后性的含义中，昨天相对于今天来说，昨天的道之“动”虽然在时空中依然永恒不变，但已经没有那么强烈了，成了“弱”态，相对于当下的清晰具体的强势来说，过去的呈现模糊的弱态，以道动来显强的话，这个弱就是与道动的强相对的弱势的态。

就因为“弱”态道之动，才是我们目睹一切的根本，因为明天的尚未发生，我们无法目睹，只能从过去的“弱”态道之动来目睹，人类顺从自然并改造自然的过程，就是通过过去态来总结规律、规则、原理，慢慢从浅入深，从表象模仿到深入其理，才有不断的创造发明。从呈“弱”态道之动而致用的状态叫什么呢？就叫“弱者道之用”，这个“弱者”与“弱”态是指循顺过程中已逝的时空性，显流逝性。如何体现并找到“弱者”与“弱”态，答案就是反者道之动，“弱”态必须依赖并通过“反”才能显其妙义，那么反者道之动与弱者道之用就是“顺返”法则的顺与返，以及循顺置返的顺返过程最佳释义，置返必须依顺，“弱”态道之用呈现道之动，反者道之动与弱者道之用在解释法则时以及哲学义理时应该联用，而不能分割。

弱态所反应的道之动显的流逝性并非消失了，它是以无法眼见的形式存在，这就是有名有相不可眼见的真空实有，昨天乃至以往过去的一切，我们都知晓名相（虽然是强名），但已不如当下的今天很多可以眼见，过去的一切不可眼见，却是今天乃至以后能继续存在的连续性，并非断灭地消失了，它在过去如是地存在着，而显真空实有性。同时，如果把视野放到轮回轮转上，以往的轮回轮转是真空实有的存在，就是因为依往昔轮回轮转的顺，才有顺而生的未来，即宇宙每天往前的步骤，往昔一切的业种子以其“弱”态作用着顺生，联系“弱”态种子力与顺生因果，就是道呈现的连续不断的时空，如果这个时空在证悟的十方圆明态来说，连续不断的时空就呈现统一性而无时空存在，即达一切处。

循顺置返，可以呈现顺返过程，通过循与置把顺与返联系连接起来，把顺仪与返仪融合到道动的过程里。一卦可通过变易而变八卦，以及卦产生变爻后的体卦与用卦关系，其实就是循顺置返的具体应用，就因为我们通过循顺置返的卦爻变动而能预测现在之于未来的发展，以其卦与卦、爻与爻、卦与爻等象呈现出来的时空关系，以及顺返两仪规律，在道之动与道之用上，便是“占”上的思维精髓，体现在体卦与用卦以及上一卦与下一卦的关系，并联系一卦变八卦而有时空连续性，找到爻与爻之间的时空延展性。故有“象事知器，占事知来”的循顺置返哲学内涵。

用循顺置返乃至顺返两仪来解析这句话，两个“事”不能同指一个事物或者问题，而是有区别的，第一个“事”指置反状态下的过去的事，通过过去的事而知道所呈现的器，即通常说的名和相，就是通过已经过去的状态而知道过去的具体是什么，未经历过时不知道叫什么，经历过了就知道叫什么什么名状等，这就是象事知器，是通过置反的方法来找到象事，即经历与经过，同时便“知器”，一切名相了如指掌。在此基础上，再占事知来，这个“事”便是顺状态下的当下之事，沿循这两个状态下的事，也就是循顺置返所继续呈现的未来的顺生，便知晓了未来，这就是《周易》的神奇，更是“顺返”法则中两仪规律的妙用。

覆状态是依其前五者的顺生累积，是循其前五者每个阶段的顺而得覆状态，当覆状态到了临界时，从长→育→成→熟→养→覆的有为就到了为的临界，这是循顺而到覆。在覆状态来说，以其临界状态而置，所连接起来的就是五者有为的集合，反观这五者的有为，是循其顺的为，以此循顺置返的覆临界状态，则是集合了包含覆在内的前五者有为集合的无为，覆状态势已成，此覆势是从长→育→成→熟→养→覆过程中顺生的道动而连贯起来的，以此道动连贯的生变易是置覆状态而反观前五者顺生的道动，也正是前面的道动的连贯作用的有为而有覆临界态是无为，则是含覆在内的道动过程的有为极致，以此反观，明晰覆状态到来的过程，这就是道的过程，道的脉搏一样的动态。

针对覆状态来说，前五者已经为过去态了，覆态为当下强态的话，过去的前五者为弱态，可正是用前五者弱态的极致有为，方出现覆态的无为，这就形成了循顺置返的“反者道之动、弱者道之用”。前五者依顺的累积，就是有为，且是持续的积累，当前五者蓄积到了覆的阶段，就是有为到发生根本变化的临界状态，含覆在内的前五者一起就是有为的尽其所能的为，此时状态的为的“物形”就有了成势的状态，势已成的状态则是包纳了覆在内的前五者所有的蓄积，而步入了无为，然后又以其无为的势态，而把前面为的一切当成自己需要为的行为，全部为到极致，则是无不为，然后依顺而为，且为到极致，才能成为下一阶段顺势的基础。从有为到无为需要以其德之行为到尽其所能，从无为到无不为需要德性到无人无我而尽其所能为到极限的境界。以循顺置返的含覆在内的前五者的有为，到覆状态的无为，却是整个长→育→成→熟→养→覆过程顺生连贯集合的有为的极致，即无不为，以其有为极致的无为，循顺置返，把无为作为弱态的道用置返，再把连贯有为与无为所有为的极致来循顺，就出现了无可言说的无为而无不为真性。

从道元论来说，“元”就含有源，一切本来尽然包囊，一切皆由此出，就如无不从此法界流、无不归还此法界之义，但这个“元”的源义，是道元本质的源，为一斑而窥全豹的道性，处处在在见性见大道，处处在在有藏源，为以介子而包须弥。

阴阳：负阴抱阳

阴阳法则乃由负阴抱阳机理呈现的阴阳生化的法则。基于阴阳法则可描述“万物负阴而抱阳，冲气以为和”的道生之动能形态，以及解构发生道元位域升降转换和藏相动能义下的阴阳平衡（含负阴阳平衡）原理。

何为负阴抱阳机理呢？为“负阴而抱阳”的阴阳机理。负阴而抱阳机理，在大一元道元义视野下形上道乾天圣以具足真如体如来义显至阳金性，并无太极浑沦相对比明显的阴阳性，此生化过程的负阴而抱阳机理就为错位形态的上果下因机理，它是时空体单元的纵向视野。错位形态的上果下因机理为负阴而抱阳机理在大一元道元义下的独特形态，我们说道元位域和藏相动能义下的能量态，实际上都是对动态过程中临界态的描述，那么承载能量态和赋予能量属性的就是阴阳机理（上因下果机理）。

负阴而抱阳机理的阴阳机理中会有能量体转换滞留形态出现，这在上因下果机理里，就是错位形态，以错位形态承载了阴阳平衡阴仪阳仪体分离时的滞留义。它们共同表达了循返法则中的弱者道之用的“弱态”，成为了循顺的有为法下的动能，错位形态也好，阴阳平衡阴仪阳仪体分离也好，都以其滞留义作为过去的“弱态”，具足了时空体单元中循顺的时空义，因为循顺而恒顺生势的基础为立足于过去的弱态。当下的每一丝一毫因缘都要靠过去时空的集合生灭来呈现。故以负阴而抱阳机理来共同说明错位形态的上果下因机理。

先说阴阳平衡下的阴仪阳仪体分离，它是立于“器”域而言说万物凡的生化转换，立于三元一体的“源”言说阴阳属性的分化源头，从精气神染浊义言说阴阳分化。如果说源体态下的精气神阴阳属性为道一元视野下的阴阳平衡，那么染浊义下分生临界态以及生而分后，就是阴性为主体，阳性为从阴体中阴体动态生阳而求阴阳的过程，呈现为“负阴而抱阳”与“冲气以为和”阴阳平衡机理。

阴阳平衡下的阴仪阳仪体分离过程原理为：广三元道元义以染浊义，相对大一元道元义的清净义，在精气神界域流变过程中就是太极三元一体对比精气神生而分后的三者。分后循生与分生临界的精气神形态为阴性仪能量体的先天神（已熏的为识神）、先天精、先天炁三者，也是“生生”阶段独特视野。

生生，为立于太极体，真种子依种子库转换成识种子，种子与现行唯识变现天地构精和识神种子与精气媾和的生化态，呈现太极体一，一生二，二生三，三生万物。首先，立于太极体，太极浑沦相毕具且元神元炁元精三元一体，故为太极体一。其次，真种子对待的真如义为乾道乾天圣，为天，为阳，识种子对待的烦恼义为坤道坤地凡，为地，为阴，此为阴阳之二。再次，天地构精的阴阳因无明染浊，且唯识变现的法则，呈现生而分的识神种子与精态气态的精气神之三。“生化运动态”为太极临界一体被阴阳平衡打破，阴性牵引的作用产生生而分的本质,因生化且分离而产生阴体与阳体,故“分”的状态，就是生化运动态。

太极体一，为元神元炁元精三元一体的“一”，从乾道在圣的乾元起，乾元亨利贞圣德周行作用，由太初气之始，太始形之始，太素质之始，成为先天五太气形质过程的元神元炁元精三元一体在太极浑沦相临界一体。此视野下的太极浑沦相，也是乾道在圣真如体所有大道心性层面指向的真面目，为在圣、具足清净、真如体如来义等。其元神元炁元精三元一体，非元神→元炁→元精程式过程，这是不同的道元位域视野，就如前文说道→母→器程式过程与道母器视野一样，一个是位域阶段源流变过程，另一个是基于位域阶段源流变过程的整体观，它包含了各位域阶段中内容形成过程，是升级了的道元位域视野的综述。升级了的道元位域视野的综述，立于道元位域视野的基础上称为升位域，反之，讲述道元位域视野内部位域阶段和内容为降位域，综述之为位域升降。如何定义升位域或降位域，要看选定的道元位域视野的参照是什么位域。从道元位域的升位域与降位域义，要明晰说这个“一”时，必然要透彻地明了二与三同时毕具，这里的二和三就是降位域内容，由二和三降位域内容构成升位域的一。同时一必须靠二作用，这个二的作用是在形成高位域视野的“一”时就在作用，就是阴阳，更广义的为乾坤。阴阳作为“二”共同作用气→形→质过程，并通过气形质形成元神元炁元精三元一体，是一个漫长的逐步的阴侵袭阳的染浊过程，不是立刻呈现的，只不过阴侵袭阳的染浊过程经过和合集聚后，在太极浑沦相呈现了临界态，并有了生而分的状态。所以说形成整体高位域视野的“一”时，其实二（阴侵袭阳的阴阳）和三（气形质或精气神）都在发挥降位域位域内容的作用，那么这是乾道在圣态的三→二→一道元位域从降到升的过程。

这就是为何要明晰说“一”时，必然要透彻地明了二与三同时毕具的原理。有了这个原理，太极三元一体的“一”含义下以恍惚态和浑沦相的描述，是对太极体最精准的描述与形容。为什么呢？就是不给具体所指，而是阴阳具足、气形质毕具，元神元炁元精三元的升位域视野与降位域视野都有，恍恍惚惚好像说什么都行都有，可说什么也不是，就看你是什么立场和视野去认识。浑沦相也是如此，各种视野状态下的相都具足了，从最整体观为太极体，无论是从视野立场上去看，还是从视野立场的内部去看，都各显形态，都具足，可都什么也不能断定，因为不可说也不能断，说之断之即错。所以立于太极体说大道，都指向了那个如如来去的“如是”之义。

从太极体“一”的道元位域视野，既描述了乾道在圣态内容形态三→二→一道元位域从降到升的过程，又以道生德蓄本原出发从道与德合相一体视野认知大道体性层面的诸多内涵，故大道体性层面上的所有事物，都会因为道元位域视野的差异存在不同的结果，产生不同的结论。立于道→母→器程式，太极不是大道生化起点，它是生育万物的起点和发端，是大道生化呈现万物生育的转折点。我们在藏象五系统讨论藏象生命，从太极体的生而分界说为后天五生的“生生”，有了三→二→一道元位域从降到升的视野，到了太极说生生的在凡视野时，就是从太极体一，生而分二，继而成三。

太极体生而分的阴阳之“二”。说二，是阴和阳的二。太极体“一”生阴阳二，阴阳二生精、气、神三，此为太极体一，一生二，二生三，三生万物的内容，万物的形态本质都为精、气、神的能量体态，包括色法物质也是能量体态属性下的物质形态。从太极三元一体的“一”生阴阳二，这个“生”就是分后循生义下的“分”承载的生——分生，为化万物已分，已经脱离了太极临界态了，生而分下的阴阳二就要研究脱离临界态的“分生”的状态。

太极临界态强调说分后循生，是以循返法则来强调圣凡生化但圣凡未相离的整体观，是为了明晰临界态依圣凡生化而有的不圣不凡的状态，或者说要把太极浑沦相中关于生化、生而未分以及分后循生等诸多概念和气形质等诸多元素，对待为一个未脱离的圣凡临界态。那么脱离临界态以“分生”来对待其他内容元素时，坤地在凡视野的太极态则能具体地讲述一生二、二生三的生而分。

在太极体一生阴阳二中，太极体中的元神元精元气三元一体的元神、元精、元气三者分开了，从太极体一的生而分原理可以看出，阴阳二是以元神、元精、元气三者为承载，也就是说最初始先天的阴阳二气，为元神、元精、元气的形态。其中分开的元神、元精、元气三者中元神为阳，元炁与元精为阴。

在太极体一生而分呈现出来的阴阳态中，元神为在圣真如体如来义下的圣体，呈至阳金性，至阳的“至”物极必反，故至阳中有阴态性质，显阳性的阴，但阳为主体，故元神为阳。我们说无极而太极过程中太初气之始，太始形之始，太素质之始，气、形、质为在真如体如来义至阳金性的圣体中生化而成，为至阳态在生化原理中物极必反显阴态性质的，在气、形、质生化最初为至阴态，为至阳金性物极必反遵生化原理所生，至阴物极必反呈阳态，故在乾道圣态的三元一体都是至阳性的，虽然元精元气为至阴态但此时非阴，有了无极而太极过程，阴阳才逐渐转化。

元神、元精、元炁三者从太极体生而分后，其阴阳属性所显的形态为何说成阴阳二气呢？以气的本质形态——生化运动态在太极生化转换流变时，“元”态流变转换为先天态，从而呈现更显著的流变运动特征。这里面分两个层次解析，第一个层次为“元”态转化为先天态。在太极体生而未分时为元神、元精、元炁三者的“元”态，什么是元态呢？为阴阳属性中的“至”态，如至阴或至阳，当生而分后，由于生→分的生化运动属性，元态转化为先天态，这个转化因圣化凡的生化流变，故生而分后呈现先天态，在阴阳二义下，有先天阴和先天阳。第二个层次就是气的本质形态——生化运动态含义。生而分义中生→分的运动属性，赋予先天阴和先天阳气的含义，为它们呈现气的本质形态即运动态。以运动态说阴阳二义，指向了阴阳二气，称为先天阴阳二气。

在先天神、先天精、先天炁与气、形、质三者的“三”义下说生生，就又要从太极浑沦相来说一二三。首先视野落在太极体的三上，为元神元精元气与气形质的三，二为元阴阳二炁，在三和二的道元位域上，升位域为三元一体，具足三义并统摄二义。浑沦相一体的“一”道元位域要高于三和二义的描述，或者说太极体一为整体视野，而三和二为整体内的内容对待。以此太极体，圣化凡位域流变转换，而有元阴阳二炁流变为先天阴阳二炁，元神元精元气三者流变为先天神、先天精、先天炁，并在先天神、先天精、先天炁的每一者中都具足坤地凡对待的气、形、质。这就是太极体一生二，阴阳二生三，精、气、神三生万物的哲学原理。

元神元炁元精三元一体为生而未分，而分后循生与分生临界为从三元一体分生出元神、元精、元炁三者，这里又给予了它们阴性仪能量体的界定，这是从大一元道元位域的阴阳平衡视野出发，言说的生而分，清净真如为真阳，烦恼染浊为真阴，故取真阴所在的能量体属性，真阴视野对比大一元道元位域的阴阳平衡所在的阴阳两仪来说，为阴性仪，阳性仪生而分离了，或者说被无明阻隔了，成为滞留能量体，也是第一次阴阳离体时的滞留能量体。大一元生化广三元在道元动能形体上就出现了阳性能量体和阴性能量体的变化，为道元阴阳平衡变化，此道元阴阳平衡变化标志着“性”体生化“命”体，也是破位域视野在能量体形态上的呈现。

道元阴阳平衡后，阴性仪能量体就为广三元能量体的总量，而阳性仪能量体就为大一元道元之性——能量体的总量，大道由此分生为性和命两个范畴，也就是形上道乾天圣范畴和形下器坤地凡范畴。除开大一元视野中真正的阴阳平衡外，其他阴阳平衡机理下以“负阴而抱阳”与“冲气以为和”原理求的阴阳平衡，为负阴阳平衡。但要明了生而分后的阴阳属性是以阴性为主体，称为阴体，原因为无明染浊。阴性能量体随着阴阳平衡机理下负阴阳平衡不断地求平衡，造成了能量体强度的减弱，呈现为藏相动能义下的右旋堕落，从而逐渐形成生命的型体。

阴阳平衡下的阴仪阳仪体分离产生的阳体滞留能量体，具足了上果下因机理的错位形态。除开阴阳平衡下的阴仪阳仪体分离，在负阴阳平衡原理作用时，就出现了阴体动态生阳而求阴阳的过程的第二次阴阳平衡，为负阴阳平衡，也是藏相动能义的生化能量形态下位域升降形成的原理。

生化的临界状态有藏象命门，以藏象命门动态升降原理下的离转冲升和离散下降的动态过程来承载负阴而抱阳机理内涵。视野再次聚焦藏象命门临界态，运相阳态与藏相命门阴态在流界门处（未关闭时）形成阴阳平衡，此为负阴阳平衡机理中的第一次阴阳平衡，此运相阳态与藏相命门阴态的阴阳平衡为后天聚合态的能量属性。此为“负阴”态。当流界门关闭，运相阳态随先天道元位域的关闭而隔离，为转换滞留，此时在藏象命门临界态就形成了以后天藏象胎光玄精聚合态——藏相命门阴态为独特状态；当离转门开启，藏象命门时空体形成，藏象命门时空体为藏象能量体位域，此能量体位域的强度要低于藏象命门临界态，在这两个能量体位域差别中，之前藏相命门阴态就要在这两个能量体位域之间进行第二次阴阳平衡。

第二次阴阳平衡是从藏象命门临界态位域转换到藏象命门时空体位域，这个动态过程产生了负阴而抱阳的从阴体中动态生阳而求阴阳，并逐渐达到阴阳平衡。过程为流界门关闭与离转门开启，此时能量体属性为以后天藏象胎光玄精聚合态——藏象命门阴态为主体，它对比藏象命门时空体来言为高位域和高能量体。那么孤阴不生孤阳不长，此时的阴体随大道两仪法则必然阴体生阳，也就是说必然会在一个总阴体里按两仪法则生出阴态和阳态，这就形成了阴体动态生阳而求阴阳，这也是以一体来一分二平衡原理。

阴体动态生阳而求阴阳的过程，就呈现了以阴体生阳而有冲气以为和的内在动态，对比藏象命门离转冲升过程，它为负阴抱阳的微观内在动态。也正是冲气以为和微观内在动态产生的道元位域能量体变化，才以此变化的差异推动了离转冲升冲气以为和的过程发生。

从一体的阴体“负阴”，到阴体动态生阳而求阴阳“抱阳”动态过程，在第二次平衡时，就完成的“负阴而抱阳”动态过程，它的作用也就平衡了因道元位域差异产生的能量体强弱的变化。随第二次阴阳平衡，藏象命门时空体能量位域形成，它对比藏象命门临界态的位域强弱来说，为能量体总体属性低于藏象命门临界态，从而也指向了藏象命门临界态道元位域要高于离转后的藏象命门时空体道元位域。说到了道元位域的差异产生了能量强弱的差异，但第二次平衡的阴阳总和再加上“冲气以为和”动态过程与离散过程的能量总量是与第一次平衡时，以及以藏相命门阴态为体时相一致。这就是为何在藏象命门临界态虽然发生了“负阴而抱阳”的动态过程，但能量总量的道元位域强弱差异必定会发生冲气以为和的命门离转冲升过程。

当命门离转和中位离散过程发生后，才出现了因道元位域差异呈现为能量体强度差异，这个差异的原因既有道元位域空间体的变化，又因命门离转和中位离散动态过程中的诸多体态变化的能量消耗。以太极五生象生育系统的后天五生过程，从太极浑沦相的染浊义，其能量体结构就构成了以道元位域的变化，出现围绕精气神而有染浊→现行→现量→堕落→聚合→离转→分布的生命生育动态。在每一个阶段都会有道元位域的升降变化，从而都会出现能量体结构的再平衡，每一个能量体结构的再平衡，都是“负阴而抱阳”与“冲气以为和”阴阳平衡机理承载，这就构成了阴阳平衡机理根本原理。以阴体动态生阳而求阴阳的阴阳平衡机理与动态模型为原理和内容的“负阴而抱阳”，它构成了负阴而抱阳的阴阳法则之原理。

如果说把“反者道之动、弱者道之用”的循返法则看作认识大道本质的一双眼睛（天眼、法眼、慧眼、道眼），那么负阴抱阳机理则是这双眼睛下面大道最生动的生化本质动态，所以阴体动态生阳而求阴阳的阴阳平衡机理与动态模型下的“负阴而抱阳”同具循顺置返特性，是循顺置返关于藏相动能义下的能量转换时空体的变化视野，更是以往象的差五生化模型的数理生化形态，既发生横向的前因后果联系，又以独特的错位形态发生变化，并以其曲变运动的联系，形成大道道生之视野下的时空体往象模型单元。

如果把时空体往象模型单元看作大道道生之生化过程中具足的动态模型单元，那么这个动态模型单元又是以差五生化模型中的数理做基本的运动发展，构成时间轴和空间轴同步时空的动态运动，以牵动大道的同步时空动态，这就是宏观动态格局下的微观内在动态，真正呈现了至微至彰变动不居。同步时空动态运动发生在时间轴和空间轴的动态，正是依赖和依存循顺置返以及负阴抱阳机理。

如果结合这两者的哲学形态再去解析大道生化本质，它们之间有一个最佳的结合视野，为时空体往象模型里独特上果下因点，就是这个“点”从横向上具足了循返法则，在纵向上具足了负阴抱阳机理，从而形成了恒顺生势之道生之生化过程前因后果的生化发展。在纵向，以上果下因点形成上因下果后的前因后果生化发展，并且以此再发生时空体单元的生化联系，从而产生了曲变动态，在产生的曲变动态后，又恒顺道生之的发展，就形成了时空体模型的概念和视野。而这里又有独特的“错位形态”形成了循顺置返哲学里的弱者道之用，成为作用下一个动能形态下的能量体基础。错位形态的上果下因点，正是以上果下因机理（负阴抱阳机理）形成位域升降的动能源。那么这样就构成了以循顺置返与负阴抱阳机理交互作用，从而成为大道圆融无相的根本。

道元义和藏相动能义下的顺返法则以及负阴抱阳机理，从往象横向的数理生化形态联系差五生化模型，形成了横向和纵向关联的空间体结构，且在这个空间体结构又发生曲变动态联系，从而形成动态义具足的时空体模型，这个时空体模型内形成了基于横向往象结构基础，由横向、纵向、错位形态联系交织在一起的往象数理集合，为时空体往象模型单元。这个横向、纵向、错位形态联系交织就发生了藏相动能形态的动能观，这就是从微观的往象出发，通过横向、纵向、错位形态的源流变关系，联系时空体往象模型单元，再以时空体往象模型单元联系大道至彰的一切，形成至微至彰变动不居源流变关联，就把一切的源流变关系追溯到至微的变化上。发生道生之一切至微至彰变动不居源流变关联的动态，是杂乱无章还是井然有序呢？为围绕基本曲边动态的主轴发生动态关联，这个主轴里又分化多层次主轴网和多元的异轴网，形成大道的严密时空动态交易体系。

梳理道元义和藏相动能义下阴阳法则，形成了以恒顺生势视野言说长育成熟养覆微观数理下的生变易，以差五生化模型生化往象，并以往象在横向、纵向、错位形态联系上形成空间体。在道元位域形态上以根本形态的破位域以及常态形态的位域升降组成性与命生化过程的道元视野。总体上以循顺置返和负阴抱阳机理反映大道道生之一切至微至彰变动不居源流变关联的动态，在大道至微至彰变动不居源流变关联时空动态体系里，道元义和藏相动能论是两大体系化支柱。

终始：终而复始

终始法则乃由终而复始机理呈现的如环无端知终始的法则；以及以终而复始贯穿之周易易周之动态，使其呈现如环无端且周遍圆明之特性的法则。

在周易易周程式里，其周而易与易而周皆如环无端，终而复始，言终始实则无有终始，以终始法则析之，在于道体德性因体时位位域不同呈现不同的的终始状态，以暗主终始和明主始终为内容，再以终始法则贯之，可见其周而易并易而周的本质特性。

在周易易周程式里，周乾易坤周而易，以“乾→姤→遯→否→观→剥→坤”贯穿执妄迷失过程，乃明德终并阴妄始的终始过程；正坤返乾易而周，以“坤→复→临→泰→大壮→夬→乾”贯穿正阳进德过程，乃明德始并阴妄终的终始过程。周乾易坤周而易因执妄迷失而主无明，正坤返乾易而周因正阳进德而主大明，无明与大明是终而复始的两条主轴，亦以终而复始贯穿彼此使其如环无端以周易易周来循环。

终而复始机理正是由无明与大明相互转化且贯通彼此来共同呈现的明终暗始与暗终明始法序过程，并以此呈现终始法则的法则性。无明所主的明德终并阴妄始的终始过程与大明所主的明德始并阴妄终的终始过程，同为终而复始机理中的法序状态。周易易周程式因体时位不同呈现不同的终始状态，在坤世界里，无明为常态，因德性光明之赋予，使其以暗终明始呈现向阳从正的治理特性。暗终明始的治理特性，需知无明从何而来以及明德终、阴妄始的终始过程。

明德终并阴妄始。阴妄始于乾体，成于姤体，以姤体一阴方生之成使阴渐长而盛，最终被无明所主，形成执妄迷失的周而易过程；明德之终非在乾体便终，乃随阴妄不断盛长而终，以阴阳盈虚贯穿刚柔相摩，被动静贯穿。乾体六爻皆纯阳金性之体，以元亨利贞之圣德妙化万有，此在圣之刚健，为道体自强不息的好生之德，其好生之“易”念，为净念朗照，为大哉乾元，显乾道变化各证性命之妙用。阴柔总是起势，乃阴阳互生之理，如同阳亦会在阴中生长一样，乾体纯阳金性其阳刚至健自因法序之周易而自生其阴，乃阴阳互根的阳极必阴之理；乾之初九阳被阴浸，使阴长而成形，刚强金性的光明净念被“女”“柔”牵引，柔遇刚且居位成姤体。阴之所生起于阴柔之“妄”，其阴妄经过气、形、质过程，在姤卦成体而有阴之质，此阴之质从阴始生之气、形而来，并逐渐势长成阴妄之柔道，柔道牵乾，明德渐迷，无法化姤阴之性，故而以柔之不正主姤，使姤体文明品格因姤遇而脱离乾体。阴妄虽势长，但明德并非终在姤体，反而姤体文明品格承继乾体，阳明刚健是姤所依之本体，

暗主终始。姤之不正，长在乾，成在姤体，以“时”成轴，形成了周乾而易坤的执迷妄失过程，阴柔不正害明德之性，光明心性被阴妄牵迷致使明德有暗，执迷妄失过程正是明德终并阴妄始的过程，且阴妄从“始”开端并盛长。阴妄之始端起于乾体，阴之暗质成于姤体，从乾体所生之姤阴，言“阴”非大昏冥昧、阴强妄大之阴，乃细妄流注之妄识，随阴之盛长，在执迷妄失过程，暗亦渐盛，至坤卦，暗因盛极而终。

明德终并阴妄始贯穿了终始法则，乃明德终始以及阴妄起始。明德终始乃明德终之始，因阴妄起始而渐终，非阴妄起时便终，乃随阴盛而迷盛，使明德被阴妄所障，因“暗”之作用而失明，故明德终之始通阴妄起始同步，

正是这种“同步”，赋予了姤体“柔遇刚”乃无明与大明如影随形之义，这里面贯穿了阴阳环抱且互根互化的“阴阳根”思想。阴妄起始以暗之“始”言明德终始，同样一个起点，虽作用在不同的阴阳体，但以终始法则使其在每一个动静单元都终而复始。明德始并阴妄终亦是如此。

明德始并阴妄终。明德始于坤体，成于复体，以复体阳刚出震一阳来复之成使阳德刚长，最终被明德所主，至大明时成，形成正阳进德的易而周之过程。坤体六爻皆纯阴之体，以元亨利牝马贞之用德周行，此在凡之体被无明之暗所主，全然成暗；坤体之渐变乃“先迷而后得主”，所“迷”的正是暗所主之阴妄，“后得主”之主正是德性光明，使其在暗主无明之极时，困穷而通，见善而阳复，以德合无疆之厚德广积而现含弘光大阳善之景，秉持正德升阳之能事，使其阳渐长于坤，再一阳来复成于复体，随震往坤来，阳气盛长，从修身健德之复到复阳道、复正道、复正序，光明渐盛。无明在于阴妄牵迷，在乎执妄，光明在于见善阳复，在乎修健，阳德刚健出震全凭修健之功。自复卦始经治君子九德之修健，以身德君子之成而有阳之质，复卦便是阳刚有质的呈现。

明主始终。复之阳正，起始于坤体之善，善积而见阳，在复卦以正固之利而一阳来复有阳之质，在以“时”成轴，形成了易坤周乾的正阳进德过程，尤其在复卦以见天地之心而复阳明，阳明照暗，使其阴妄被阳正转化，正阳进德过程成为明德始并阴妄终的过程，其“阳”从见善开端并积阳而阳正。阳之质成于复体，以身君子修健之成且进位升志，君子当位行德政且化善成阳，有善政之大而阳盛，故光明亦盛。伴随阳正向大正转化，以及至大壮体大正进转成正大，使其正阳进德之过程被光明所主，至夬卦，德之正序际出，光明转为大明，后至乾卦，大明盛极，明德圆明。明主终始，“明”从见善积阳有明始，出现阳明→光明→大明的转化过程，伴随“明”之进程，暗从明之始而始终，至乾体而大终。

交易终始，乃终始法则中终而复始机理之内容。无论是明德终并阴妄始，还是明德始并阴妄终，皆起于同一个起点，所谓的同一个起点，乃同卦体的一体两观义，既可观明又可观暗，使其产生两者截然不同的“始”的路线，在明与暗相互的起始起点里，明德与阴妄互抱而言“并”，使其在互抱之整体呈现交易终始的终始状态。交易终始，并非一个终另一个始的接力思维，而是在同体承载之整体交易终始；虽言起点，在如环无端过程中实则并无有起点。交易终始乃终而复始机理的重要内容，交易终始使终和始的两者以同体位域相连，明德与阴妄各有其位域，然两者又同体承载而互抱，在两种不同的位域路线里，既有各自之“始”，又有彼此之“终”。

变易终始，乃终始法则中终而复始机理之内容。终在始，始亦在终。从同体同观而言，乃终始之间的变易，此变易终始呈动静相摩之状态，乃阴来阳消与阳来阴息乃消息也，这种消息在同体因变易而盈虚之，乃相互之间直接转化，同交易终始在不同的法发展路线呈现终始义不同，变易终始乃终者成始者之始。终者成始者之始，从顺返法则可知有前者终后者始之义，从负阴抱阳机理可知有上位域终下位域始之义，且前后与上下的时空义又是多变的，因为在发生变易终始的过程中，亦有交易终始在作用。各自之始与彼此之终里有贯穿着在时空义上互为终始。

周易如环，乃终始法则中终而复始机理之内容，由交易终始和变易终始共同围绕周易易周程式呈现的终始内容，使其如环无端而周易如环。终而复始机理并非完全前者终后者始，乃终者有终之始，以及始者有起始。之所以要呈现交易始终和变始终，便是通过不同的终始方式呈现终而复始机理。言同卦体的一体两观之起点，或同卦直接变易终始，实则并无“起点”可言，每一个起点之起始都在前一卦体发生，其“起”实则贯穿所有卦体，言“起点”

而是发生转换的节点性变化，以此呈现“终始”义。故“周易如环”义下的终始法则不能把法则分隔化或片段化，当以周行不殆且如环无端言之。

在明终暗始与暗终明始法序过程里，因德性光明向阳从正之赋予，使其暗终明始过程中以明治暗的治理特性而意义重大。暗终明始的终始过程呈现阳明始并暗众终、不正终并大正始、正序始并否势终、未济终并既济始、德序始并灾难终等内容。

阳明始并暗众终。乃阴妄终之始与明德健之始，阴妄从暗众见善并修身健德始终，同时阳明始。谦卦以身君子之成使阴强妄大之暗众脱胎换而称位君子，通过治君子九德过程，在谦卦以身德君子之成而有阳明，明道在复卦以阳明始，而暗道在治君子九德系统而有终之始，暗道终之始，起始于暗众成身德君子，因修身健德使心向阳正之暗众有了升华进转之机，通过修身健德升华成君子的暗众，乃履患、祸、灾、难之暗众，被灾难系统所困，以德之辨明修证之理，如同坎卦经过三坎三炼出维心君子一样，暗众通过修身健德成为身君子，在于明健德之正理。知修身健德并实践之，其明道便始，被暗道所主之“暗”，因明德之存而有终之始。暗众之终始，尤其言“始”，暗众基于坤众而数量众多，能修身健德成身德君子者为极少数，虽寥寥无几但亦是暗众升华转换之始。

复卦之始，乃自复卦一阳来复而确阳明始。坤众因暗而无明被患、祸、灾、难所困，困穷而通，德辨而明，处困之天命必然要明其德性之本因，处困而辨质见修，从因上着手，一切围绕“德”之本因修而健，而有修身健德之复。复者，德之本，以修健之始而有身君子之本，以一阳来复的阳之质而有阳明之始。阳见于善，言复阳，不能以一阳始生至微而不固阳之小，复卦见阳复，若无坤体见善且德合无疆之厚德广积，便无有复阳、固阳，再以一阳之复，待诸阳之来；故虽复于复体，却始于坤体。复之始，乃确立乾坤总纲性命双修内证阳德之始，之所以有刚复阳气且出震成刚，便在于“至日闭关”；又因阳刚有质而有“见天地之心”的变化，“见天地之心”之真阳入气穴，气始入藏象而现阳明内景，也正是有了阳明内景，使其真阳照阴妄，阴妄因阳盛而始终。复卦之转变在于立于身而有从身向内证之转变，在坤体见善升阳，乃外善法，而复卦之修健乃内证阳德，直接从德的阳性仪入手，并且坚固内证、身治、外养的修健方法。

谦卦之终始，乃身德终位德始，以及暗众阴妄终之始。谦卦言“君子有终”，乃身德君子有，暗众阴妄终。谦卦之终始从交易终始义言，立于君子言身德君子终以及位德君子始；立于暗众有暗众阴妄终之始。从变易终始言，暗众经过治君子九德修身健德而称位君子，便从谦卦开启暗众升华转换之始。常因身德君子之成而自有阴妄终，故多以变易终始义言君子之终始。谦卦之终始，始于复，历经困→复→损→益→恒→井→巽→履的过程，在谦卦有身德君子之成，因身德终“成”于谦卦，故而言身德君子之终，这个“终”乃走过了治君子九德过程，在治君子九德衡量系统中终，并非以“终”义言他卦不健身德，故非终结与终止，而是在谦卦可以“君子”来称谓，故曰称位君子；称位君子者，以九卦所呈言治君子系统，既有谦卦统领其他八个卦体，又在谦卦以君子有成而言“终”，君子有成者，使君子才德兼备，因德之健全而能称位君子。始，身德君子进位而有进位之始，身德称位君子以确私德之成，而向邦与共育位德之始，乃确私与共之转换，亦是君子进志德之始，因志在邦之大体而进位向邦与共。

在谦卦，因身德君子与位德君子之转换，使其以谦卦统领了立身君子、积善君子、修健君子、进位君子、进志君子之综合；言统领，谦卦在治君子系统里统领其他八个卦体，形成从困→复→损→益→恒→井→巽→履→谦的治君子过程，而有治君子九德系统；谦卦以统领之柄融会贯通其他卦，有处一谦卦而修其他八个卦体之会。谦卦以健德与有德之柄、身君子与位君子之柄，治明且进志，继复卦阳明之道，治“明”达本体且以明济未明，随同劳谦君子进位且当位，以君子与共之志通天下君子，而秉持德服天下之柄，使暗众悦服且归服，以终始转换之功立修身健德之典范。故而谦卦得德健之亨、取法之亨、有德之亨、称位君子之亨、尊德之亨之卦德。

大正始并不正终。阳道渐复，从修身健德之阳明转为君子进位谋善政之明，以正道复立而制阴妄，使其发生正道复始且不正终止的终始过程。伴随谦卦之终始而有身德君子进位，志在邦之大体，君子进位执善政使正道复始，所谓正道必秉正而执正，因秉正而执正使其呈现了不正之终并大正之始的终始过程。

蛊卦之终始，乃经过君子进位而德治，使不正之诸卦阴妄被制而止，成其不正之终、大正之始的终始过程。不正从姤卦始，不仅贯穿了执妄迷失过程，还贯穿了诸多患、祸、灾、难卦体；蛊卦以“终则有始”言终始，在于蛊祸在前，蛊治在后，蛊体行蛊治，专制其不正。蛊祸之因在于不正，尤其是遇不正之姤风和不正之遯阴，使风在山下回转而行蛊，乱蛊之起因，从姤体起，不正浸长；在蛊之二体阳卦居上，且阴卦居下，阴阳刚柔不相交，少男与长女尊卑上下不相接，阴阳不正，尊卑礼序亦不正。所谓“隔绝而百弊生”，蛊体得正其本原之元亨，经过整饬治蛊，以“止”通正，得治蛊之道，成就以蛊道治天下之始，使不正得正，成其蛊体终始之功。不仅蛊卦以“止”制阴，姤卦亦有以中正德制正不正之柔，剥卦行“止”道而止剥，归妹卦“止”不正而通正，皆得“止”而知。行“止”道，正是蛊卦治道之思想，且以蛊道得元亨之法而治天下，通过行之有效的止道，使不正有终；“元亨而天下治”乃从治蛊体而走向治天下，随不正之终而有大正之始。

正序始并否势终。不交不通失序于否卦，当泰卦建立四重德位位域的往来秩序而复正序，使其呈现正序始并否势终之终始过程。言正序乃基于卦体亨通而有天地、上下、内外、君子与小人四重德位位域的往来秩序，否卦乃执妄迷失过程的三阴成否，柔因小人道长而渐生难，以否难之成，卦之当体与大秩序不交不通，相互隔绝，成否塞之势，不仅失去了交感之能，还因秩序失序而生否难。泰卦之通泰除了以履“序”之治道使其有内在秩序的通泰外，还有从否之不交不通到泰之交通的过程，成其正序始并否势终的终始过程。

泰卦之终始。泰卦通过德政以治内、交通以治外等治道，治其气机交感之通、德政内外之通，使其失序当终，正序当始。泰卦重新建立四重德位位域的往来秩序，所谓泰通而正序复生，天地交而万物通，各种夹杂在一起之杂难综合体，尤其是否之不交不通之难，伴随气机通而泰的到来而尽解。正序能复始乃失序得治，清否塞之郁而致通泰，能进行天人合一全息元象交易之往来，此种通泰与往来正是刚柔与正邪相摩且战之际，泰体内健而外顺，精气升腾，君子道长而小往大来，以泰通秩序交易天地且正德止否。

既济始并未济终。因不正主暗，未济以时不与、位不当、体有终而有事未成之未济，且以不正通诸卦，导致诸卦亦有未济或不济之患，通过未济而思未济之因，寻求能“既”之治道，在未济时能慎为，居安思危慎终如始，从而开启既济之路。从既济始并未济终，贯通他卦，使其不正之体皆能得正而既济，当未济终则既济始。

既济之终始，乃既济始而未济终，且以未济继承其复始之义，故既济之始，以复始之义起于未济。以未济继承其复始，乃成其卦体之终始，并以未济时刻思患而治，世人皆求既济，却不知未济之体方乃既济之始，既济之所以能济非一卦之济，乃全易体共济。在既济卦以“君子以思患而豫防之”治豫防之明，之所以能既济在于健明德，以明主之来全阳正之大义。在既济思患，患在未济的不正之患将患于既济，更患在既济不能以其利贞且正固之道，济通他卦，使他卦亦能正位定序而得大治；既济卦立思患预防且慎终如始行正位，以自身之正来“正”未济之不正，做到以正止邪，拔除不正。

德序始并灾难终。所谓德序乃建立在泰政秩序基础上而有夬制之序，以及法、礼、德三者一体之德序，在泰通文明样式里，围绕通泰与否塞之核心，而有四重德位位域的交易之质和往来之实，尤其是裁节调度并施为有方而大行德政，使德政之治道在晋卦因崇德推明而光大，在离卦因自照与能照而普照，在贲卦因文明与德政合德而升华，在鼎卦从晋制离序汇通鼎器而凝命。历经多卦体之德政治道，终以集诸文明之成而建制成序，以法、礼、德三者成制，又以法礼德三者成一制正序，而一制便是德制，一制正序便是德序，从一制决所有升华成一序载所有。德序始并灾难终，乃德政治理之始终，亦是明治暗的治理之使命。诸灾难始于屯之无序，恶化于否之失序，应难于诸不正而失卦体治理，最终以德序之能使而主正大事业，且以德文明构建进往志通大同的天下大有之体。

履卦位序始。德序始，在于建位序，而位序之建在履卦。履卦取“虎”为象，遭遇“履虎尾”之遇虎事件，在定礼为序前，取虎之危象，取虎喻欲，必须建序以克欲，建序克欲便是克其多欲，克其失位之欲与无德之欲，使其归其位序，继而守其位礼与位德，使邦体刚健而有序，通过“履虎尾”的触礼事件而确礼，以安分其欲与安位其序而确礼序。礼序以“位”确之，乃德位法则赋予，定“位”而履位，履位而定礼，便能履其由位所呈之礼道。履卦以德位为定礼之法则，使其履位而礼礼分明，尊卑有序，同体承载又体性各域，得位位光明的“位”光明象。

灾难终。乃以明主暗且德政诸系统齐用功，以治道之成而内外合德合功，使其灾难终止。灾难者，乃妄小人七难，非君子八灾等患、祸、灾、难系统，灾难终止，在于德治之功而脱灾免难，德政诸系统者，乃从困→复→损→益

→恒→井→巽→履→谦治君子过程的治君子九德系统，从革→渐→家人→颐→大畜→升→大壮的养正七渐系统，从解→随→咸→萃→泰的交感五通系统，从观→中孚→涣→夬→晋→离→贲→鼎→同人→大有的德教十政系统等。所谓德被四野无所不照，德服天下盛大丰有的“大同”局面，应当建立在诸灾难皆终的前提下，正是诸德政系统齐用功，而有灾难终止之成效，卦体灾难终则能定民志安民心，民志安定，民心和悦，方能万国咸宁且各正性命，从而汇通德文明大成。

动静：消息盈虚

动静法则乃由动静二相机理呈现的体用分化动态的法则；以及基于阴阳而解构刚柔相摩的动静机理，尤其是发生体用动静以及消息盈虚动静的法则。通过负阴抱阳机理可知其阴阳因生生而分化，有阴阳之所出，故而可立于阴阳而言动静。动静法则所贯穿的并非只有阴阳盈虚之动静，九易法则中的其他法则皆有动静相。

何为体用分化动态？从阴阳法则可知，阴阳之所出的原理与过程便是体用分化动态。从阴阳平衡下的阴仪阳仪体分离过程可见，大一元道元义下的元精元炁元神三元一体为阴阳两仪乃至精气神三者分化之体，此“体”为清净义，虽内有生生之健但道体圆融无二，在言生生而分化时，无论是生而未分，还是分后循生与分生临界态，皆是以“一”的状态呈现，也是独特的太极浑伦相——太极体的状态。因生生才有分化，大道圆融体（无极体），生而分出道域与器域，呈现的阴阳属性状态便是阳性仪和阴性仪两者。因清净对染浊，而有阴性仪从太极体分化，以“阴性仪”言而不以“阳性仪”言，在于阴性仪又会分化而呈精、气、神三者之用，而阳性仪以道域成为体，阴性仪以器域成为用。

大道圆融体以至阳金性呈真如体如来义之特性，阳性仪因“至阳”亦有此特性，虽特性类似，但差别很大，大道圆融体乃道→母→器程式之整体，而阳性仪单指道→母→器程式中的“道”域。故而体与用的分化一目了然。体用分化动态，便是基于体与用而有生而分之动态。

太极体一，乃体用一如之体，因生而分，分化出阴性仪与阳阳性仪两者，在生而未分与分后循生的分生临界态，阳性仪为至阳之体，阴性仪为至阴之体，至阳则阴，至阴则阳，乃阴阳互根之属性。这便基于“太极体一”的体用分化，既可以言体，又可以言用，而又在体用共同体中圆融一体。大道生生之健，便是体用分化动态之因，因生生而具足动态特性，又因生生而有分化过程。

生生之健乃大道道生之本性，分化之因，乃因染浊且执妄，使其阴阳发生了消息相摩之转化，阴性仪不再至阴而阳，阴阳仪产生了分化，故而必有基于太极体的生分之用。负阴抱阳，便是立于阴性仪而言生生与分化，也是阴阳之所出的动态机理。

体用分化动态便构成了体用动静相。在道→母→器程式中，大道圆融体（无极体）以道→母→器程式之整体而为“体”，其生而分之“道”域与“器”域为“用”，在生而分化的过程中以太极体一呈临界状态，显生而未分与分后循生的“母”的特性，而有独特的“母”域。器域又分化出精、气、神三者，成为万物之用。在体用分化动态过程中，因“体”和“用”两者，而呈现了体用动静相，生而分化乃由动静贯之。

动静相乃动静二相，以动静法则主之，使动和静因体用关系而互为动静。生而分化必有所依之体，以及基于所依之体而生用体，在生而分化过程中，因“生”而显动，又因“体”而显静，分化必须基于本体与用体而言，本体与用体从“体”而言，为静，从生生与分化而言，为动。故体用动静为本体与用体之间因生而分化所贯穿的动静原理。动者，生而分化之动；静者，本体与用体因“体”而静，生而分化为本体与用体之间的动静过程，既是动静之所生，又是基于动静而有体之所出。故动静二相机理，乃基于体用两者的生化关联而知动静，再以动静两者确体用，使其互为动静相，且呈现静为动根与动生静体的动静相。动静二相机理里有周易动静、变易动静、交易动静、相摩动静等内容。

周易动静。无极道体至静而生动，而动又恒常在道体之中呈妙化万有而如如不动，此乃真如体如来义之动静相。道生之以生生贯之，乃大道恒顺生势定律，以无所不生之至动，成无一处有生而静。真如体在乎静，如来义在乎动，皆是至静与至动的动静相，两者互为彼此又动静相连，故呈现了至微至彰全时空显达性之特性。至微者，如来义，至彰者，真如体；至微以至彰显，其至微之动乃根于至彰之静；至彰以至微达，其至彰之体乃至动之生；静为动根，动依静体为其动静相。周易动静乃周易易周程式之动静，乃本体之静与域体之动的关联，任何域体或内在之动静，皆最终贯穿在周易易周过程里。

变易动静。大道以道生之贯之，大道无所不生乃变易动静之本来，“道生之”状态基于生变易之变动而成，变易是周易易周程式恒定之主旨，故而变易动静乃“生生”的动静相。从卦体呈现的“体”视野而言，变爻之变，乃动，不变之体为静，变后之体呈动后之静。在道生之过程里，无论是长→育→成→熟→养→覆生变易过程，还是至微末端之变化，皆是变易的特性。因生生而有生而分化，才呈现变后之体，使其变动而有质。生而分化直接体现了道元位域的升降变化，生而分化的每一个阶段都会有道元位域的升降变化，从而都会出现能量体结构的再平衡，每一个能量体结构的再平衡，都是“负阴而抱阳”与“冲气以为和”阴阳平衡机理承载，这就构成了阴阳平衡机理根本原理。以阴体动态生阳而求阴阳的阴阳平衡机理，以及变易动静为原理的“负阴而抱阳”，构成了基于负阴而抱阳机理的动静相。

交易动静，交易的两体为静，交易过程为动，乃动在交易之中，静在交易之前后。因交易动静而有动静体用相，在交易动静的过程中，交易的两体为“体”，而交易过程为“用”，以此体用呈现动静体用相，乃基于体用而见交易之动静。其动静乃交易动静的显化态，以“交”言联系，以“易”言变化，因交易而显化动静，又因动静贯穿而见体用。

相摩动静，乃消息盈虚之动静，基于阴阳盈虚动态而呈现的动静相。相摩动静乃阴阳法序在消息转换中以刚柔变化而动静分明，呈现相摩的动静状态，其阴阳法序乃周乾易坤的乾→姤→遯→否→观→剥→坤执妄迷失过程与正坤返乾“坤→复→临→泰→大壮→夬→乾”正阳进德过程，前者阴主大时，后者阳主大时，从而随阴去阳来与阳去阴来之消息而有刚柔之动静。

在阴主大时的周乾易坤“乾→姤→遯→否→观→剥→坤”执妄迷失过程中，阴来阳消，以阴势遇、浸、塞、观、剥、战而强盛消阳，其“消”的动态便是相摩动静之呈现，其遇、浸、塞、观、剥、战便是阴来阳消之动静；在明主大时的正坤返乾“坤→复→临→泰→大壮→夬→乾”正阳进德过程中，阳来阴息，以阳势动、浸、通、壮、决、健而刚壮息阴，其“息”的动态便是相摩动静之呈现，其动、浸、通、壮、决、健是阳来阴息之动静。在消息盈虚的动静转化中，又以卦体小时之位贯穿大时，从微观之“浸”的动静，成其气数曲线宏观之动静，并以变易动静、交易动静贯穿周而易与易而周之过程，又统一在周易动静中。

在阴主大时的阴来阳消过程与阳主大时的阳来阴息过程，皆以“浸”立消息之义，亦是相摩动静之义。浸者，以浸的渗透而言转化之进，乃阴来阳消与之阳来阴息的微观状态，以浸言势长而“进”，因浸之进动而有相摩动静义。在以浸相摩的过程中，阴阳主大时，势长者并浸他者为体，被浸者用，以此体用立浸之进的动静状态，立于势长之体而以浸言用，以消息之成，成相摩的动静状态，浸之进成动静相。阴主大时与阳主大时皆以浸之进立动静，随势长强弱与程度不一，在不同的卦体呈现了如遇、浸、塞、剥、观、战的动静状态，此乃卦体小时之动静，大时动静以浸成之，贯穿在任一小时动静之中。

姤卦的相摩动静为“遇”。《杂卦》曰：“姤，遇也，柔遇刚也。”一阴方生，阴求遇于阳，柔遇刚，以柔成主，以遇成体，一阴在下有位而成姤，故姤体阴有质且质成位，乃被“姤之时义”赋予，以时而成，之所以姤阴有质且阴质有位，在于执妄而迷且被妄所牵，此乃阴浸而长之大时，浸而进有成，在姤成卦体，故贯穿从乾体到姤体的动静相便为执而牵，其执而牵之动静被时所赋予，成其了遇而浸之动静相。遇而浸是阴有质且质成位的关键，执而牵使阴有质，阴有质必遇阳而使阳消，使阳消之动静乃浸之进也。姤体亦言“天地相遇”，乃阴从乾始，至姤有质且有位，阴妄势长已成，以执妄迷失为路线，至坤体全阴而终，以此言天地相遇，乃从姤远见于坤，此乃阴所主之大时；在姤体亦有卦体小时之动静，乃“刚遇中正”之动静，姤体五刚一阴，阴居下而有位，五刚之中，仍有二五之刚居中正，以中德主姤，虽不正有祸，但阴弱祸小，柔遇刚尚有“时”。刚遇中正乃以刚正姤，正姤之不正，使阴不能成姤首，以制阴之能，让阴顺承刚，使其行风行天下的德化之教。

遯卦的相摩动静为“浸”。遯卦以“浸而长也”言阴浸长于下，阴长将盛，姤阴渐长，浸之，乃以阴盛浸阳，使二之中位失位，失中德，失德政之地，原本“包有鱼”之刚，反被“鱼”之柔美所惑，从姤进遯，皆阴浸而长，使其阴势在遯体成山，成其天下有山之遯体，故而以“遯”成卦义，君子行迁避，小人行逃遁，皆互畏其势。遯卦言“浸”，乃阴有质且有势后，执阴质与阴势来浸而进长；浸而进使其阴阳相摩而有动静，浸而长使其阴盛阳消而阴长，故“浸而长”为遯卦之动静相。

否卦的相摩动静为“塞”。否卦以天地不交而万物不通言窒塞，以塞之渐成呈现否卦不交不通的动静状态，否卦之当体无法与天地、上下、内外、君子四重位域的大秩序产生交通，产生不交不通之否难，故大往小来成否卦之动静相。否卦以内柔外刚而大往小来，大往者，阳健居外，天气上升；小来者，阴柔居内，地气下沉，此为外阳而内阴的否之质，天地交易移精变气因塞而失常态动静，塞为渐塞，其常态动静转为否塞动静，为神气耗散与小人道长之动静。否卦除交通秩序的相摩动静外，还有君子与小人的此消彼长，君子与小人因存乎之位的变化而此消彼长，否卦小人道长使君子失位。

观卦的相摩动静为“观”。观卦以“中正以观天下”言观体之动静，乃先观观阴妄之生，观卦为四阴势长之观，四阴已然成势，正道被小人害且阴中生恶，值四阴成观之现状，不得不行观道治之，以中正观天下行德政教化，以德化之力使不正能正，使阴能从阳。上行中正之大观，下行大观之教化，以此来予政、予德而徧触万类，行王道来德化天下，以德化之力使不正能正，使阴能从阳，乃观体之责。故观卦以大观和王化为动静相，大观行俯仰之察，王化行道→法→术→用之王道系统德化天下。

剥卦的相摩动静为“剥”。剥卦以“剥”言动静，犹呈现消息盈虚之相摩动静。剥卦五阴在下而方生，一阳在上而将尽，阴盛长而阳消落，浸阳且剥阳，阳被剥且烂落在地而成剥体。剥卦因阴剥阳，剥正道，剥君子之位，剥卦时，使剥体陷入剥落之灾，君子烂落在剥体，民见剥落之灾，灾如火临宅，突如其来又灾难深重，故而又剥民。剥卦以“君子尚消息盈虚，天行也”言君子尚消息盈虚，治剥并止剥之动静，君子察阴阳之消息，观天道之法则，顺天行之大时，执治剥之小时，知天而敬天，应难而济难，行治剥安民之道。

坤卦的相摩动静为“战”。坤卦以阴“战”阳使阳绝而卦体全阴，以“龙战于野”而言坤体动静为战。坤之上九阴盛之极而以阴从阳，然盛极则抗而争，龙战郊外，血色黑黄，两败俱伤；坤体六爻皆阴，乾阳消退光明道穷，局限的色尘世界形成，坤世界被“柔道”无明所主，一切皆视色尘无明为真，在妄想里执着无明而轮回，进入纯静无知、凡夫躁动的坤世界。坤体之“战”乃柔道所主之无明与阳正所主之光明之战，使执妄迷失的动静基于阴浸阳而上升到无明与光明两“力”之战，在周乾易坤过程中，以阴胜阳，无明胜光明而终结动静，但同时又发出至阴向阳复之终始起点，使正坤返乾起始于至无明，而有阳复之动静。动静以终始又循环在正坤返乾“坤→复→临→泰→大壮→夬→乾”正阳进德过程中。

复卦的相摩动静为“动”。复卦以“刚反，动而以顺行”言动静，尤其是以“刚反”出震言阳复之动而有一阳来复大象，复体以刚反出震而言阳复，无震之动出，责阳无实无质，复卦阳出之消息，乃积阳善蓄而出震，有积阳且阳刚之过程。复体之阳，始于坤体外善，在坤体见善升阳，以此蓄阳在复卦有阳之刚质，从坤至复，阳之蓄动，有从外入内的阳之动静。一阳来复之刚动，始于见善，成于固阳，阳固刚反则震，以内震之发动成阳之刚质。故刚反之“动”的动静是复卦立体之本，其“动而以顺行”之动静，乃阳舒阴疾并立修健且正固的复阳之道。

临卦的相摩动静为“浸”。临卦同遯卦一样，皆有“浸而长”之言，阳来阴息亦以“浸”成，临卦以“刚浸而长”立动静，其“刚”乃正固之利蓄阳成刚，以刚之质浸阴而阳长，成其二刚浸长凌逼于阴的刚长而大之临体。临之“刚浸而长”历经了阳复、刚长与刚壮之过程，刚长正是刚浸阴，阳长而阴消，直至刚壮有临之当位的变化过程，由此赋予了临卦之动静。临体立法序与经世两义，在法序义上，乃阳气刚壮阴妄消退的阴阳盈虚过程所呈现的法序转换之理，亦是临有元亨之所在，在经世义上，乃正道复立以阳惠地众行德政的经世之理，亦是临有利贞之所在。

泰卦的相摩动静为“通”。泰卦以天地交而万物通言通泰，以通之渐成呈现泰卦交通往来的动静状态，泰卦之当体与天地、上下、内外、君子四重位域的大秩序产生交通往来，产生破郁交通的通泰往来之动静，故小往大来成泰卦之动静相。泰卦以内健外顺而小往大来，小往者，阴顺居外；大来者，阳健在内，此为内阳而外阴的泰之质，天地交易移精变气因交通往来而有常态动静，阳气充沛且发散往外，阳气源源不断被输布，使卦体气血充足，神足且气精充沛，精气神不断扬升。泰卦除与大秩序交通往来的相摩动静外，还有君子道长小人道消之动静，以及德政治道之动静。

大壮卦的相摩动静为“壮”。大壮卦以“刚以动”立“壮”之动静，卦中四阳阳势过中，长而壮，犹雷霆动于天，其势盛大，既有壮之盛，又有势之大，成大壮体，大壮集阳壮、德壮、健壮、志壮、政壮、善壮于一体，且成其“刚”，亦成其“大”。大壮之壮，乃刚壮，且内壮和外壮皆有刚而成刚者大与壮者大之大壮。大壮卦体因刚壮而有内刚化外政之“动”，以此立卦体之动静，既刚壮壮在内，又外化动在外，故“刚以动”成大壮卦的动静相。大壮卦以抱元守一正固精气神而壮“动”其内，乃德大之健动；又以内之精神外化德政而“动”在外，乃德化之功；成其大壮卦从大正之道执天道行王道，走向养大体并全大体的正大之路。

夬卦的相摩动静为“决”。夬卦以五刚决一柔，众阳上进决取在上一阴而成夬体，故以“刚决柔”言“决”之动静。五刚决一柔，赋予了决之公共性，通过“扬于王庭”之共决，而有决之公开与决之公共，从而有“柔乘五刚”之决果，并依决果建夬制。夬制之决乃去故取新治理之决。因夬制决成而终结旧制，尤其是夬体之“刚”制，既根除弊病，又开启夬制新政，以“刚长乃终”之夬制赋予德文明在夬体之精神品格。

乾卦的相摩动静为“健”。乾卦以阳“健”刚使阴绝而卦体全阳，以“天下健，君子以自强不息”而言乾体动静为健；乾卦之健，乃德文明之健、君子进德修业之大健，以及求德同而天下归德之健。乾卦基于身德同有、德序统有和德文明丰有的文明状态，以纯阳刚健中正之体，健天下归德之德文明之成，又基于法礼德三者一体之德文明，升华天地人三才合德之德文明大健，从而赋予乾体纯粹精神，合天地法序入道体，以统领之乾性，使天下万物各正性命，履法序井然。乾体之健，乃正阳进德之终极，亦完成了正坤返乾之路径，同坤卦以阴战阳不同，阳之大时与阴之战，在夬卦以“决”已然战之，且阳来阴息的相摩动静以“刚长乃终”在夬体终始，故乾体成纯粹精神与天地人品格升华之体，亦是至阳金性的真如之体，在乾之真如体行生生之健，求德同且归德之健，以纯粹刚健之至阳充其内而妙化万有显如来义。在正阳进德正坤返乾之终，乾体以真如体如来义之动静相，呈现周易动静，又以变易动静和交易动静统领所有卦体。

纵观方圆图所呈现的六十四卦体，以动静言之，其“动”，无外乎以“震”贯穿且统领所有之动，尤其是震慑行欲之妄动，其“静”，无外乎以“贲”言守正且固守之静。震之动，根于道体德性，从圣德生化而传之，依道体四域与德性四体，而显玄德、圣德、用德、证德之位域，震所承之序亦从德；震以起势、起气、起神、起礼、起德之器，根于道体德性之圣德，以传德为上，又根于道法本序之刚健，网通大小秩序而定序督职，以承序为主；故震以传德承序之大器，既网通大小秩序，又贯穿天下万物，以震卦统领的刚动，尤其正不正之妄动，震之道如何正之？乃当柔则柔，当教则教，当刑则罚，当战必战。震出序从德，震惊百里之远，远人惊恐，近人知惧，传而感之，传于无形而感于微小。君子师震，当起齐地而通天之志。

贲之静，以德聚而统领外在诸多之聚，尤其是发生治道之聚、气聚、神聚，以贲卦山势之成而有聚之实，聚而静之，乃正固且固守之道，贲卦以聚王道之德政成山于外和集内德刚壮而成阳火于内为内外卦体。贲体之所以能聚，在于体静且神静，以此发生萃聚之实方能聚。贲体以聚晋制离序之功，使外政能自养并正固内阳而有德政文明；德之聚在于蓄德养正之功，因蓄德养正且刚壮其内而有养正文明；养正蓄德在于精气能聚，而精气之萃聚在于是否与大秩序建立天人合一全息元象“动态”交易联系，贲卦行萃集成山之聚，故而因精气通泰，而有交感文明；晋之照，离之明，皆言德化，以内阳化外政且外善养外政之德化，而有德化文明；文明之成，在于有君子，君子升志与当位执德政来贯穿所有治道，而有君子文明。贲卦行静聚之道，才赋予了贲体文明之功，以汇通成德文明之成，使大静之功又生正大之健动，可见守正固之利，得大正之道，成其正大之志，全然在乎静。

因德性光明之赋予，以及向阳从正之牵引，使其呈现独特的精气神升华之动静。从贲卦行静聚之道而汇通成德文明可见，静为动根，真阳刚反之健动，必然根于静，才能正固蓄阳而德裕，外化德政必基于内阳刚壮，才能成其德照之功，无固阳蓄德之利，必然被阴妄遇、浸、塞、观、剥、战，而又陷入执妄迷失过程；从执妄迷失到正阳进德而正坤返乾之利器，乃精气神之健动与升华。

养正七渐系统乃精气神蓄养之系统，以渐养之道行颐道，内养神气外养贤并养德居正，以“正”赋予德正，从而在大畜卦蓄德，通过蓄德治蓄功以及蓄志通蓄神，全大畜卦的蓄养之功，方成其内外精神品格之扬升，尤其是精神升域与德政升序发生在升卦，以积小以高大之阶序，促德文明升其品格，由此赋予了精气神第一次升华。精气化神第一次升华为“德”，升其品格，华其精神。从大畜→升→大壮的路径，经过萃正、颐正、蓄德以及纯粹精神的养正之功，最终成就了大壮的执抱元守一之精神。

精气神第二次升华为神主气精之升华，为“德”升其境界，华其光明。夬体履夬制厚德，德大且厚，刚壮蓄元神，化成晋卦放大光明之阳神，明出地上普照万物，万物得其精气，而得晋之明，成其神主气精之神韵。神主气精使精气予万物，为德升其大普照之境界，德照之明为大光明，升其境界，化其光明，从大壮→夬→晋的路径，经过一制决所有与一序刚万德之功，最终成就了晋体放大光明德照万物之精神。

精气神第二次升华为精气神三全。为“德”以乾坤合德之用，而德驱内外，升其神通，华其万用。内阳化外政行大观之教、中孚之教，集德教十政之功，使外善外积，全其外政之善德，以内阳厚蓄，外善厚积，成其内外皆能固德，再以德驱内外，乾坤合德之用而内外有固，成其精气神三全之神通与万用。升其神通，华其万用，集于晋体，出于离照，沉淀德文明，直通正大与大同。

精气神纯阳至刚而纯粹精神在乾卦，呈真如体如如不动而以如来义妙化万有。乾体之精气神纯阳至刚，以元精元炁元神三元一体而从太极体一合无极道体，从法礼德三者一体之德文明升华天地人三才合德之精神大健。乾体以纯粹精神统领大道生生之健，其德大之健动主生生而无所不生，并以至微至彰全时空显达性呈现周易动静，其真如体如来义为乾体动静相。集周乾易坤与正坤返乾过程中消息盈虚的相摩动静，以及诸卦体的变易动静、交易动静等，使其皆贯穿在周易易周程式里。

体用：同体同用

体用法则乃立于体和用两者共同呈现体用相的法则；以及基于体用而解构动静二相机理，尤其是发生体用动静的法则。体与用之间贯穿了体用相，因体用相而能明体用。之所以有体和用，在于德在不同的道体位域显象不同德性内容，德在道域为圣德，在器域为用德，而器域为道域所生化，以道→母→器程式言生化源流变，故立于生之源而有体，立于流变而有用，贯穿生化源流变过程的便是立于体用两者的体用相。

在道→母→器程式里，从生化的源流变而言，道域与母域为体，器域为用；故具有流变关系的位域之间，源位域为体，流变位域为用，并且变位域为流变关系的用相，以此用相可明晰两个位域之间的流变关系。从界说的位域来看，器域为道域与母域的用相。体用法则重在解析立于体用的用相。

乾大生与坤广生呈现道生之至彰大象与至微往象，无论是至彰大象，还是至微往象，皆是立于无极道体之“体”，而言乾坤之“用”，其大象与往象便为立于体用的体用相。从体用相可知，立于体用法则，道域、母域、器域分别呈现大道生化属性中性相、法相、用相。

从体用法则的同体同用义而言，体用相在乾道圣域为性相。性相，为真如体如来义下的妙有与妙化，体现在真如体以如如不动之体，行如来义而妙化万有之用，真如体如来义下的体用义乃同体同用，虽言“用”，但未曾离性体，大光明力仍作用任何往象之生。乾道之德性为圣德，经元亨利贞圣德周行之过程，生化无极而太极过程中的太易、太初、太始、太素、太极等位域内容。乾道以清净藏与如来藏清净具足之特性，赋予了乾道生化的往象亦为清净态，以此呈现了同体同用之体用法则。以此大道生化属性呈现的性相内涵的延伸，成为真如体如来义下的妙有与妙化的生化指向，为圣化凡。太极浑沦相临界态中，气形质毕具，从如来藏缘起与如来藏识的不同对待上，就能转换道元位域视野从如来藏识坤地凡视野，识取如来藏缘起在圣之性相，呈现了坤地凡的用相，以此用相可见可认识的型与象而指向象由性显，立于体用法则，从用相便找到了性相的必然联系。

从体用法则的本体器用义而言，体用相在坤道凡域为用相。用相，为恒顺道生之生化属性，以往象作为诸唯识因缘，按色法凝聚与动能沉淀所显的相，尤以色法中的型与象与人身为用相的显著特征。用相的“相”从根本上不能脱离大道道生之生化属性，大道体性合相恒顺生势的定律就是大而无外小而无内的主轴，而道生之的基本单元——往象便是用相里最微观的因缘单位，它在道→母→器程式生化过程中，按色法凝聚与动能沉淀而显相，呈现为坤道域的体与形的特点，很多有具象的型与象而为人所见，按色法凝聚与动能沉淀是道→母→器生化过程中在器域所显之象。坤道以染浊义被无明包裹而不能见圣德之性，赋予了坤道生化的往象亦为染浊态，以此呈现了本体器用之体用法则；本体者，乃大道体性合相之本体，器用者，因生化在坤道而有器用。

用相同色法中具象型与象的“象”还不能直接等同，外象并不等同于用相，它们之间有相与象的法则属性在作用，在相与象的法则属性里，象为用相的一种形式，它们之间存在交互内外的联系。象，因有具象特性，而有可识别的型、象、状、态等，能从“象”中找到与象有源流关系的必然联系，为法在作用。通过外象的“象”来以“法”贯穿用相，其中“法”为效法、取法、用法之义，故有人法地、地法天、天法道、道法自然之说。

人统乾道与坤道于一身，呈现体用法则的本体器用义。因人人本有如来智慧德相，其真如自性与圣无二，此真如自性遵循乾道法则，故有其“本体”；人的色身为坤世界中的凡尘，乃五大假合由根尘蕴结集妄因无明所成，色尘外相并遵循坤道法则，故有“器用”；故人统摄乾道大生与坤道广生于一身，既有乾道之体，又有坤道之用，同时立于坤世界之体而有人身之用。

性相与用相之间存在本末体用的差别。同样是大道道生之恒顺生势定律下的往象单元，在乾道圣态显如如不动妙化万有的性相态，在坤道因无明沾染以及藏相动能法则下的生化过程中有源流变的转换变化，并在坤道生化法则属性里呈现用相态。随位域转换到了坤道，在乾道性相态的往象单元，因其坤道生化法则属性的作用，便转换成了用相，在用相的层面按色法凝聚与动能沉淀而显外象，外象为末象。性相立于同体同用而有本体本用，用相立于本体器用而有末体末用，之所以有末而无法见本，在于用相与外象乃无明沾染以及精气神能量体堕落而无法见本性。

卦之体用。从六十四卦方圆图而言，方圆图所呈的体性为体，六十四卦为用，而其中任一之卦又是六十四卦之用。在变易属性中，本卦为体，变爻为用，以变爻变易其中为体用相；在交易属性中，本卦与所交易之卦为体，交易内容为用。易之体用，不离实理自然之元亨以及履法序得正之利贞，此乃易理之本体，在易理之本体言治道之用而有万用，只有通实理自然之元亨，方能万变不离其宗性而得大亨以正，以此济所有不通。故实理自然之体性为本，而治道之用为末，此乃体用法则之本末体用也，只有通其本末，明其体用，方能立于体而得万用。

体用，是从立于本体然后通过大道生化法则的作用，呈现显化态或功用态的用，而在性→用之间言说体用。以性相和外象在体用法则的“体用”，本性为体，外象为用，其用相则为体用相。以用相和外象在体用法则的“体用”，用相为体，外象为用，用相与外象间的生化法则就为体用相，也就是用相的法相。这种立于体用法则又有的体、用、体用相等，可以通过熟知的事物把相互必然关联的事物与状态联系起来，从而去看待用相所在的整体。

通过认识往象以及形成往象过程中独特的临界易相，立于乾道道生之的大象结合往象，认识了性相；立于坤道恒顺道生之生化之往象结合诸唯识因缘按色法凝聚与动能沉淀所显的相，认识了用相以及外象。通过解析往象及往象生化过程中独特的临界态——易相，让我们认识到事物在形成体相与用相间，还有法相在必然起用。从易相上说，易相为任何事物的根本法相，它是由易道规则在生化位域间起用。在长→育→成→熟→养→覆生变易过程中，长育成熟养覆为总因，往象为果，长育成熟养覆为总因→往象构成一个生化基本位域，它是大道最微观的生；总因→往象这个过程是生化的必然规律，它们过程中“覆易”临界状态的易相就是法相。“覆易”临界状态→往象还有一个流变的过程，从总因中的“覆易”临界状态流变的法的过程，就是法相。大道道生之生化属性中，其生化的结果，要法相起用与串联才能有道生之往象之果。

立于“体”和“用”，而有动静体用，乃体用之间的动静二相。动静二相的重要性不言而喻，它是通往两个事物的“无缝连接”，可以使“体”和“用”两端的事物圆融一体，不会出现一个事物与另一个事物的对立。以无极而太极来说，无极为体，太极为用，其体用动静有太易→太初→太始→太素→太极的先天五太过程。动静法则所言的动静，皆无法剥离动静体用义。

立于体性之藏与相用之象言说修证，呈现体用法则的道体证用义。人人皆有如来智慧德相的真如体如来义为根本体性，它具足清净，通过人身可证道而入道之本体，“相”强调用，以此“用”而入大道体性关于真如体如来义的真实义，从而明心见性。一切坤尘地象包含人身色相，都是道生之的道体内容，都是由道生之显象的往象而成为人身色尘之象，以及众坤尘地象，皆为易道运转，遵其九易法则。易道作用易相，易相显象往象，这种由外象人藏相而知本性，既是藏相法则，又是体用法则。从道→母→器程式说，道域为根本体性，母域与器域的所有内容与形式皆为相用，这是体性与相用的最根本形态，从道→母→器程式整体而言，大道呈体性相用同步具足的圆融实相，但不通过修证无法证得大道真性，便无以知同体承载之实相。故体用法则以道体证用义赋予了修证的意义，以象为用，入象由性显之质。那么打破坤地无明，就得依福德相所在的世间法为用相，入以人身为用，以精气神为相的修证系统，其人身长大，独善其身对于修证知见上的关键因素和根本认识中，要明了一切人身乃至坤尘地象的相，皆为道体内容，为大道真性所显。明了人身长大的人身皆无常生灭，不灭的是妙明真心，识取大道真性而开悟，不着其人身外相。

在道→母→器程式中，立于体用法则下的本体器用、同体同用、本末体用、动静体用以及道体证用义，而有独特的体用相——太极浑沦相。相虚界为乾藏界与坤形界在大道生化关系上以唯识因缘交互往来联系，以生化法则中的“母”性形态而成相虚特性之界域，而乾道与坤道在生化属性上呈现的所指，就是相虚界以母域独特形态存在的——太极浑沦相。

在藏相系统的界说位域与道→母→器程式的对应关系上，以乾藏界对应道域，以相虚界对应母域，以坤形界对应器域。相虚界从界说位域的视野来说，是要针对母域的内容、性质、形态来呈现大道生化关系，而相虚界所说的母域就是以太极浑沦相为独特对待来言说道、母、器关系。

圣化凡视野下的太极浑沦相态，也是初始太极识的面目与形态。太极浑沦相作为从清净具足在圣的道域生化流变到染污烦恼在凡的器域，以初始太极识上承清净如来藏，下启染浊烦恼藏，成为圣化凡的临界态。从初始太极识视野来认识太极识在圣与在凡的两种内容形态，为如来藏缘起与如来藏识。

太极浑沦相，在道→母→器程式的母域，呈现生而未分与分后循生的综合道元位域的生化态。视野独特对待道→母→器程式的母域，以母域具足“母”性圣化凡的生化内涵。如何具足“母”性圣化凡的生化呢？生为大道恒顺生势定律下道生之的生，以道生德蓄本原集一切生变易呈现“生”的易道；化为立足于道生之基本单元——往象，呈现由往象而生的大道体性位域区间，在大道体域与大道性域的位域区间的源流变过程。所以有大道生与化含义指向的母域，一定具足了大道从无极体“源”起乾道体性各位域阶段生化内容的集合，为母域的“母”性是立于乾道体性位域的生化基础上，同时自身作为乾道位域视野的一部分（母域在圣的对待并未流变脱离乾道）既立足乾道的生化基础又有自身的生化特点。

母域的“母”性对待是乾道生化内容上的综述与集合。母域立足乾道的生化基础，乾道体上为集太易→太初→太始→太素→太极的易道变化并有气→形→质位域阶段构成的生化过程；又有母域自身的生化特点，即是“太极体”的整体视野从先天五太位域阶段转换过来了，同时气→形→质位域阶段构成的生化过程成为气形质具的浑沦态。

乾道在圣视野的生化过程中，太极浑沦相为气形质具与元神元炁元精三元一体毕，呈现生而未分。太极浑沦相依乾道生化原理与生化过程，而有气形质具，以及气形质形态下的元神元炁元精三元一体，浑然一体，显乾道在圣的真如体如来义，具足清净如如不动。

母域圣化凡具足具→毕与毕→具状态的临界。浑然一体的真如体如来义如如不动妙化万有，妙有与妙化的因缘种子经过先天五太过程太易→太初→

太始→太素→太极在“太极体”因缘和合后，浑然毕具一切总牵引因成熟，要产生流变性的圣化凡的状态，这个状态呈种子的因缘和合毕具成熟，“太极体”的种子，它就是独特的——如来藏缘起。

如来藏缘起成即如来藏识果生，在具→毕与毕→具状态的临界的如来藏缘起界，真种子成为果，生万物呈现种子的最初始态。具→毕在“太极体”为如来藏缘起成，种子的因缘和合毕具成熟；毕→具在“太极体”为如来藏识果生，生万物的种子呈现最初始态，同时亦为真种子的终结态。

具→毕与毕→具状态的临界就是如来藏缘起与如来藏识的临界。呈现真种子的终结态→生万物的种子最初始态。这就是初始太极识形态，独特的“母”性生化属性，由于它们皆为“太极体”下的状态，故叫生而未分。

在临界态，生而未分以及分后循生。如来藏识生万物的种子最初始态为依如来藏缘起真种子态，两者临界，只是位域的转变与转换，生而未分的同时又有生万物的流变，你说它有生万物的流变却又没有脱离临界态的实质，但从位域来说，已经有了乾道与坤道的变化，在乾道为生而未分，在坤道为分后循生。分后循生，就是生万物位域流变的分，必须依种子的生，没有依“生”的生化流变无法完成孤立的生万物以及生万物位域流变，从乾道流变为坤道，这是顺返法则下以分来置返而循生，也就是要回到产生生化流变的必然的源头上，以流化来循源生。

真种子具足清净，为乾道在圣的产物。真种子是以乾道在圣的生化过程对比坤道在凡的唯识变现的妄与迷，来说的真如体如来义下具足清净的“真”，真种子的含义就是种子与种子因缘皆为乾道和合集聚产生，真种子在“太极体”则为如来藏缘起，真种子因缘就是形成如来藏缘起种子的先天五太太易→太初→太始→太素→太极并生成气形质的过程。

识种子下的如来藏识是生万物在凡视野的总因。生万物是指在凡视野种子唯识变现，生万物依种子的生化而有圣化凡的位域流变，它所依的种子就是如来藏识种子，它具足唯识变现的功能，故为识种子，识种子依唯识变现法则而生万物，故识种子是生万物的总因。

真种子如来藏缘起与识种子如来藏识临界成为太极识种子库。真种子如来藏缘起为乾道在圣视野，识种子如来藏识为坤道在凡视野，两者临界，具足如来藏缘起与如来藏识为太极识在两种不同位域视野上的对待。同时，真种子与识种子因临界而成母域种子库，独具“母”性生化属性，圣化凡的“母”性生化就落入“太极体”的临界态，但不能割裂乾道种子因缘生化的关系。

从道域与器域两种位域对待，太极浑沦相具足净、染两种藏义。乾道在圣为净，坤道在凡为染。净与染二义具足的临界态，成为初始太极识的独特内涵，那么当坤道依种子库的种子唯识变现在凡世界形成后，因坤地无明的染、迷、妄特征，在八识心王法与五十一心所法的所主下，依福德相的轮回轮转而在五蕴六根尘中继续返熏，立三世两重因果，成为返熏太极识。所以从太极浑沦相“生而未分与分后循生”的内涵可知，上承道域的无极而太极过程的无极易而太极毕，下启生化万物可为天下母的太极毕生万物具，以具→毕与毕→具的临界构成真种子与识种子浑然一体，乾道与坤道沦而未离，具足“母”性圣化凡的生化内涵。

太极浑沦相呈现生而未分与分后循生的综合道元位域视野的生化态。太极浑沦相的体性视野中，大道体域属乾道无极而太极过程，故太极浑沦相的对待是“太极体”的在圣，为形上道精神域；大道性域属圣德乾贞临界用德体坤元。太极浑沦相的大道体性同体承载显圣化凡位域流变临界态，当乾元、乾亨、乾利、乾贞四部圣德按照道与德合相显化的妙有所发展的过程，到一定阶段的一定量时，这个一定量为整个过程圣德周行诸因缘的和合积聚，也就是种子因缘集聚的过程。当众因缘和合蓄积到了临界点的时候，这个临界点是无比至阳金性的在圣，在“圣德”的作用下以无比宏大时空蓄积的太素至精动能为乾道在圣一体，在至阳里发展的阴的缘起也成熟起来，乾贞临界坤元，一切因缘成熟圣化凡态毕具，这就是乾贞临界坤元起变易的宏观过程。以此临界流变的延伸，乾道域流变为坤道域，坤道唯识变现的世界依种子而有种子与现行世界。太极浑沦相的体性视野是宏观看待道→母→器过程，而且将母域赋予体性层面的内涵，作为圣化凡临界态。那么很多人要有疑问了，母域的范畴是精神相域，从形上道与形下器来说属形下器的范畴，这里在讲述大道体域时，把它划分到了乾道在圣体，这不是有划分不明析的地方么？所以这就是初始太极识的形态，它是真种子，是乾道在圣的范畴，是立足于在圣的清净具足说临界，而且这个临界是生而未分，生是在乾道域里的生，非坤道染浊的层面，坤道万物生后染浊层面的为返熏太极识范畴，故为精神相域的形下器对待。从太极浑沦相的大道体性视野，呈现的就是源自道域的源流变关系，说母域时它能联系与转换视野的只能是在圣的道域，器域的一切体性还未生成，就连母域也是立于无极而太极的先天五太过程。

太极浑沦相的种子视野，真种子与识种子以“种子”对待的两种视野，呈现种子库态。太极浑沦相的种子视野就是初始太极识，在真种子与识种子以种子的临界体态里，呈现种子库态，就如集结后再出发一样。集结为果，再出发为因。在这个状态中有两种状态，一个就是集结的果态，为真种子下的如来藏缘起，为无极而太极过程中源于无极体“源”生起的生化流变过程，在这个过程以气形质内容和合集聚，为真如体如来义的妙有妙化显清净具足的真，和合集聚的集结在太极体称为果态，这个果态就是如来藏缘起在圣的视野对待，这个果态形成后产生的效果是什么呢？就是生而未分。生而未分中的生万物就是视野与位域流变后的形态，为如来藏识范畴的识种子。真种子与识种子作为“种子”在生化属性上，呈现真种子的终结态→生万物的种子最初态，也就是集结与再出发的寓意。生而未分与分后循生的临界态，是真种子与识种子作为“种子”这种事物在不同视野和位域的不同对待，对待不同则位分不同，但他们的整体观是真种子与识种子作为“种子”呈现的种子库，集结在种子库，出发也从种子库出发。

太极浑沦相的净、染视野，呈现如来藏下的初始太极识态。如来藏缘起的真种子形态为乾道在圣的产物，为真如体如来义下的“真”，为清净具足的“净”，而圣化凡的临界从乾道位域流变为坤道，坤道遵循如来藏识“识”种子唯识变现法则，坤地无明为染，为浊。而真种子的净义与识种子的染义交互临界，呈现初始太极识态。初始太极识同上文划分太极体为在圣一样，为如来藏义下的范畴。在识种子的对待上，是生而未分与分后循生的哲学视野，它生化的“生”的循顺置返依乾道的生，故具如来藏义。所以初始太极识和返熏太极识的道元位域视野区别甚大，初始太极识的对待是基于源而说的源流变关系，是从源头生化流变；而返熏太极识是坤道无明世界已成，道→母→器过程后道、母、器域界皆已具足，且以人身长大的“人”的视野来看待无明染浊以及如何打破无明的问题，而人身长大的“人”的域界在器域的范畴，只是坤地凡域的一个因素。从初始太极识的生化过程以及立足于初始太极识的净、染视野，同时也把源于初始太极识的返熏太极识的面目揭开。这就形成了太极识在净、染两义下的两种位分对待，为如来藏缘起与如来藏识，太极识在净、染两义下的两种对待共同的视野综述就是太极浑沦相。

太极浑沦相的生化与转换视野，为气形质毕具、元神元炁元精三元一体临界，呈现太极体的源流变动能态。气形质毕具为无极而太极的先天五太过程，为基于大道无极体“源”起，然后在太初、太始、太素等阶段生化成气、形、质内容，并在太极体毕具为气形质毕具一体。关于太极体的源流变动能态是从乾道圣化坤道凡来说，呈现动能态的流变，这个动能态的流变以负阴抱阳机理而有能量体的差别。如何的差别呢？乾道在圣的能量为大光明、周遍圆明、乾大生的至健阳刚态，而坤道在凡的能量为无明、方体质碍、坤广生阴柔污浊态。在圣化凡的阴阳盈虚过程中，产生了动能的流变，而这种动能的差别是源流变的过程在太极浑沦相发生了质变，从而产生圣化凡的本质转变。

在动能的流变中，元神元炁元精三元一体就在坤道凡态成为神主气精态，神与气精依动能强弱和位域关系而有位分差异，或者说更加有道元位域差异。乾道元神元炁元精三元一体的含义，为真如体下的法身为元神，在如来义下的妙有妙化通过无极而太极过程，在太初、太始、太素产生了气、形、质，而气形质的实质就是元精态，无极而太极的先天五太过程的动态就是元炁态，无极而太极的整体道元视野就是三元一体且浑沦临界。

在太极浑沦相的临界态为生而未分与分后循生，在圣化凡的乾与坤位域流变转换来说，从在凡来看，识种子唯识变现种子与现行世界生成，生万物时元神元炁元精三元因无明阴妄而不再三元一体，出现动能流变后的神主气精态。神主气精态就是藏象生命独特的视野，同时由于坤地呈现多“体”世界，道元位域皆有差异，故神主气精态随位域不同而呈现不同层次的动能态。

圣化凡视野下的太极浑沦相，呈现生而未分与分后循生的综合道元位域视野的生化态。分别以太极浑沦相的体性视野，呈现圣化凡位域流变临界态；太极浑沦相的种子视野，真种子与识种子以“种子”对待的两种视野，呈现种子库态；太极浑沦相的净、染视野，呈现如来藏下的初始太极识态；太极浑沦相的生化与转换视野，为气形质毕具、元神元炁元精三元一体临界，呈现太极体的源流变动能态；太极浑沦相的视听搏视野，呈现夷希微的恍惚态等内容，构成了道→母→器程式中母域对待下的独特“母”性生化特性。

生灭：唯生识灭

生灭法则乃由唯生识灭机理呈现的唯识生灭之法则；以及基于唯识而解构外、身、内诸事物之生灭过程，尤其是发生藏象系统内的唯识生灭与传导机理之法则。立于生灭法则解构藏象系统内识生灭如何主导生理生命生灭之过程。

唯生识灭机理，乃基于唯识而知“识”之生，并以生生之过程而知灭，呈现诸识生灭之机理。知生，乃知识之生，以“唯生”言除知识之生外，更要知根本之生，乃大道恒顺生势定律下的生，而“识”之生乃道生之下精气神三者贯通之过程，以及神主气精呈识之往通状态。精气神在不同识位域状态下的生生便是识的不同类别和状态，以精气神贯穿生生，呈现生灭的为识，所谓识灭，乃识系统基于识之生而言灭。生和灭二体之间，呈现唯识生灭相。

根本之生。生为大道恒顺生势定律下“道生之”的生，乃大道生生之健以道生德蓄本原集一切生变易而呈现的“生”。以生变易贯穿生生过程，而有生生之易道。在大道恒顺生势生化原理中，主要以因生而易与依易而化为内容。因生而易与依易而化的内涵又以生出往象为承载，大道生生之健的生变易“生”出往象，之所以有“道生之”之生，在于道生德蓄体性合相无为而无不为大道真性彰显，因此本质妙用而妙有妙化的生，道生德蓄体性合相的最根本的前提就是立于莫之能说的大道〇本原与本质，来揭示道生之“生”

的哲学。

道生德蓄体性合相的大道具足清净、周遍圆明，以真如体如来义显金与阳的延展性，此延展性为阳蓄而大，阳大为元，自元阳之大而蓄积生动，成物形之与势成之顺生之势，乾元生生之健之势成，以此生生之健依顺而有长→育→成→熟→养→覆生变易过程，自“覆易”临界之易相态之易相（法相）作用后，以易相态这个临界状态为立足点，而呈现从生的缘起到长育成熟养的生变易蓄积过程以及变易后显现的往象，这便是因生而易与依易而化的生化原理。它诞生往象，也基于往象。往象这个最基本的道生之单元生化后，就成为道生之生化属性下的“物形之”，并以往象的物形依恒顺生势定律而成势，随着“物形之”“势成之”在一定因缘条件下的和合集聚，再以道生之的恒顺生势贯穿，就呈现了乾道位域内的生化过程。

在“因生而易与依易而化”大道生化原理恒顺的生化过程中，便有了源——生与流——化三者一体生化视野。源，为大道恒顺生势道生之中“生”的本原和本质的发源，常特指无极道体的本源，有了无极的源以及道生德蓄的本原和本质，而有道生之，以此起“源”的生，便是源与生的交互圆融同体承载，而源与生交互圆融同体承载又因道生德蓄在大道本性、真性上综述的本原哲学。正因为源——生的同体承载以此发端，而有长育成熟养覆的物形之道生，顺延道生而有势成之，成大道恒顺生势定律，这个过程便是流与化的形态所在。所以“因生而易与依易而化”大道生化原理下的源——生与流——化三者一体生化哲学视野，成为大道道生之动态观。

大道生化原理下道生之动态，呈现了大道生化过程，从源生与流化，立足于往象，逐渐有了以道生之贯穿的三者九玄之气、先天五太的无极而太极过程，以及在圣态生化坤尘凡物。在生化过程中，乾道源、流、变关系下无极而太极过程的源流与流变。

大道生化属性下的圣化凡视野就是以三圣三凡含义下的圣化凡视野所说，大道无极而太极过程下的太极圣特指，正是大道生化属性来呈现的道生之动态过程，这个过程的对待为乾道的生化属性，并以乾道的生化因而有圣化凡的果。乾道生化因→圣化凡的果这么一个动态过程，依赖大道道生之恒顺生势定律，并以恒顺生势定律呈现生化原理来贯穿这个动态的生化过程。

识之生。负阴抱阳机理下的阴阳之所出呈现的精气神状态便是“识”的形态，立于三元一体的“源”言说阴阳属性的分化源头，从精气神染浊义言说阴阳分化，从元精元气元神三元一体生分出先天神（已熏的为识神）、先天精、先天炁三者。从太极浑沦相的临界状态而有真种子如来藏缘起与识种子如来藏识临界成为太极识种子库。真种子如来藏缘起为乾道在圣视野，识种子如来藏识为坤道在凡视野，两者临界，具足如来藏缘起与如来藏识为太极识在两种不同位域上的对待。如来藏缘起与如来藏识，被太极浑沦相统纳，故称太极识，可见太极识有净、染两者对待，立于净，生而未分为如来藏缘起，立于染，分后循生为如来藏识。

大道生化原理与生化过程的指向，就是依大道恒顺生势定律，立足于往象的道生之基本单元贯穿，以真如体如来义的统摄妙有与妙化，便有乾元亨利贞周行而作用的太易→太初→太始→太素→太极无极而太极先天五太过程阶段的生化。此过程元精元气元神三元一体，乃真种子如来藏缘起之净识。

从圣化凡视野下的太极浑沦相认识了初始太极识，并且明了在道→母→器程式所立的生化关系中，道域为具足清净，器域为无明染浊，器域坤地无明世界由太极浑沦相的母域依“母”性生化流变而来，而太极浑沦相视野下的“母”性特征里，以净、染临界同时也赋予了太极识在净染两义上的视野对待，太极识“净”对待下为如来藏缘起，太极识“染（识）”对待下为如来藏识。这个道元位域是讲述自大道○无极体“源”起，依大道体性合相同体承载圆融交互作用，而有道生之生变易之流变，循顺道生之恒顺生势定律的生化过程逐渐有了道→母的源流变关系，这个关系就是大道生化属性下初始生化状态。以大道初始生化状态说圣化凡生万物，坤道无明所主的“器”域世界形成，讲述的是最初始的器域世界的生化原理和法则。初始生化状态后的道→母→器生化程式在道元位域视野上，就转换成了道母器程式，而且是以立于器域的对待去联系道域与母域的关系，为器→道母器程式。

器→道母器程式，为“染”后无明所主的坤道世界立于凡态而言说大道生化属性的视野，初始太极识为立于真如的净，来说染；而返熏太极识为立于坤器的染，来联系净。所以初始太极识与返熏太极识是不同道元位域视野下的产物，它们都是太极识在不同视野下的形态。初始太极识为大道初始生化状态下圣化凡生万物，母域以独特“母”性临界圣与凡的视野对待；而返熏太极识为器→道母器程式下视野对待。两种视野对待两种不同的形态，但都是太极识的范畴，只是以不同道元位域视野分了阶段与层次。

器→道母器程式下的天地人三才，立足于已生化与唯识变现的坤道无明世界，初始无明在初始太极识的对待下已经完成了生化与唯识变现的功能，器域的各种形态的“体”世界已经具足，人的形态也已生成，且人身长大的“人”身统纳乾道与坤道于一身。在太极浑沦相讨论的生而未分与分后循生的含义也因无明障碍，诸多坤地体世界已经无法相互往来交互。人在太极识唯识传导的禀受下不断造业，新的种子又不断地熏习作用，形成无量的轮回轮转。那么在天地人三才观下的太极识就指向了以人身长大的“人”的视野来看待无明染浊以及如何打破无明的问题，如何看待无明染浊呢？就是苦、集、灭、道的无常以及真如自性的恒有常。

依太极识证自证分而转识成智，从初始太极识的生化过程以及立足于初始太极识的净、染视野，返熏义就是不断地沾染，从真如清净义上说，转识成智得大自在并非有“得”，而是无得之得，为无明染浊失去而自性清净之义。

从道→母→器生化程式与器→道母器唯识程式，结构太极识形态与内容，也就建立了太极识不同视野形态下的解析模型。为何要如此建立呢？因为器→道母器程式下的太极识含义，皆被世人迷惑在同一个道元位域，既不明了它净义下的真如性更不清晰它染义下的唯识性。道→母→器生化程式下的净义（如来藏缘起）说染（如来藏识），就知道了证自证分立于何种道元位域；器→道母器程式下的染义（种子与现行世界唯识变现）说真如（唯一自性），就知道了人的无明染浊与真如的本质。天地人三才观下所说的返熏太极识，作为太极识在染、熏义下的形态，同样具足如来藏缘起的真如“净”义与如来藏识的坤器染义，也就是说返熏太极识范畴也有真如对待，为太极识证自证分的功能，证自证分就是真如、唯一真心。由于坤道无明“染”，未破无始无明而犹迷的自性为自证分。自证分要依证自证分的真如、唯一真心义而自体自证自用证道。

在道→母→器程式以母域太极浑沦相所言说的生化关系中，从元神元炁元精三元一体到坤道在凡的动能流变神主气精态，以及人身的精气神所指，为从初始太极识来说坤道在凡世界形成后，返熏太极识如何起用与发挥作用。神主气精与人身中精气神所指，与元神元炁元精三元一体具“浑沦”属性下圣化凡诸多临界态相比，无法以“元”义显如如来去的真如周遍圆明，其真如体如来义被无明障碍，一个“染”义，呈现多道元位域下的“体”无明。如何呈现多道元位域视野下的“体”无明呢？为乾坤生化转换后，在坤道一旦因妄而迷，则隔绝如如来去且周遍圆明的联系，一切都被遮挡割裂开来，要说明一个“体”无明的形态就得在这个“体”无明所在的道元位域去描述它。它就构成了天地人三才视野下的人与乾坤的联系，为人道统摄乾道与坤道于人身，乾与坤在人身上的联系统一在“往来阖辟”。天地人三才的器→道母器程式中，立于人身并以人联系乾坤而有与道母器各位域交互联系，心性光明与坤器无明以太极识唯识变现，发生识、根、尘之间的交互反应与熏习作用。

唯识，为太极识中种子所变现生起现行；有太极识、生分识、内意识、身心识以及外感识的眼识、耳识、鼻识、舌识四识，共成染义八识系统。从太极识以染义如来藏识现行，因染而失圆明，因生分而执妄，执妄而牵迷，被染义种子所主，故因生分与执妄而有生分识，生分识因妄而生，以及执妄而分，以此传导染义种子，生分识亦为我识，因执而执我。当现行之种子与坤世界因缘和合而生起现用，以人身联系乾坤而连贯起用，成为人的先天内意识，先天内意识以统领之体，总领身心识与外四识，身心识与外四识依内意识而起用，并成为眼识、耳识、鼻识、舌识四种外感识之识根，形成识、根、尘、蕴交互作用和熏习。

圣化凡“母”性临界态立于在凡的对待，以“母”性承载的所有种子构成太极识种子库。故，圣化凡的母域临界态的“母”，上承清净如来藏，下启染浊烦恼藏，从在圣的视野来说太极识为如来藏，从在凡的视野来说太极识为烦恼藏，它们为同一种事物在不同道元位域与位域上的对待。为了区别两种不同的视野均用太极识来称谓容易混淆，故立于在圣清净的视野，太极识就为如来藏的一种内容和形式，称为如来藏缘起；立于在凡烦恼的视野，太极识就为统摄藏的一种内容和形式，且为统摄藏中独特的种子库，称为如来藏识。综述之，太极识有净、染两种藏义，净范畴的藏义为如来藏缘起，染范畴的藏义为如来藏识。从乾道域在圣的视野来说，清净如来藏范畴里就有清净藏、如来藏、如来藏缘起三类法身清净属性，故此三类均为如来藏在圣视野的作为乾圣道域的藏义表达，常以如来藏统称或代称，它有所摄、隐覆、能摄三义。从坤道域圣化凡与在凡的视野来说，染浊烦恼（统摄）藏范畴里就有如来藏识、烦恼藏、太极识相用三类凡夫染浊属性，此三类为烦恼藏在凡视野作为坤凡器域的藏义表达，常以烦恼藏或太极识称谓，它有能藏、所藏、我爱执藏三义。如来藏缘起与如来藏识为太极识在两种不同位域视野上的对待。

如来藏缘起与如来藏识皆为太极识的种子态。它们虽为母域的临界态，但它们之间也存在差别关系，为如来藏里有太极识的种子源（藏源），太极识呈现如来藏识的因缘果。但藏源只能在如来藏缘起里说，不能在如来藏识里说，藏源来源于在圣的乾道，而如来藏识为坤道范畴。从悟与迷，清净与染浊结合道→母→器程式位域视野来梳理。在从形上道域与形下器域视野来说，为如来藏与烦恼（统摄）藏两种圣凡域界根本藏，结合悟与迷，清净与染浊来说，形上道乾天圣为清净如来藏，形下器坤地凡为污浊烦恼（统摄）藏。从太极识具足母域呈现的“母”性临界态视野出发，联系道域与器域而有两种视野对待，太极识在母域存在两种形式，这两种形式为联系不同的位域视野来言，一种为乾道在圣视野并联系乾道清净如来藏对待上来说，为如来藏缘起，另一种为坤道在凡视野并联系坤道染浊烦恼藏对待上来说，为如来藏识。器域烦恼藏与太极识为迷、为污浊，若视野放在太极识具足“母”性临界态上，从圣化凡对待上，则有如来藏缘起为悟，如来藏识为迷。如来藏在太极识域时呈现含一切善、恶、无记（不善不恶）诸种子，从如来藏缘起的在圣义可知它由真如体与如来义妙有妙化所生，呈现生化属性，所以我们记为藏源，而藏源又是通过真如体与如来义妙有妙化过程诸因缘和合集聚而来，故在藏源的基础上又有藏源因缘。生化属性的指向虽然从藏源因缘的微妙的生，实际上导致就是圣化凡的结果，生化属性就有源流层面的生化与流变生化。源流层面的生化为真如体如来义下的妙有与妙化呈现的种子源的因缘以及诸因缘按照一定的法则法度和合积聚；流变层面的生化为当种子源的因缘和合积聚到一定阶段一定量的时候，就呈现了太极浑沦相状态，就要发生乾道与坤道之间位域流变的“化”了，就是圣化凡，生天下万物。所以，太极浑沦相的母域，就是太极识种子态，且以此指向种子源，从种子源指向因缘和合集聚的种子源因缘，并呈现生化过程。

太极浑沦相的净、染视野，呈现如来藏下的初始太极识态。如来藏缘起的真种子形态为乾道在圣的产物，为真如体如来义下的“真”，为清净具足的“净”，而圣化凡的临界从乾道位域流变为坤道，坤道遵循如来藏识“识”种子唯识变现法则，坤地无明为染，为浊。而真种子的净义与识种子的染义交互临界，呈现初始太极识态。这就形成了太极识在净、染两义下的两种位分对待，为如来藏缘起与如来藏识，太极识在净、染两义下的两种对待就是太极浑沦相。太极浑沦相的种子视野，真种子与识种子以“种子”对待的两种视野，呈现种子库态。太极浑沦相的种子视野就是初始太极识，在真种子与识种子以种子的临界的体态里，呈现种子库态，就如集结后再出发一样。集结为果，再出发为因。生而未分与分后循生的临界态，是真种子与识种子作为“种子”这种事物在不同视野和位域的不同对待，视野对待与位域对待不同则位分不同，但他们的整体观是真种子与识种子作为“种子”呈现的种子库，集结在种子库，出发也从种子库出发。

太极识在证自证分的真如层面有如来藏义的指向，体现在初始太极识的如来藏缘起上。但如果从返熏太极识的染义下的唯识性出发去对比如来藏的“藏”义真如性，“性”道元位域与“识”道元位域是不能等同的。我们这里讨论的太极识与唯识，为器→道母器程式下的天地人三才观下的道元视野，在这个道元视野下，坤道无明世界已生化与唯识变现已成，初始无明在初始太极识的对待下已经完成了生化与唯识变现的功能，器域的各种形态的“体”世界已经具足，人的形态也已生成，且人身长大的“人”身统纳乾道与坤道于一身。在太极浑沦相讨论的生而未分与分后循生的含义也因无明障碍，诸多坤地体世界已经无法相互往来交互，以此并依性→法→相→用程式来说，其万法唯识与世间一切唯识变现，是在“法”的层面，而如来藏却是“性”层面的真如自性。《六祖坛经》：“自性能含万法，名含藏识。”六祖指的自性便是如来藏，其如来藏能含万法，为含藏识，也就是第八识太极识，为太极识在如来藏识义以含藏识来称谓。

染义含藏识是有生灭的，含藏识被无明所染，并被妄所牵迷而执妄，故它是习气，且习气成瀑流，这个瀑流到什么程度呢，就是一弹指间约有三十六万因缘生灭，而这一弹指间的三十六万因缘生灭它是无明微细识。

此含藏识，具能藏、所藏、我爱执藏三藏义。此识一类无记，受前七识诸法之熏，持前七识诸法之种，现在未来前七诸法一切现行，皆由此识所藏种子发起，为一切种识。此识能缘行相，极为微细，此识所缘外器世间，难可测量。此识无始以来，一类相续，常无间断，是谓为恒。念念生灭，前后变异，是谓为转。恒则非断，转则非常，非断非常，因果法尔。望前名果，望后名因，喻如暴流，长时相续，而非断常。此识如水，前七转识，依此得起，犹如波浪。此识所现境界之相，能与转识作增上缘，犹如猛风。此太极识名，以被第七识执为我故。

“一念不觉生三细”，对于含藏识的第八识要觉，此觉指见性之觉照，要有见性的功态前提，见性后就能觉照如来藏与含藏识的本质差别。在识得自性和有见性功态的实证中，我们通常又把第八识称为本识，这就是见性后如何依性起用，转识成智的妙境，这个智便是大光明的大圆镜智，是不生不灭的，把有生灭的无明业识以见性的觉照，转成大光明智，念起即觉，退藏于密从而净念相续。在性→法→相→用程式中，其“法”的层面有“万法唯识”缘起论，刚才说到，相对于心性大光明来说，含藏识为无明业识，为幻，其本识中，此幻便是种子与现行之间的交互关系，这种交互关系构成为因生果，果熏因，故含藏识（太极识）常被形象地称为业库，业库的种子与现行的因果关系构成“识”升起的因缘关系。

我们经常称种子为本识中能够生起依种子因缘的境相，从境相升起现行世界，单从这一层面上看，种子与现行构成先天与后天的因果关系。但种子以种子因缘应缘而生的因生果现象出现后，以这种现象生起，又通过前七识将其自身现行的境，去熏习到本识中，令种子因缘发生一系列的变化。种子因生果现象的自身境，能够觉知到的为现，生灭不已的为行，构成现行果熏因。如果把种子划分为先天识因，那么种子现行就是后天识果，后天识果就形成了现量世界唯识起用，在现量世界熏习，以受想行识过程成为后天识。

之所以从这里就说先天识与后天识，是因为在实际情况中，凡夫的平常起心动念，为一粗念，其中的种子先天识因与种子现行后天识果是极其宏大无量的，是无法分辨和照见种子与现行的甚深境界的，换句话说，我们的业库里已经有了无量的种子，其外境唯识所变现的相分，已经庞大到无以计量的地步，也就是无明业识大到无以计量的地步，只是我们迷惑和执着，才让我们妄想颠倒，认为现实安稳，其实就一弹指间，就有三十六万的因缘生灭，构成种子与现行的因果关系。

怎样来界定与划分先天识与后天识呢？须分层次说明，首先，如果是讨论一念为单位（细微流注的念），则种子与现行构成先天与后天的因果关系，这需要非一般的功态境界，为常人所不能。其次，以一弹指的时间对照，我们现在的凡夫境，以及一切万法，一切外境皆为诸识变现所禀受赋予，所包裹以及所支配。再次，从大道恒顺生势的道生之来说，总要产生种子与现行的关系，且种子已经是无量的，这种恒顺因果，故而具三世两重因果的时空延展性，这种体现就是十二因缘。以十二因缘的生灭过程可以界定与划分先天识与后天识，从而将我们讨论的“识”，从一念的微观上升到比较宏观的层面，更有利于我们结合现实生活的习气来说后天识的造化场。

《阿含经》所说十二因缘“无明、行、识、名色、六入、触、受、爱、取、有、生、老死”中，此十二支各前者为后者生起之因，前者若灭，后者亦灭；此十二支中，其前者与后者构成先天与后天关系，这种关系体现为因果的时空延展性上，从道体上看是道恒顺生势道生之的一种表达，这种恒顺生势，在凡则为先天与后天的因果关系。用《俱舍论》对十二因缘的解释，一刹那间心中具足十二支刹那缘起，其十二支连续不断形成前因后果之关系的连缚缘起，又有三世两重因果的分位缘起和十二支连续缘起可隔多世的远续缘起。又由于其十二支有刹那缘起、连缚缘起分位缘起以及远续缘起的特点，故把十二因缘直接理解成前者为后者因而有和十二因缘相似的先天与后天，又过于复杂，这不是我们要划分的先天与后天的范畴。

十二因缘中，“六入”在母胎十个月中由“名色”渐渐成长到六根完备，于出胎后对六尘境有互相涉入熏习的作用，从而有根、尘和合而成“触”，成为出胎后六根与一切外境之联系。依眼根、耳根、鼻根、舌根、身根、意根所接之尘有色尘、声尘、香尘、味尘、触尘、法尘六尘，以人身来说，相对于六根之内，而有六尘于外，此时的根尘和合为种子与现行交互因生果、果熏因的关系。何意呢？就是六根的种子便是含藏识（第八根本识）通过我识（第七末那识）的直接转起，而六尘也为含藏识（第八根本识）从境相升起唯识所变现的现行世界。六根尘和合便是从本识中转起的种子与现行的宏观相，在这里不能把六尘当作是六根种子的现行世界，他们都是本识生起的种子与现行。在根尘和合后，其根尘的果又熏习本识，产生受、想、行、识、果熏因过程，成为后天识。在后天识之前，六根尘依根本识生起的种子与现行的禀受赋予均为先天识。所以把根尘和合这一阶段以内外而分先天与后天，则是在一个合理的探讨范围。

出胎后根尘和合，从“触”阶段开始，便有明显的先天与后天关系，以十二因缘出胎根尘和合后的“触”而有后天识交互介入十二因缘过程。何意呢？就是说本来十二因缘的过程都是“识”系统的生灭过程，从大因果上讲都是前世因现世果，但立三世两重因果上讲，“无明”至“有”为因，“生”“老死”为果，故立一重因果，然因与果必须异世，从而立二世一重因果。“无明”与“行”是过去世诸烦恼造业时之分位，依此过去世之二因，心识托生母胎，从“识”至“名色”“六入”“触”到“受”为现世之五果。所以从“触”阶段开始，自“触”到“受”便有现世六尘境相互涉入熏习作用。从“无明”至“受”此七支亦总称牵引因。自“受”后，“爱”“取”“有”三支为因，能生未来之“生”与“老死”两支。在十二因缘的三世两重因果中，无明→行为过去二因，识→名色→六入→触→受为现在五果，爱→取→有为现在三因，生→老死为未来二果。我们把“受”当作一个独特的阶段来对待，故把过去二因与现在五果作为牵引因看作先天识，而把现在三因与未来二果作为后天识。这是宏观的先天与后天之界说，但一定要注意宏观的十二支要立足于微观的现量，在现量传导过程会发生受、想、行、识微观过程，它是熏习所在的根本后天境。

从现世讲，从触→受之前的牵引因可以看作是先天识，而受→有三支的能生支（生起因）→老死的所生支（所引生），可以看作是后天识，这叫时间轴先天与后天之界说，时间轴上有空间体结构为识传导和熏习成识之所，中间有受、想、行、识微观过程构成现量时空体，一个时间横轴，一个“识”单元在受想行识整体过程的纵轴，前者为先天禀受，后者为后天熏习，并构成双螺旋圆周动能态。有了这样的先天识和后天识的划分，就能在这个先天与后天的界中，可以此界说，来说明现世中六根尘和合如何作用人，说明现世中人的起心动念攀缘造作如何累积业种子，这些业种子作为现世果入生死轮回成为下世因而无限循环的。为何要有先天与后天之分呢？这是三世两重因果的现实论，也就是在无量的轮回轮转中抽一个片段出来，用一种内外的界说，把生死轮转的问题打破。

如果明了划分先天与后天界说的目的，就目睹了诸烦恼造业的根本面目，在无限制的轮回轮转中，就自然明了诸烦恼造业的苦，以此苦集，而有断诸烦恼的出离心，从而入十二因缘的还灭门，打破无明，转识成智，而入圆觉正途。所以这就要弄清后天识如何产生？它是如何在现世中发生，都有哪些具体的内容和生活中的思想、行为乃至一切发生关联呢？

内外六根尘和合，成为有后天业种子的作用及产生之所在，那么后天业种子又是如何在种子与现行的现世世界产生与作用的呢？它就是含藏识（第八识）种子库里的六识（眼识、耳识、鼻识、舌识、身识、意识）发动六根而接触六尘，内外根尘和合作用，通过色、受、想、行、识五蕴，从而发生十二因缘中的“触、受、爱、取、有、生、老死”过程关系。也就是说识种子生起内外根尘和合作用在五蕴妄想境里颠倒执着，成为新的识种子熏习入含藏识（第八识）种子库，伴随生死轮转。

梳理一下，含藏识（第八识）种子依我识（第七识）转起而有万法及宇宙间一切的唯识变现，这是一切的根本总因，在生命形态上叫先天禀受赋予，也就是说这是一条总轴，是全时空一切坤尘无明世界的总和，在这条总轴里有十二因缘这条主轴，在立三世两重因果的十二因缘里，可以分从触→受之前的牵引因看作是先天识，以及受→有→老死的后天识。后天识为内外六根尘和合作用，从而作为先天识的果成为下世的业因。如果不想轮回轮转，就得认清后天识，从而断现世诸烦恼，入十二因缘还灭门，把下世业因斩断。在这里也把含藏识（第八识）与十二因缘的关系讲明了，含藏识（第八识）为总库，十二因缘为主轴，识种子依十二因缘过程发生因果关系。由于含藏识（第八识）为细微流注微细习气，不仅非显而易见而且非一般功态能观照，那么又如何看待识种子在作用呢？佛教给了我们方法，就是观十二因缘过程，这里有十二个显著的思辨阶段与过程，且都有现世中如从出胎到老死的象可眼见，不仅如此，还有客观世界的一切让我们感官，这一切都是识种子依种子因缘生起的境相，从境相升起现行世界，这就是万法唯识的过程与成因。那么这就是本来真相么？很多人把唯识当作真相，从如来藏与含藏识（第八识）的性→法→相程式关系上看，只有如来藏自性一真相，其含藏识（第八识）生起的现行世界为幻为妄，不见性，不以自性觉照，其唯识的世界就永远在五蕴妄想境里颠倒妄想，只不过既有现行过程又有现量结果。

在十二因缘的过程里，过去世的业“识”投生为今生的神识，后在母腹中，心物和合胎相初成为“名色”，从胎形到胎体中长成的眼、耳、鼻、舌、身、意六根完备，此时根尘交互作用，为“六入”，出胎后，根尘和合作用成“触”，根尘和合反应在违顺境界上而生起苦乐之感“受”。从“识→名色→六入→触→受”，便是六识六根尘这十八界与五蕴的交互关系，这里的过程有神识入胎、胎儿发育以及出胎生育和出胎后与外界发生关系的整个过程。很多人会讲那把这个先天与后天之分定在出胎不是更好理解吗？那是因为相对于内根来说母腹里也有一个外境，六根尘和合已经发生了“触”与“受”而有苦乐之觉受，所以有从触→受之前的牵引因为先天识以及从受→有→老死为后天识之界说。

业识入胎之刹那“识”种子和合的因缘已经既定，为无明在前世缘行形成了现世的果报业识，也就是说无明缘行作为轮回总因，而业识入胎是现世识种子和合，也就是成什么样的胎形已经由无明缘行的业识因既定，这也是烦恼诸善恶业如何经过三世两重因果而累积到下一世的过程。业识入胎与胎形初成的过程在后文《藏象生命论》章节中有比较明确的描述，在这里不展开，但“后天五生”与十二因缘通融关系中有非常精细的藏象生命与生理生命形成过程，也就是精气、经络、气血等五脏神与脏腑的形成过程和原理，从而有六根完备而出胎，然后根尘和合作用，而有五蕴六根尘。这里想说的是，此时的业识种子里，就有恒顺因果发展的六识种子而入，成为六根完备的因。为何叫恒顺因果发展呢？因为十二因缘的过程是有时空阶段性的，六入是在业识和合之后而显用的，但要注意的是，这里分开说业识和六入并不是把业识种子与六识种子区别开来。那要怎么理解呢？它们是本识在因缘和合上不同阶段的显用，说到根本还是一回事，还是要归入到“识”系统，我们经常把六识与八识分开说，并不是说六识独立于八识业识了，因为包含了前六识才能有八，所以无明缘行的业识是一个总论，六入也是包含在业识范畴中的，但在分阶段分层次分析问题时，会特别地对待。

六识六根尘和合作用的五蕴境，便是后天识的造化场，同时也是先天识的演绎场，人内外世界或宏大或细微的任何一切，都在这十八界里生生死死。从六识发动六根而触六尘，六尘又熏习作用六根去由六识了别与分别而产生因缘种子的记忆，再从六识的记忆中显用，生起六根贪取六尘，从而善、恶、无记的一切种子交互回熏，将轮回轮转进行得周密无缝。

面对色蕴、受蕴、想蕴、行蕴、识蕴集聚成身，受无量生死的五蕴（阴），狭义地说其色蕴为物质性的事物现象，为四大种及四大种所造色，为形质互相起障碍之质碍，其质碍是《藏相论》里提出的体型世界，为藏相动能论义下的物质范畴，里面有藏相动能论义下的位域升降，万有引力就是其中的一种现象，除色蕴外，其他四蕴都属于精神现象。对境（顺境与逆境）领取纳受（身受与意受），六触因缘生六受和合积聚而有受蕴。于所知境领取诸境认识，执取形象，有意识与六尘相应而成六想，和合积聚而有想蕴。心所对其他之境迁流造作一切善、恶、无记诸行，和合积聚而有行蕴。心于诸尘境上，照了分别，和合积聚而有识蕴。

其“积聚有为，盖覆真性”的五蕴，便是业识种子的依因缘和合，积聚在因缘法上的具体显用，五蕴为种子现行因缘和合的现量境相。世间一切事物都是由五蕴和合积聚，所以本质上一切均是唯识所变现，但这个积聚唯识所变现的五蕴，是盖覆真性的，也就是说会障碍心性大光明，所以这也从本质上分开了如来藏和含藏识在性与识上不能等同，当然这里探讨的非实相位域视野。

五蕴和六识六根尘是什么关系呢？不难看出在五蕴中都有六根尘的直接作用，从色蕴上说，以根内尘外而分为内色与外色的五双色，也就是根境与尘境之极微和合积聚。在受蕴中，六识与六尘相应而有六受，眼识受色尘，耳识受声尘，鼻识受香尘，舌识受味尘，身识受触尘，意识受法尘。在想蕴中，意识与六尘相应，而有六想，意识着色想色，意识着声想声，意识着香想香，意识着味想味，意识着触想触，意识着法想法。在行蕴中，意识思想诸尘，造作善恶。在识蕴中，六识于诸尘境上，照了分别。可以看出，凡夫的一切心行不出五蕴，而五蕴中又尤以六识六根尘交互作用与相互熏习。

先天业识牵引因是三世两重因果中的前世因全时空缘行的复杂系统，这个全时空性以当下一念来说，识种子传导与六根尘交互作用并熏习的时空同步性，包含生灭法则中生灭过程任何一环节（如主因主缘、助因助缘、因缘恒顺发展、果的形成与成熟、因的终结、果灭等依生而灭以及果再成因），而这些复杂过程又是无量世的因缘全时空积聚在一念来显用，同时发动六根尘发生交互作用，是极其精深的，是要有甚深禅定的妙观察智去觉知的。同样，后天识的发动返熏，是建立在先天业识牵引因的基础上，把先天业识牵引因当作一个集合概念，去发动六识六根尘作用，那么针对先天因的全时空性，后天识是先天业识因与六根尘交互在五蕴里的全方位性，体现在人的现量问题上，就是十二因缘所反映的触→受以及受→有→老死等支，一切的思想（精神）与行为（动作与物质等），把全时空性和全方位性集合到一条主轴上，而这条主轴所反映的又恰恰是道生之的恒顺生势。换句话说，就是无量轮回轮转中人的生命的宏观生长与微观生灭过程。后天识的发动从“受”支延伸受蕴，六识与六尘相应的六受，都是后天识的造化场，它全时空也全方位地发生着无量的交互关联与熏习，就比如说我们坐着不动什么也不去想，是否就不发生后天识的关联呢？殊不知，时间在流逝，空间在变幻，其境的无量因缘关系（境相变现）在全时空的生灭，同时六识依因缘又触境，所发生的六受就已经形成了于诸尘境上，照了分别，和合积聚形成无量的后天识，这是一个关于人和客观世界的复合而复杂的问题，貌似说我们不动什么也不去想，那是执着在自己上，或者说这个主观的意识上，实际上你不动什么也不想，世界也是无量大的生灭关系与你相应，这就是为什么说全时空性，其实在这里就可以破一些关于执着的问题。

十二因缘的“受”支与五蕴里的受蕴，同为“受”，是具有明显的对应关系的。受，领纳所缘名受，对境有领取纳受之意，所对的境分为顺境、违境（逆境）、俱非境（非顺非逆），从而与境相对应的纳受就有苦、乐和不苦不乐。六触因缘生六受和合积聚而有受蕴，眼、耳、鼻、舌、身、意触境，境为色、声、香、味、触、法六种可感知的客观对象，六识依因缘触境生六受，也就是六识与六尘相应而有六受，眼识受色尘，耳识受声尘，鼻识受香尘，舌识受味尘，身识受触尘，意识受法尘。这是关于“受”支与受蕴在“受”上的内涵，但“受”支里的“受”是“触”支的发展，六触后的结果，也就是说触→受构成前因后果，而且谈出胎之后的人成长过程是有时间概念的，同样也有空间属性，可受蕴是全方位非时空特指的，从上文说全时空性和全方位性来说，受蕴符合这个特征，可以看作“受”支只不过是受蕴的一个特别的展现，或者说受蕴里有无量的十二因缘过程乃至无量的“受”支集合。

识、境、根三者和合六受的苦、乐和不苦不乐感应，故在苦、乐和不苦不乐感应中就有了对境所起的一种贪染趋求。如何的贪染趋求呢？便是遇苦生厌离，遇乐而贪求，又于苦、乐和不苦不乐感应中对照境执取形象之“想”，然后随境不断地迁流变化，其感应的“受”与执取的“想”逐渐聚合在一起，形成贪、嗔、痴、忿、恨、恼、慢、疑等情绪之“行”，在“行”中无论是善还是恶或者是不善不恶，都会转化成业识，只不过通常我们只强调贪、嗔、痴等恶业。在行蕴中，意识思想诸尘，造作善恶，是受→想→行到识的关键要素，所以“意识”就又是六识六根尘中的特别对待，如何的特别对待呢？就是客观必然性和主观能动性。“行”之前面为“想”，在想蕴中，意识与六尘相应而有六想，意识着色想色，意识着声想声，意识着香想香，意识着味想味，意识着触想触，意识着法想法。客观必然和主观能动的“想”，就能决定“行”，意识如何思想诸尘，去造作善、恶、无记等行，在“行”的客观必然和主观能动作用下，就能明确后天识，就能为人在现量中以神志主观所主导。

由“受”连贯起受、想、行乃至后天识过程中，从“受”而有的贪染趋求和对照境执取形象便又是“爱”支与“取”支，顺延“爱”支的发展，而有我们说的后天识的界说，从“受”支的受→爱→取→有→生→老死过程，完成一个可观察可感知的人一生的生死过程。在这个过程中，每一个当下虽是牵引因发展的果，可又是后天识的造化因，它既有客观的注定又有主观能动性。客观注定是牵引因的发展都是业识种子升起的现量世界，它是因缘和因果发展的必然，但这都是识系统的范畴，可从六根尘和合作用的受、想、行到识的过程中，意识的主观能动作用，可以照了分别。从想蕴到行蕴，于诸尘境上觉知，从而有了主观能动的作用，想蕴中六想可以有主观意识，行蕴中意识思想诸尘，造作善恶等业。也就是说，由“受”而连贯起受、想、行、识，如果有意识的能动作用和熏习，就可能动六根尘交互作用，从而决定未来世的业识种子，未来世什么样子就由后天识因来主导，因为未来世的一切又是唯识种子所变现的现行世界。所以当明了后天识如何在六识与六根尘与色受想行蕴复杂而有无量的和合作用后，并且知道当下意识（主观能动）作用对三世两重因果的未来世是有非常重要的决定意义的。

我们就来探讨一下后天意识造化场以及意识的能动问题。按照出胎后从受蕴和“受”支而分的界说，就非常明晰地知道受→想→行→识过程以及形成的受蕴、想蕴、行蕴、识蕴中，从想与想蕴起，所发生的六想与六想和合积聚的想蕴，其中意识的独特作用，并且还连贯地发生作用，以致从想→行→识都有意识产生的独特影响。同时，从“受”支的受→爱→取→有→生→老死过程，意识对境的贪染（爱）趋求（取），这种贪染（爱）趋求（取）的发生本质，又是想蕴中的想以及行蕴中的行为主导和主要内容，我们知道，这里有意识的独特作用且发生后续的连锁反应，所以对境的贪染（爱）趋求（取），也是以意识为主导和主要内容，有因有果，发生前际因（爱取）生后际果（生老死），从而产生业力牵引。

我们从六识与六根尘在五蕴交互和合作用与熏习，通过先天识与后天识的界说，以分层次分阶段围绕“受”在五蕴以及十二因缘的时空位置，明晰了意识在五蕴中以及十二因缘发展中的独特作用，从而通过对“意识”的独特研究，赋予人在当下的现实意义，解构生命的位域，指导我们认识生命乃至升华生命，并且找到达乎根本且行之有效的方法。但说到围绕“意识”的独特作用来看待五蕴和十二因缘，要知道“意识”作用的五蕴乃至十二因缘，是一个宏大的整体观，是六识六根尘交互和合的积聚，它是连续而连贯的，就连局部中某一意识的生起和作用过程，都不是孤立的，而是六识六根尘交互作用来相互影响和传导的，为何要这样强调整体观呢？那是因为执着的习性会时时成为我们思辨与觉知的障碍。

说到意识的独特作用，从六识与六根尘的交互作用可以看出，识要与相对应的根和尘联系起来，有了意识→意根→法尘的关系才能构成一个特别认识论来对待诸多问题。意识同其他五识一起同为识蕴中的识，识是依根缘外尘了别外境，了别是第一念知觉所对的境，如眼识依眼根了别色境，什么叫了别色境呢？眼看到颜色，这叫了别，但要知道是什么颜色，是红色还是蓝色，以及这些色构成什么图形等，这就叫分别。第一念知觉所对的境，没有加任何的语言去称呼它，称为了别；分别是在了别以后对于外境有连续的心念进一步去了解而产生分辨。

前面五根对五尘，而生五识时，通常是一个了别的状态，是未生分别的，那么生分别的是什么，是了别的识之后依然对境有连续的心念，这个连续的心念就是了别识生出来的分别识，这个分别识，带有“我”的思量分别，这便是第七识末那识（也称我识）。恒审思量的我识分别，为自无始以来，微细相续，不用外力，自然而起。此识恒与我痴、我见、我慢、我爱等烦恼相应。这里说到前五根对五尘生五识的了别，那么意根对法尘生的意识是了别还是分别呢？首先，它是了别的状态，其次，同时又因有非恒审的思量故有分别的状态，但第六识的思量是审而非恒，也就是说有时间上作用的，是非恒常相续的，但第六识的思量又是依于第七识，而第七识的恒审思量就能充分地作用我识分别，所以，第六识的分别带有第六识和第七识的共同作用。

根→尘→识，凡识所起，必有所依，前五识依于五根，第六识依于第七识，第七识所依的为第八识太极识，这便是“依彼转”，依是依止义，转是流转义，为相续、转起的意思，依彼转中的“彼”，指的就是第八识太极识。所谓是八识心王及其心所，皆有所依，第七识是第六识的近所依。

从意识、意根、法尘三者之间的交互作用和熏习来看，意识（第六识）依意根了别法境，意根对法尘又能产生意识，而法尘又是第六识（意识）所缘的对境，是过去、现在、未来三世的一切诸法，又能染污意根，从而从了别上加以分别，而生我痴、我见、我慢、我爱等相应烦恼，这种了别加以分别以及所生起的相应烦恼，就是第六识意识的思量以及所依的第七识思量，这种思量，就有了想（意识的思量作用），想里的六想和合积聚而有想蕴，从而启动了想→行→识过程，在过程中和合积聚就又有了想蕴、行蕴、识蕴，这个识蕴中的意识，从而就有了我们所关注的后天意识。

意识→意根→法尘三者之间的交互作用和熏习中，在意根对法尘了别与分别前参与的意识，我们界说成为先天意识；由先天意识了别与分别后从想→行→识过程升起的意识，为后天意识。

这样界说先天意识和后天意识有什么意义呢？首先，要明了无明恶业是通过先天意识与后天意识作用过程，而不断积累增加的。先天意识在作用过程中，是依意根了别法尘，而六尘境却是如盗贼般遍污六根，故而先天意识了别和分别作用后，产生的想→行→识这个过程，想非正念、正见、正思维，行非正业，再在一起和合作用，就是更甚的如杀生、邪淫、偷盗等恶业，循环积累往复更恶的种子，从而导致不断地堕落，而出入无尽期。其次，先天意识和后天意识虽有界说，可是非异世的，而是在根、尘、识这三者交互作用过程中，意识的交互参与过程中，发生对当下或未来的指导意义，尽管心念的了别和分别十分微观，但每念中是有庞大的时空因缘积聚，比如说一弹指间有三十六万因缘生灭（一刹那间有九百生灭），意识同根尘交互参与和熏习就又变得宏大起来，这便有后天意识生起时去用正念、正见、正思维以及正行去作用想→行→识这个过程，从而形成正念、正见、正思维以及正行和合积聚的未来。再次，我们知道意识能通过想→行→识过程作用五蕴以及十二因缘，这种作用的关键却又在于“思量”，如果我们在思量上加以转化，就能够从现实意义中转化我们的善恶业。而思量又是第六识以及第六识依止第七识共同作用的，看清了这一点，则知道执着迷妄为造诸恶业，执着贪爱之念谓之染，反之断灭烦恼恶业，光明心性，解脱之念及所解脱之法，谓之净，这也就是染净诸法（第七识又称染净识），这样就有了完全以主观能动的正念、正见、正思维去思量，再加上正行，长时间的去熏习“思量”的种子，让其在后天意识作用过程中，升起恒审作用的解脱之念以及所解脱之法。这就赋予了先天意识和后天意识界说的真实义趣。

从思量的想和从想生起想→行→识过程，以及在这个过程中的贪染（爱）趋求（取），生起的前际因（爱取）生后际果（生老死），导致根、尘、蕴又和合积聚，形成连续不断的业力牵引。

识、根、尘、蕴交互作用和熏习所导致的只有无明越来越甚，这其中或更有恶业加重，且六尘境遍污六根，犹如盗贼，劫夺一切善法善念，昏昧真性，所以一切要领就在于要找到打破无明的方式和方法。通过对意识作用意根与法尘，乃至在整个识、根、尘中的关系，以先天与后天之界说，明晰了意识在五蕴中以及十二因缘发展中的独特作用，然后再以分层次分阶段围绕“受”在五蕴以及十二因缘的时空位置，看到由先天意识了别与分别后从想→行→识过程升起的后天意识。在先天意识与后天意识过程中，能以主观能动的正念、正见、正思维去思量，并且能够指导正行，从而生起解脱之念以及所解脱之法，打破无明。

身心识，为心脑所主的后天意识，被先天内意识所主，且有识、根、尘、蕴交互作用和熏习，以心脑主导而主眼识、耳识、鼻识、舌识外感四识，常为外感四识之根；因心脑主导而有人脑三界构形态以及人脑、心络脑、肺肠脑之意识三脑，以此形成思量与传导系统。身心识与外感四识在身内传导系统为脏腑十二官连同十二经络。

人脑三界构之有极界，也称为有为界，在藏象领域为左界构，在人脑生理生命领域相联系的为左脑（左阳脑），以物质为实和精神为空形成认识论为常态，呈现在“神”形态以六识对六根尘的先天意识禀受业因，以及后天受、想、行、识返熏，共同构成神意相火。人脑三界构之太极界，也称为无为界，在藏象领域为右界构，在人脑生理生命领域相联系的为右脑（右阴脑），以物质和精神兼顾并以精神为实的认识论为常态。呈现在“神”形态对比有极界的神意相火而有心神金水之心神君火，呈现为以第七识恒审思量以分别而能传导六识，以及传导后依六识熏染形成记忆，同时也是六识所在的有极界以我识传导形成我执与法执之所在，并能据七识传导与思量转识成智。人脑三界构之无极界，也称为无不为界，在藏象领域为中界构，在人脑生理生命领域相联系的为中脑（至阳脑），以我执和法执为妄以及真如清净为实认识论为常态。呈现在“神”形态对比太极界明心见性观照下的心神君火“素”形态能量体方式，无极界为从染浊的太极浑沦相（太极识染浊义）转识成智，由识神飞升跃迁为元神，从而打破无明，把“神”形态的能量体方式从心神君火转换为真如光明智，呈现为至素至精，生命形态彻底摆脱无明染浊而具足清净。在太极界右界构第七识分别并有记忆本质的基础上，无极界的中脑和中界构，从第七识的传导与观照直入太极识，从真如清净光明转化染浊无明浑沦。

从右脑与左界构的关系以及它们共同对左脑的作用可以看出，左脑为受先天业因布局并依识根尘支配而有意识之外象，而左界构为主导并支配左脑意识外象，以六识与六根尘和合集聚成为业因的具体形态，因接受业因禀受布局以及主导和支配左脑意识外象的功能，成为颠倒的根本，右脑以独特的记忆功能，从参与左界构功能向左脑做先天意识传导到以记忆来控制现行现量的业习返熏，形成以记忆形态来作用的意识传导和业习返熏，成为执着的根本。从左脑、左界构与右脑的功能形态，由此可指向功能形态的本质，即左脑以生理运化成为意识外象，左界构以神意相火布局支配为意识形成颠倒，右脑以传导意识和业识存储的独特的记忆本质构成执着，并以意识外象→颠倒→执着的程式，从受先天业因禀受到后天习气熏习形成业识存储，来联系三世两重因果，从而构成诸意识（前六识）生灭传导形态下的因果统一场。

右脑以传导意识和业识存储的独特的记忆本质构成执着，它指向了有极界“神”形态心神君火所在的第七识（我识）分别之功能，在右脑联系左界构参与业因布局，这个业因布局的过程就是从和合集聚业识种子诸因缘开始传导，从右脑传导给左界构，这个过程是第七识在起作用，是第七识（我识）的分别，如何起分别功能呢？就是把和合集聚在一起的业识诸因缘通过分别按眼、耳、鼻、舌、身、意的类别来分类，把分类好的六识形态传导给左界构。如何“通过分别”来分类呢？就是识根尘和合作用发生在“我”的恒审思量，而在“我”的恒审思量的根本就是“我”由来已久并和合集聚的诸业因缘，第七识通过恒审思量对诸业因缘来按眼、耳、鼻、舌、身、意的类别来分类，就等于分类机器一般，把一船混杂不堪的杂物分类好，这也就是为什么依第七识恒审思量作用以及传导功能，去把第七识称为我识的缘故。由于有“我”在，第七识成为染浊烦恼的执行官。右脑第七识功能分别后，就传导给左界构，在左界构的业识因缘就构成了六识与六根尘具体的类别形态，然后再把它们传导给左脑，构成左脑的意识外象，从而有了人脑中的思维与意识。第七识分别后在左界构的再传导，就是第六识意识和第七识共同主导（以第七识为主体）的了别，就有了右脑第七识分别和左界构了别构成业识因缘现行，而左脑构成六识现量，从而形成右脑第七识分别→左界构了别→左脑六识现量程式。

意识系统中，先天禀受六识意识与识根尘交互作用产生返熏的后天意识，共同组成人脑意识的全部内容。人脑意识无论是先天六识意识还是返熏后天意识其传导动能皆为藏象精气态能量体方式作用下意识动能——意识电。意识电是“神”主藏象气精态在人体生理体征上的反应，人脑意识电通过六根对眼、耳、鼻、舌、身、意六识在人体生理体征上的起用。对比人脑意识系统作用精神相域来说，心络脑意识系统作用人体生理体征所在的物质域，这个人体生理体征主要是基于人体肉身组织器官，它是色法和合集聚形成质碍的色尘，为“器”含义下的型与象，故构成物质域范畴。心络脑意识系统作用的人体物质域主要分为肉眼可见和肉眼不可见的，可见的就是人体的组织器官，不可见的就是脏腑机能，它都是心络脑意识系统作用的物质域范畴。

心络脑是基于心绛宫与内丹田中的精丹田和外丹田的气丹田三者道元能量位域的结合，并与人体生理生命发生关联形成的意识传导系统，但并非心绛宫与内丹田中的精丹田和外丹田的气丹田能量体的直接传导，而是在人体生理结构中围绕心包络和心脏发生的意识传导，跟心包络和心脏发生关联的心绛宫与内丹田中的精丹田和外丹田的气丹田三者只是对意识传导统御、指挥、关联作用，最主要的传导形态还是基于心包络和心脏的生理机能，以运化精气态作为能量体方式来传导。

肺肠脑是基于命门宫与内丹田中的气丹田和外丹田中精丹田三者道元能量位域的结合，并与人体生理生命发生关联形成的意识传导系统，肺肠脑的意识系统的传导也非命门宫与内丹田中的气丹田和外丹田中精丹田三者直接来传导，也非这三者为肺肠脑提供能量体方式的传导动能。肺肠脑意识系统作用机理为在人体的肺部和肠腹部的生理体征活动场所，完成先天意识并产生后天意识返熏的过程中，产生微生物电从而形成以五毒为代表业习记忆，并转换为人的习气性格。简单地说，肺肠脑是在人体生理体征活动现场，以人体中的微生物反应，激发了人体生理体征中业习记忆而形成的意识系统。

从意识三脑在传导系统中的能量体形态不同，就在人体形成了基于生理体征而有意识传导的不同机理。综述之，人脑六识传导系统以藏象精气态为能量体方式，通过藏象精气态能量体方式作用下意识动能——意识电形成载体，并构成六识传导的通道，它依赖于人脑三界构的先天禀受；心络脑传导系统以运化精气态中的生理体征动能为能量体方式，通过人体生理动能——生物电形成载体，并构成围绕人体的生理动能活动场所，它依赖于心脏动能机理以及生理运化精气；肺肠脑传导系统以运化精气态中的微生物能量供给为能量体方式，通过微生物与业习共同作用而形成的生物反应——微生物电形成载体，并构成微生物的不同业习之所和业习记忆，它依赖于运化精气中的微生物能量供给以及微生物业所的环境。

意识三脑传导的右降左升螺旋形态，第一，为右降，右降为右旋螺旋下降，为位域升降形态的位域下降以及动能减弱，体现在通过右旋螺旋下降传导，意识电位域联系到心生物电位域再传导到微生物电位域，动能状态也从意识电的生化动能减弱成运化动能，而步入物质领域。第二，为左升，左升为左旋螺旋上升，为位域升降形态的位域上升以及动能增强，体现在通过左旋螺旋上升传导，从微生物电位域联系心生物电位域再传导意识电位域，动能状态也从运化动能增强升高到生化动能，而步入唯识领域。第三，受先天因缘秉受与布局，先天意识随因缘和合唯识现行而启用传导到人脑后，依六根对六尘，就进入了现量的后天界域，以此先天与后天之界域，体现为时空的先后性，必须是右旋先降。产生了六识传导的并结合人体生理机能作用后，为要通过受想行识的过程反映，然后才在现量层面产生返熏，进入后天（六识）的范畴。意识电传导右旋先降通过现量的受想行识反应，通过在人体时空体烦恼所的作用而产生了后天意识的返熏，返熏的传导就是左旋上升，因为只有升到意识电的位域才能进入业库在三世两重因果中成为未来果的现在因。第四，右降先天秉受赋予在先，依先天秉受赋予而产生生理机能反映的左旋返熏在后。除开初始的右降先与左升后之外，以因缘生灭法，六识系统的传导呈现在六识六根六尘的交互关系上，立于人体现量的宏观来说，右降而左升又有同步时空性的属性。在右降而左升的同步时空性上结合先天与后天的传导过程，就呈现了双螺旋传导与返熏结构。此双螺旋传导与返熏结构的动态正是因缘与因果生灭的数理逻辑呈现。

六识传导与返熏发生能量体动态过程，从六识先天秉受并布局传导，自意识电敕令肺魄启动在五藏神的层面就已经启动了精气运化，而且是五行之藏的联动。从意识电敕令肺魄动而启动心生物电，心的君主神明之官启动为心神联动，以此来联动的肺官、心官、肾官、肝官、脾官并启动的五行之藏所在的五脏六腑，也由此启动了精气运化与升降，通过精气运化与升降在人体经络系统的联动，生理生命就这样被统御主导和启动。六识传导与返熏的过程中从意识电敕令肺魄并启动肺官以降，这里说肺魄是为了方便理解肺和魄的关联，而实际上在六识传导层面，为意识电敕令五藏神的魄，由魄关联肺官；同样以神关联心，以志关联肾，以魂关联肝，以意关联脾，形成由五藏神作为源流载体来启动五藏之官。

序德卷：乾坤同治

卷之言：从乾坤同治到秩序七建

本卷领起之卦为屯卦，在秩序七建系统里其统领之卦为比卦，又以乾坤统领君子与治道，而乾坤同治的基石亦是建序，故使其统领秩序七建系统。乾坤同治之功依赖德制正序，且因建德序统有之正序而见序德。乾、坤二卦总纲秩序本原和道法本序。在治理学上，以乾卦行健和坤卦载德成为德位思想之主体，其余之卦，同乾、坤构成体用关系，故而有总统御之称。

本卷有通过秩序七建建制成序以及通过乾坤同治而健君子正位之主旨，且以君子贯穿建序与德政而有序德之始终。屯卦走出草昧君子，草昧君子起始于建序之初，且贯通了秩序七建之过程，使其在比卦确制，纵观易之全体，比制最终在夬卦有建制之成，比卦以“元永贞”之精神所作比制之愿景终成于夬体，一制载万政而厚万德，成其正序之功。

屯卦言无序之状态，以及基于无序而言秩序发端与秩序构建萌发之始。屯卦之难正是无序之难。所谓“刚柔始交而难生”正值屯体，正是“屯”以无序之难而始艰难。在屯卦，一切从冥昧状态出发，尤其是草乱无伦序，以及昏昧而不明，所谓“草”者，便是无文明的沉淀与样式。

屯者，始也；始则言初，初则无序，无序则是艰难之本，此难正是“难”之主体无序之难，更是易体言七难九祸等诸难之首。当屯难当体时，草昧昏昧，一切都处于毫无秩序的混乱状态，且该有的道法秩序由于没有构建和治理，所有一切皆无伦序，更无邦国和社稷共体之谈。屯体无序之难成诸难之首，在易体言七难九祸之中，既有屯卦无序之难、蹇卦险难、困卦身困之难、否卦不交不通之难、坎卦重难之难、大过卦难得作为之难、明夷卦无明之难，又有蛊卦、姤卦、归妹卦的不正之祸，未济卦、小过卦、剥卦的不达之祸，噬嗑卦、无妄卦、震卦的失德之祸等。且这些“难”与“祸”都有一个非常大的当体，不是一个简单且轻易应付的小局面。我们要认识到以一个卦体的当体来描述的问题，几乎就是某种问题的原理和性质，为某种属性的本原性原理。以“元”言万物本原性原理以及道法本序，只有洞悉并遵循道法之序，才能效法与取法自然而寻求治理之道。

从无体到共同体，从无序到正序，一切萌发之“始”自屯卦，有草昧君子从自然秩序中走出，以明振乱而振济屯难，通过立君、合群、建侯等初始政治活动，以此为基石朝构建更稳定的公共关系以及更大的邦体出发，而言经纶天下。在屯卦，有走出昏蒙状态的草昧君子自明之始，有合群活动与建侯事件的政治萌发之始，有草昧君子明道法秩序而立“经纶天下”之志始……正是诸多的萌发与开端，尤其是草昧君子之明以及济邦之志，是构建秩序的利器。

秩序七建。之所以言七建，为蒙卦、需卦、讼卦、师卦、比卦、小畜卦、履卦所在的七卦，成为秩序构建的七个阶段和步骤，自屯卦秩序构建萌发之始，历经由蒙卦、需卦、讼卦、师卦、比卦、小畜卦、履卦共同呈现秩序构建过程，以秩序构建而振济无序之难。由每个卦体既解决卦体本身重点矛盾之治理，又七卦相互联系而逐步走向共同体整体之构建。

从蒙卦的启蒙之道、需卦的养需之道、讼卦的治讼之道、师卦的军政之道、比卦的确制之道、小畜卦的德礼之道、履卦的礼制与德位之道不难看出，每个卦体都有重点需要治理的地方，也是邦国构建中重要矛盾之所在，完成为政治理则能找到治道，从而沉淀治理文明。

每个卦体自身的矛盾之所以能解决，就在于每个卦体本身的本原性法则，洞悉法则就能找到治理之道，这是能使亨通的根本，也是寻求解决之道的途径。有了在蒙卦的启蒙之通，才出现民众供“润”于邦体，对“财”的取、用，产生了饮食之需，而有需；经需卦取财与用财之通，而成养需之道，要使邦民进一步皆得其养，便诱发了争辩与纠纷，则需治争，而有讼；经讼卦解决纠纷之通，而成治讼之道，可危讼有害，害而动众则兴师，而有师；经师卦行正义之师治强权之通，而成军政之道，王道之师容民得众，则言亲比，而有比；经比卦以“元永贞”思想言亲比之通，而成确制之道，比制正固，既润融亲比，又相比附蓄聚，而有小畜；经小畜卦施礼、建礼、定礼之通，而成德礼之道，小畜卦虽蓄者微小，但从礼术到礼序，需安位其序，而有履；经履卦健礼成制之通，而成礼制与德位之道，又以法→礼→德三者一体德树构建，成治礼道之大成。

建序治无序之难，正是以秩序构建完整之有序而振济无序之难，历经蒙→需→讼→师→比→小畜→履寻求治理之法，沉淀治理之道，以卦体自亨通而成其秩序七建的共同体之亨通。亨者，嘉之会也；从无序之难到秩序七建，既是各卦体形成治理共同体相互关联的构建之会，又是各治理之道继而形成邦国治道之会；既是德位治则呈现在不同卦体之会，又是同体位域方法论分析不同问题以及解决问题之会。所谓建序之德，其德在乎“秩序七建”建序之治理，更在乎以德位确礼，更以德统礼，以德制之成而一序刚万德。

章一：乾坤同治

乾坤：君子与治道

乾坤：君子与治道

乾卦：乾上乾下

坤卦：坤上坤下

修而健与治而教

以乾坤二卦言君子与德教之道，有从坤到乾修而健治君子以及从乾到坤治而教行德化之程式。从坤到乾，以修而健治君子，并不局限于使小人健德成君子，更以草昧君子、进位君子、当位君子、在野君子、尊位君子、得道君子、失群君子与卦爻相配，以身德君子之身位修健德政，使君子执政事行教他人健德之大方，赋予君子更高职责与使命。从乾治坤，以治而教行德化，以君子担当的匹夫之责，立君子健德并执德政之典范，立世并入世健德，再以德范行德政教化邦、民，达君子全大体而大同之愿。

修而健　　　　治而教

坤（草昧）⟶ 乾（君子）⟶ 坤（小人）

治君子　　　　行德化

君子与德教程式图

君子与德教程式图，秉道体德性之本，围绕“德”的修证与教化，赋予君子之使命，再以君子之质地行德化，赋予德文明之使命，无不都在践行正大之事业与全大同之理想。

在“身德”系统里，君子从患、祸、灾、难诸卦体中思灾难致身困、志困之本因，通过德之辨言明辨质见修之理，再通过治君子九德系统修而健，以身德君子之成而称位君子，成为君子质地的重要转变。治君子九德系统成为修健君子之政，此“政”在身，修持于自我，养善于外并健德于内，以治君子之成而有身德君子之谓。身德君子之成是治君子与行德化的转换之柄，正因身德君子出，并从治君子九德系统为大众成为君子谱写了路径。在身德系统里，有“劳谦”君子成为治君子之典范，劳谦君子基于身德且以谦道驭德，以君子私德之终，向邦与共而育位德之始，正是有劳谦君子质地的君子之同，才使德政有了核心源动力，从而进位谋善政，立天下之正位德化天下。

在“序德”系统里，从屯卦中走出草昧君子，草昧君子通身德君子，且以维心之炼，使其有称位君子之质，草昧君子从一开始便志心向大邦，立志从无序中建序从而打破混乱不堪之局面，使无序之灾难能因建序而归常。序德系统有草昧君子和比卦尊位君子之显著，草昧君子起始于建序之初，且贯通了秩序七建之过程，经过蒙→需→讼→师→比→小畜→履建序之治理，使其在比卦确制。序德系统之德政便是建序之政以及确制之政。比卦尊位君子经过蒙卦、需卦、讼卦、师卦等诸卦体之考量，初建比制；在比卦确制的基础上，又通过小畜卦确礼且健全礼制，而建礼制之法全在乎德位；故而德位法则贯通所有卦体，成为建制且全序之器， 正是以“德位”法则贯通他卦，使其能在夬卦有建制之成。夬卦所建之制正是比制之全，此制正是法、礼、德三者正序成制，以德决之道成就“制”文明，使比卦以 “元永贞”之精神所作比制之愿景终成于夬体。所谓建序之德，其德在乎“秩序七建”建序之治理，更在乎以德位确礼，更以德统礼，以德制之成而一序刚万德。

在“志德”系统里，以失志所致的灾祸八体呈现正志之必要性，灾祸八体的每卦皆有正志君子，体现在值灾祸八体的患、祸、灾之凶，需行制阴与止阴之法来治理卦体之凶祸，若不正志且志行固志，则无以制阴和担负其治理卦体之任，故正志与志行君子皆在卦体本身，这是从患、祸、灾、难系统能走出草昧君子与维心君子之赋予。志德系统有蛊卦大正君子之显著，其德政在于制阴与止阴之政，从阴而不正的灾祸之因起治，治不正使其得正。灾祸八体之诸卦皆有灾祸在前，治灾在后，治不正之先，必先正志，以正志来固志继而固正，故志德系统立震器之用，使志行君子皆能师震而立奋起之志，从不正走向治天下之大正。

在“明德”系统里，从坎卦走出维心君子，维心君子通过习坎通坎以“维心亨”而明心见性，从三习三炼居坎难而达大明，正是基于草昧君子和维心君子两者，才有患、祸、灾、难系统中的诸卦体在最危难且难以拯济之时，能以草昧君子和维心君子际出而逢时运之转机。正因维心君子以“维心亨”之质地通豫卦制礼崇德之大君子，使其生豫乐之大治。志德系统有坎卦维心君子和豫卦豫乐大君子之显著，其德政在于以维心之明行制礼崇德之治，且在法礼德三者一制正序之“制”的载体上更加崇德治，使其豫体生万民悦服的和豫之兆。明德系统因“明”成为君子首要品格，维心君子明心见性而能出最难之坎难，豫乐大君子以小乘之明行大乘之教而生德服；所谓不明不足以健身德，进位德，不明不足以执大正全正大，正是明德通天下君子使君子自担使命。君子健明德方能达德化天下大治之功，正是以遯卦的避祸之明、临卦的知临之明、睽卦的睽同之明、丰卦的中丰之明、旅卦的止丽之明、节卦的节制之明、兑卦的讲习之明、豫卦的顺动之明、既济卦的豫防之明来立君子九明，使其依明而治，来健君子明德与卦体善政大德。

在“感德”系统里，以泰卦君子当道而有众君子行德政治道，亦正是从否卦小人之难走出泰通君子，方知小人害正道是致使秩序不通与善政难行之因。交感在于通，通而致泰方能成其感德。感德系统有感通君子、萃正君子以及泰通君子之显著。感通君子以随物应情并唯变所适立交感思想，再以咸正之感行萃正之实，使其以神之内守得正固之利，故感德系统之政，在于内正固与外往来；首要在于行舍识弃意虚我而从心凝神固守，正固之事乃君子恒常之利，只有通过正固内健阳德方能外化行德政，才能值泰通君子当道时，通过裁节调度并施为有方而大行德政。

在“养德”系统里，君子通过养正七渐之颐养，逐渐从养小体走向全大体。养德系统之君子执大正而全正大，乃君子内质之升华与外品格之扬升；之所以要行“养”，在于大过之难以及诸灾难之伤，尤其是大过体造成的君子文明之大难，既冲击了当位君子，又冲击了原本泰通往来之政，而致王道壅滞，不养不足以复元气，不足以执天道行王道。感德系统有革正君子、渐正君子、伦序君子、颐正君子、蓄正君子、升阶君子、刚壮君子之显著。养之政在于渐养，君子养正才能在内刚壮之基础上升华来化外政，通过内养刚壮而有内德，通过内刚壮化外政而有善政之德。在养德系统里，革卦以革新之道而有革正，渐卦以渐进之道而有渐正，家人卦以伦序之道而有家正，颐卦以养正之道而有颐正，大畜卦以蓄德之道而有蓄正，升卦以阶序之道而有升正，大壮卦以正大之道而有壮正；以此七正渐养，得其养而能固，固而能蓄，蓄而能刚，刚而能升，升而能壮。养正七渐之神妙，在于内刚外化，大壮卦之刚壮君子以内之精神化外在之政，践行君子的理想志愿，君子治身德、健位德，升志当政，便是以治君子之范式，行教小人有德且天下同德之使命，升卦与大壮卦成为君子升华之体。养正七渐建立了正大之序，以精气神正固而抱元守一，使纯粹精神而终能治于精神。

在“化德”系统里，明夷君子自升卦与大壮卦而来，使其明夷体虽有难，但仍以“正”为体，以“进”为用，通过治君子之成，无论是健身德，还是养内德，皆奠定了君子执大正而全正大之质，治明夷之难以及诸卦体的患、祸、灾、难，乃德君子之理想，故而德教十政君子皆为践行大乘之愿的德君子，正因德君子正大之进，终显内阳化外政的治理之功。化德系统有观卦的中正君子、中孚卦的孚诚君子、涣卦的宗庙君子、夬卦的德决君子、晋卦的光明君子、离卦的德照君子、贲卦的文明君子、鼎卦的使命君子、同人卦的志通君子、大有卦的德服君子之显著；以王化德政、孚信德政、宗庙制礼德政、夬制德政、光明德政、德照德政、德文明德政、使命德政、志通德政、德服德政而见德化之大德。德教十政之功，既在于治明夷大难以及诸卦体之难，使有患、祸、灾、难的诸卦因德治而脱灾免难，更在于德教十政以卦体之治道行小乘之德治，再执正大之精神，行全大体求大同的大乘之同治；既有小乘治道之利，又有大乘之德教之全。德教十政，集序德系统、身德系统、明德系统、志德系统、感德系统、养德系统、化德系统诸卦德政治道为一体，立“德”为核，以德固治其内和德制治于外而内外合德，以德教系统之大成而有德治文明。

乾坤同治的基石是建序，同治之功成亦在正序，以正序得常恒久而见序德，所谓德文明之成亦成在建序——形成以德序统有而健德文明丰有之正序，以正序养大体并以一序载所有而全大体。君子则是贯穿建序与全大体之德政的重要枢纽，无君子之担当和作为，便无以建正序，更无以践行德文明丰有而大同之愿景。正是通过健身德之正位、明德之正位、志德之正位、交感之正位、养正之正位等治君子过程，方能赋予随君子升格而有德政扬升之实质，使君子成为谱写治道文明之利器。

君子者，以通本性之明而履法序之要，求治之于精神，并健德于内外；既健全人格之意义，又扬升文明之使命；既健德以立身，又进位以为政，同履序以合道，能教他人有德使天下同德。治道者，以君子承载德文明使命而产生的德治之道。所谓实现大同理想，乃践行大正之道，全正大之事业，以“执大正之道→全正大之事业→达天下大同”为路径，实现天下归德且健德文明与共的天下大同文明，让“天下大同”并非不可触及之理想，而是有实施和实践之路径。君子赋予人的使命与意义，而德位恰是君子进“位”行德教之政而赋予“位”的使命与意义。君子取法天道行健与地道载物，以强健之体，行厚德之本分。

从确私、与共、永贞而言，有健德三类。确私者，以个体言，以修德立身为健德属性；与共者，以邦、民大体言，以进位养政与行政养善为健德属性；无论是确私健身德，还是与共健序德，皆离不开德性之本理，还有一种“永贞”的属性，为证性德，乃内在阳德并证德性。乾、坤二卦总纲秩序本原和道法本序。在治理学上，以乾卦行健和坤卦载德成为德位思想之主体，其余之卦，同乾、坤构成体用关系，以完整的德政治理系统而形成《周易》治理学模型。

草昧君子

乾卦：初九，潜龙，勿用。

象曰：潜龙勿用，阳在下也。

坤卦：初六，履霜，坚冰至。

象曰：履霜坚冰，阴始凝也，驯致其道，至坚冰也。

由坤健乾。在坤之初六，言霜，为阴气所结，阴之始凝而为霜，阴盛则冻成冰，“此爻阴始生于下，其端甚微，而其势必盛，故其象如履霜，则知坚冰之将至也”，履霜则当知阴渐盛而至坚冰，以霜为阴之可见的消息，取“霜”与“冰”象在于言阴阳消息，此消息君子知之，当明从阴中健阳，从履霜到坚冰的过程，是阴长而盛的过程，但孤阴不长，必有阳在其中作用，就是此

“阳”之存，是由坤健乾之关键。以履霜而知坚冰之消息，明盈虚消长之大义，取法自然法序，便走出了草昧君子。霜地与坚冰之地，犹如昏昧不明之草昧众，正如屯卦“刚柔始交而难生”，霜与坚冰皆阴凝之难，有此阴凝之难，以坤通困，则交困而无出路。天造草昧，在于有阳依存，以阳致明，从昏蒙中开明，便是由坤健乾的初始草昧君子，从坤之初始育阳，亦有处困而始修健，修健者，阳之复也，在此通复。王应麟曰：“乾初九，复也。潜龙勿用，即闭关之义。坤初六，姤也。履霜坚冰至，即女壮之戒。”复者，阳复也，以“驯致其道”通复卦“反复其道，七日来复”之修健。由坤健乾的结果，便是从履霜坚冰之阴凝之地，取阳而健阳，走出草昧君子。草昧君子者，以阴阳盈虚消长之消息而健明德，明阳之所存当复阳以健，走出自明草昧君子，之所以以“草昧”言，在于坤之初处下而无伦序，如处屯难。

在乾之初九，龙潜于渊，不宜施行而见用。潜者，藏也；龙者，阳物也，以“龙”言阳气变化之迹；初阳在下，未可施用，故其象为潜龙，潜龙者，为阳气方萌之始物之端；“勿用”者，为“圣人侧微，若龙之潜隐，未可自用，当晦养以俟时”。李舜臣曰：“六爻之象，皆取于龙者，阳体之健，其潜、见、惕、跃、飞、亢者，初终之序，而变化之迹也。”由坤健乾有草昧君子出，为以坤境来度乾阳，以此言坤境阴寒之地且无伦序，当立于乾来度坤，在乾之初六有潜龙君子。潜龙君子为从草昧君子健阳而成，草昧君子为阴中阳刚，而潜龙君子为阳中阳刚，草昧君子是正序文明的初始和萌发状态，而潜龙君子为德教文明的初始状态，这两者文明状态皆不在同一位域上，不能以草昧君子直接对等潜龙君子。由草昧君子走向潜龙君子，为君子自建诸德，阳裕德足且刚，使君子当道。

从乾治坤。君子当道当行德化之教，德化者，以阳化阴，在此通巽体，阳入阴象而化阴，以阳养阴而行“驯致其道”，阳化阴则耗阳伤己身，故曰

“潜龙勿用”。言“勿用”者，在潜龙君子，潜龙君子不可用是因为潜龙君子为阳中阳刚，若以阳化阴，必被阴所伤，被妄所沾染，故要坚持至日闭关，商旅不行，后不省方，以健阳而使龙德出，且龙德要稳固，要以“不易乎世，不成乎名，遯世无闷，不见是而无闷”之明来健其阳，其健阳的标准便是使阳气到“确乎其不可拔”，不会再被阴所侵，被妄所污染，而出龙德，故潜龙君子的使命在于健龙德。

从乾治坤的德化之教如何施行呢？为潜龙君子以合群君子的身份，行以阳化阴的驯致之道，合群君子，合群而不党，且在坤之初亦无党，只能以自健、以立身来示范之，从己身作健阳之表率，同时以合群君子合群，激励草昧众大行其积善之道，并在昏蒙众中健纲常伦序使其明自然法序，以履正序而积善。激励草昧众大行其积善之道者，“积善之家必有馀庆，积不善之家必有馀殃”，以馀庆与馀殃的福德凶吉观，言说积善之能事，以及用善因和善果来劝善。在昏蒙众中健纲常伦序者，以“君臣”与“父子”之消息言说纲常伦序，在屯卦之所以昏昧就在于无伦序，有自然之法序而不明，不能健伦序与共序，使其文明状态低下。《坤卦文言》曰：“臣弑其君，子弑其父，非一朝一夕之故，其所由来者渐矣，由辩之不早辩也。”君臣、父子乱序，因其不明序，更不能师法其序而健序，不能治明是昏昧与文明低下的原因，不然不会以“驯致其道，至坚冰也”来形容教化之难，在屯卦，以“君子以经纶”言说君子之使命，君子当以合群构建纲纶，“从合群与建侯过程内在萌发的确私与共政治意识，以此为基石建立稳定的公共关系，从而走向更大的邦体，曰经纶天下。”此为合群君子之善，以健伦序使昏昧者明，便是以序德行教化之道。教化之初在于启蒙，君子治蒙之道，需辨而使其明。如何辨之？为建立“君臣”与“父子”的消息系统，以及馀庆与馀殃的福祸系统，方能使阴寒之众，逐步走出昏昧，逐渐从法序中学习并成长，开始积善来养德，当能履序以及养德时，便是阳气升起时，也是健德修君子之时。潜龙君子只是以乾为当体转换了身份成合群君子，合群君子未用阳化阴，为“勿”使他用，故阳不伤，且还能自健。在从乾治坤的教化之道中，合群君子又要充当启蒙君子、教化君子以及健序君子。

进位君子

乾卦：九二，见龙在田，利见大人。

象曰：见龙在田，德施普也。

坤卦：六二，直、方、大，不习，无不利。

象曰：六二之动，直以方也。不习无不利，地道光也。

由坤健乾。坤之六二居中履正，为坤之主，六二之动，明牝马之性顺而健，牝马象为取象于此，静为坤之常，动为坤之变，以“不习无不利”之功德，健德有成，而成“直、方、大”之功，朱熹曰：“柔顺正固，坤之直也。赋形有定，坤之方也。德合无疆，坤之大也。”言直言大，皆为健德之成，以阳固而通乾之德，又阴辟成方，为坤之德方，以为乾之功，所谓“乾，阳物也，其静也专，其动也直，是以大行焉。” 六二以柔顺且中健德，为独得坤道之粹者。《程传》曰：“统言坤道，中正在下，地之道也。以直方大三者形容其德用，尽地之道矣。由直方大，故不习而无所不利。不习谓其自然，在坤道则莫之为而为也，在圣人则从容中道也。”值六二以柔顺且中健德，在此通复之六二，复卦六二以柔顺中正近初九，能下从阳，行复之休美之道，休复之道者，只是以中位近阳，但未有阳以养，而坤之六二已有阳德以养，且阳德有“直、方、大”之功，修健之路也从克己复礼转变到“不习无不利”

之修习，能顺其动静之道而自然养德，或以动静之道健阳德。明动静者，为从动静二相明了复卦阳气刚复之本，从一阳来复而知归根曰静，以“静专动直”护其念，守静笃而致虚极，以动静之道健阳而出动静君子，动静君子者为坤六二之健所成君子，明动静使其健阳之道。沈该曰：“坤至柔而动也刚，直也。至静而德方，方也。含万物而化光，大也。坤之道，至简也，至静也，承天而行，顺物而成。初无假于修习也，是以不习无不利也。”

乾之九二居中，有中德而无位，又与九五同德相应，以“利见大人”而成进位君子。“乾卦二五皆刚，同德相应，相道相守，易之特例。九二见龙，离潜出渊，自昭明德，二爻伏坤，有其德而无其位，然二五同德相应，乃终有誉命，仲尼注之矣。”孔颖达曰：“阳处二位，故曰九二。阳气发见，故曰见龙。田是地上可营为有益之处，阳气发在地上，故曰在田。初之与二，俱为地道。二在初上，所以称田。见龙在田，是自然之象。利见大人，以人事托之。言龙见在田之时，犹似圣人久潜稍出，虽非君位，而有君德，故天下众庶，利见九二之大人。先儒云：若夫子教于洙泗，利益天下，有人君之德，故称大人。”乾九二之进位君子为从坤六二动静君子进位而成，在乾见“田”，为以乾道见地道也，值地道动静而进，也是进位君子之写照。进位君子者，在于既见田，又见九五之位，见田能“耕耘”其德，见九五位能见当位之位德与为政之大善，既与九五同德，故九二欲进位与九五当位一样有位，为九二进其志，以志进位；言在田者，君子在野也，为在野君子进位，故曰进位君子。

从乾治坤。进位君子在此通巽卦的进位之象，从井之地到巽之风，风行地上，以风入为用，故取上，而井在地下，为从下而上的进位之象，九二进位君子为效仿九五当位而进位，因仿效而成仿效君子。仿效者，在于进志，君子治其志德。在巽卦以进位言利见大人，而乾之九二自身却有大人之象，进位在己身，大人之象亦在己身，便是乾之君子与他君子之比照，在九二言“利见大人”在于从乾治坤的教化之能，“利见大德之君，以行其道。君亦利见大德之臣，以共成其功。天下利见大德之人，以被其泽”。以见龙在田，而行德施普之道。九二动为乾之离，乾离皆日，并日为普，故谓“德施普”。九二以进位君子欲当位以行“德普施”之德政，但九二无位，故言进志，虽无位但能养善，养善之地为有“田”。“田是地上可营为有益之处，阳气发在地上，故曰在田。”在田养善如井之德地，故在此通井卦，以“井养而不穷也”立于井之体、井之德、井之用言德之养地。见龙在田，便是在野君子养善之地，以养善继而进位成进位君子，以养善而行普施，九五为政之大，是九二养善之小之对比。

从动静君子见“龙”在田，以动静之道健阳，使其阳德有乾阳之龙德，九二之初的在野君子便是龙德已健的君子，在野君子以田养善，“龙德而正中者也。庸言之信，庸行之谨，闲邪存其诚，善世而不伐，德博而化”。如“井养而不穷也”以养善之实和进位之志，而成进位君子。进位君子以“德普施”再行“直、方、大”之功，九二“德普施”在乾体无位时对比九五政之大而有善之小，但立于坤体来说乾九二进位君子之善功，为“普施”之大，故德普施之言为立坤体而言乾九二进位君子养善之道。从乾治坤的教化之道中，进位君子历经在野君子、仿效君子、进志君子而在九二利见大人，再立于坤体言进位君子的德普施，而成由乾养坤的普施君子。所以坤之九二既能自行健德，成动静君子，又得普施君子之养善之利，又是阳善之得利者，故“地道光”，因健德自照和德普照而光，健德自照和德普照而光在此通同人卦，从同人于野到天火照之四野。

当位君子

乾卦：九三，君子终日乾乾，夕惕若厉，无咎。

象曰：终日乾乾，反复道也。

坤卦： 六三，含章，可贞，或从王事，无成有终。

象曰：含章可贞，以时发也。或从王事，知光大也。

由坤健乾。坤之六三居下体之上，为得位者，阴阳杂而生文，阴不先唱，臣不过君，为臣之道，当含晦其章美，有善则归之于君，因时乃发，故曰“含章可贞”，可贞者，可贞固守之，而无悔咎。王弼曰：“三处下卦之极，而不疑于阳，应斯义者也。不为事始，须唱乃应，待命乃发，含美而可正者也，故曰含章可贞也。有事则从，不敢为首，故曰或从王事也。不为事主，顺命而终，故曰无成有终也。”坤之六三以“上无忌恶之心，下得柔顺之道”而得位，走出得位君子，六三虽得位，但不如二与五当政，故或从上之事，不敢当其功，只能尽职奉事而守终。为何言六三得位呢？含者，取象坤之功，章者，取象坤之文，有文有功，表明六三“或有王事”可居位行政，只不过六三不像其他当位君子行政且主政，六三只执行从上之政令而行政。何为当位主政呢？如小畜卦六四以“柔”之功与“位”之德，以一阴蓄止了众阳之亢化解了“血象”矛盾，而成蓄主，并制礼成术推而广之而成治世之良臣，六四既得位，有当位主政，还因制礼成术得当，使卦体走向蓄聚之路，更得君主信任而增富六四，使小畜之礼术成为国策。相对比小畜六四得位且当位主政，坤之六三仅以得位行上峰之政令，以“弗敢成”不贪功且不居功，守职以终其事，谨守为臣之道，以守臣君子著称。

乾之九三居下体之上，为乾体之人位，以居不得中而不称大人，三处忧危之地，处忧危之地当思危惧，故曰“夕惕若厉”，夕惕者，谓至向夕之时，犹怀忧惕。阳而得位，故称君子，乾之九三亦为得位君子，虽得位但实有危厉，当危惧之时，惟自强不息，当终日乾乾。终日乾乾者，日日精进健阳固德，时时养善而治坤，故有乾乾君子。乾乾君子以“反复道”健德，“反复道”通复卦“反复其道”，以一阳来复之消息，至日闭关而固阳健德，同复卦一样，终日乾乾的消息，在于当位君子“或从王事”，以当位从王事成终日乾乾之消息，九三治坤，以阳统阴，故含章。子曰：“君子进德修业。忠信所以进德也。修辞立其诚，所以居业也。知至至之，可与几也。知终终之，可与存义也。是故居上位而不骄，在下位而不忧，故乾乾因其时而惕，虽危无咎矣。”

从乾治坤。乾阳当位君子主事，行当位之政，虽不主政，但当位行政事务繁重，受人指挥而疲于奔命，又要做好守臣之道，忧惕贪功、居功犯上，故既有身体之消耗又有心神之耗散，耗则损阳，损阳则德失，容易作“无成”之事，无成之事则无善功，既不能以政益坤阴，又不能以善养健己德，故而夕惕若厉，同时坤之六三言“无成有终”便落于此，“无成”在于若不终日乾乾健阳修德，则容易被当位之政损耗阳气，阳气得健过程的艰辛与艰难，得位君子与乾乾君子均明此理，故要终日乾乾，日日精进，就因为精进健阳固德，而“有终”。所以，君子得位必然履其位序，守其位德，行当位之政，但当位之政损阳耗气是造成“无成”之因，当位君子以乾乾君子日日精进固德而“有终”。有终，还在于君子行惕厉之道，时时忧惧，谨小慎微，以忧惧君子而获无咎。其谨守为臣之道的守臣君子，又通谦卦之谦谦君子，谦谦君子虽处谦之卑下，却健其德，同守臣君子一样，既以不居功犯上守臣道，又乾乾日新，恐惧修省而健德。从乾治坤的教化之道中，得位君子又以乾乾君子、忧惧君子、守臣君子等身份既“或从王事”以行政健善，又终日乾乾以“反复道”健德。均在于君子治“明”，既明本理又明事理，还能通融其理而行君子健德之道。

在野君子

乾卦：九四，或跃在渊，无咎。

象曰：或跃在渊，进无咎也。

坤卦：六四，括囊，无咎无誉。

象曰：括囊无咎，慎不害也。

由坤健乾。坤之六四居上之下而近五，虽近五而无相得，故括囊，扎紧袋口，结囊口而不出。括者，结也；“六四动，坤之艮，坤动类布，艮变象手，巽位主绳，而成括囊之象”。括囊者，以结口不出而言隐而退，没有灾殃，也没有庆誉。俞琰曰：“咎致罪，誉致疑，唯能谨密如囊口之结括，则无咎无誉。”六四值上下闭隔之时，以括囊之象言贤人隐遁之时，故而从六四走出了贤隐君子。贤隐君子者，贤在于以己位识闭隔之实务，从括囊之象而知隐，所谓“天地变化，草木蕃。天地闭，贤人隐”。当隐之时则隐，为有知隐、藏之明。

乾之九四处上体之下，进可助九五，如君临天下，退可藏初九，乘桴浮于海。《周易本义》曰：“或者，疑而未定之辞。跃者，无所缘而绝于地，特未飞尔。渊者，上空下洞，深昧不测之所。龙之在是，若下于田，或跃而起，则向乎天矣。九阳四阴，居上之下，改革之际，进退未定之时也。故其象如此，其占能随时进退，则无咎也。”或，为疑之辞也，取象巽之为犹疑、进退不果；跃，飞升也，取象震跃；在，伏也，取象巽伏；渊，取象震反艮之渊类谷。“或跃在渊”，可进可退，居乾体而有进退君子。林希元曰：“盖以爻与位言，九阳爻，四阴位，阳主进，阴主退，是进退未定也。以上体言，四居上之下，居上欲进，居上之下，则又未必于进，亦进退未定也。以上下二体言，四初离下体，入上体，是为改革之际，亦进退未定也。故总承之曰，进退未定之时。”

从乾治坤。九四之所以成进退君子，在于既有可进可退之机，又有进退未定之时，此两者赋予了进退君子之现状。九四以阳居阴，本非躁进之资，但进退君子遇贤隐君子，便转变成在野君子。在野君子之于进退君子而言，可进可退选择了退而隐，进退未定而定为退，选择在乾阳君子治坤之时完成，其进退未定被贤隐君子之“贤”左右，既如贤隐君子识闭隔之时务，又能从见括囊之象而知隐。在野君子隐在何处？既隐在渊，又时而作在田；隐在渊，以遁而不被人识破，故下于渊深藏之，隐在田者，以进德修业之劳作养君子之肉身，再济身边之人，从括囊之布口袋乃田间劳作之器可知，在野君子时而作在田，并非以田间人隐之，故见田并不见在野君子。在野君子识闭隔之时务，值时有否泰之时，用之则行，舍之则藏，故而“上下无常，非为邪也。进退无恒，非离群也。君子进德修业，欲及时也”。既然是君子便并非隐而自弃，而是行进德修业之能事，在野君子之隐，在此通否卦小人当道以阴逐阳，治世君子既无位又不得天时，故而皆隐遁于野。以括囊之象隐而退，成“上不在天，下不在田，中不在人”之独特的在野君子。

在野君子并非自弃，“退无恒，非离群也”，而是待时择机而进，进则言位，退则言志，君子之志也，穷则独善其身，达则兼善天下。在野君子又以“或跃”之姿态进志，而成进志君子。林希元曰：“或跃在渊，将进而未必于进也。未必于进，非不进也。审进退之时，必时可进，然后进也。是谓随时进退。”进志君子由野济否，并在此通同人卦“同人于野”的野之所起——由野济否，当否之久矣，必有否极泰来之时与天地、阴阳转换之机，当天机与天时具备，君子以自明进志，并以此进志通天下君子之志；众君子志通，则刚健阳气不断被输布，在同人之初，成就复否成泰之治。所以在野君子以进志君子进志但身退、位退，既健志德，又健龙德，又恰好做成贤隐君子。在野君子又以进退君子、进志君子、贤隐君子健德养善，既“慎不害”，又“进无咎”。

尊位君子

乾卦：九五，飞龙在天，利见大人。

象曰：飞龙在天，大人造也。

六五：黄裳，元吉。

象曰：黄裳元吉，文在中也。

由坤健乾。坤之六五以阴居尊，中顺之德，充诸内而见于外。黄，取象坤土之色，及六五居中之位；裳，取象坤之为布、为身、为下、为母，下身之布，是为裳也。裳以蔽体，母以庇子，皆坤之功也。《周易本义》曰："外强内温，忠也；和以率贞，信也，故曰黄裳元吉。黄，中之色也；裳，下之饰也；元，善之长也。中不忠，不得其色；下不共，不得其饰；事不善，不得其极。"黄裳者，居中处下，言有信，行必笃，居有敬，内含文，外达理，故曰"黄裳"，此为六五治坤有功，以尊位治坤，又率坤健德，以其健德如此，如《文言》曰："美在其中，而畅于四支，发于事业，美之至也。"坤为文，以五居中，故有"文在中"。文在中，为坤之文德写照，以文德彪炳坤之功绩实已为文明，元者，大也，德大而育龙德，故在坤之六五走出文中君子。

乾之九五刚健中正以居尊位，"九五中正，具足大人之德，动静举止，皆不失正，体乾出治，代天理物，所谓大德必得其位"。飞龙在天者，阳德已盛而阳神化出，精气化神而见精舍，《管子·内业》曰："定心在中，耳目聪明，四枝坚固，可以为精舍。"尹知章注："心者，精之所舍。"精气化神明心达性，以阳功达之，非以理见之。大人者，以大人履序、安位言九五飞龙在天阳神出而见法序，"大人造"者，以法序之合而造化大人，大人当位、就位皆需履位序，皆是法序在位序上的成象和缩影，所有大人之位，皆由法序所造。见者，自明而自见。飞龙在天者，走出阳神君子；利见大人者，走出自明君子。《程传》曰：“进位乎天位也。圣人既得天位，则利见在下大德之人，与共成天下之事。天下固利见夫大德之君也。”无论是阳神君子还是自明君子，皆在乎九五之大德，故而九五能得天之尊位。

从乾治坤。阳神君子者，以阳功达之，自一阳来复始，至飞龙在天，以水火既济与金木交并出虎啸龙吟之阳神丹象，所谓“同声相应，同气相求。水流湿，火就燥，云从龙，风从虎，圣人作而万物睹”。阳神功态之写照。阳神在天，自见“本乎天者亲上，本乎地者亲下，则各从其类也”。以各从其类而法序自呈，以法序自呈而见大人造之法序井然之境，大人皆不过以履位序而践自然法序。阳神尊位君子以自是大人而体乾出治，乾尊见坤尊，两尊对位，在乎德之大，政之善，两尊相比，乾之尊者阳德最大，以至于能出阳神在天，有精气化神之功，而坤之尊者善政最大，以致以文中君子而彪炳史册。一个阳德至大，一个善政至大，两种截然不同的有为境与无为境，在此相遇。乾之阳神君子升华在无为境，而坤之文中君子享誉在有为境。文中君子在位为六五尊位君子，在政为黄裳君子，以黄裳君子，黄中通理，着黄裳的坤之君子有通文德之理之功，实为功大比天。

坤之文中君子以善政之大，黄中通理，故能见飞龙在天之龙德，在体为文中君子，见乾，有龙德君子。以坤尊见乾尊，使坤之六五成反位君子，相对于反位君子，乾之九五以飞龙在天而成逍遥君子，反位君子者，《程传》曰：“五，尊位也。在它卦，六居五，或为柔顺，或为文明，或为暗弱；在坤，则为居尊位。阴者臣道也，妇道也。臣居尊位，羿、莽是也，犹可言也。妇居尊位，女娲氏、武氏是也，非常之变，不可言也，故有黄裳之戒而不尽言也。”无论是处乾，还是处坤，皆不用担心反位君子之戒，以乾天坤地之对比，乾君还是君，坤君还是臣。乾之阳神君子虽处无为的逍遥境，但需效法坤尊大行善政，以阳化善，行温养圆满之功，而扬升整体文明，乾尊大君子之使命，必以小乘之利，行教他人有德使天下同德的大乘德教之实，德教共同体呼之欲出且显而易见。

失群君子

乾卦：上九，亢龙，有悔。

象曰：亢龙有悔，盈不可久也。

坤卦：上六，龙战于野，其血玄黄。

象曰：龙战于野，其道穷也。

由坤健乾。坤之上九阴盛之极而以阴从阳，然盛极则抗而争，两败俱伤。《程传》曰：“六既极矣，复进不已则必战，故云战于野。野，谓进至于外也。既敌矣，必皆伤，故其血玄黄。”龙战郊外，血色黑黄；龙亢有悔，龙战生凶。孔颖达曰：“即《说卦》云‘战乎乾’是也，战于卦外，故曰于野。阴阳相伤，故其血玄黄。”从坤之上九走出龙战君子。乾之上九阳极于上故亢，亢者，阳过于上而不能下之意也。九五中正者，得时之极，过时则亢矣。上九至于亢极，故有悔也。乾之上九走出亢龙君子。

从乾治坤。龙战君子与亢龙君子之所以“战”的成因，在于乾尊与坤尊之遇抢功争德，乾尊以德大亢极，坤尊以善大阴疑，坤尊只见善，而不见阳，睹乾尊阳大必疑，“阴疑于阳必战，为其嫌于无阳也，故称龙焉”。两者皆自居功大而互不相让，更互不相容。当两尊相战，乾尊则自降位域，无为境降域争善功，自讨无趣，而坤尊盲从尊大，以善大疑天，在于未能如阳神君子见法序，未见法序而不明乾上坤下位域尊卑之分，之前说君子治明，此处之“未明”在于虽有理明但却无阳神君子般以功态证悟而明，故为未明。亢龙君子以“亢”而战，为忘却阳之所出，忘却以清冽寒泉之井养人，更忘却立井、渫污、修井、汲水等艰辛过程；龙战君子以“疑”而战，为忘却“履霜”温养化冰启蒙之艰难，更忘却了处巽时阳入阴而化阴之善小，处巽时，君子虽进位但君子尚无当位，只能行阳入床下卑难微小之事，床下位卑且阴邪滋生不去，但君子为了能养善健阳而乐行之……这等忘却，使龙战君子与亢龙君子因忘恩而成忘恩君子，忘恩君子必失群，而成失群君子。之所以战，在于两者皆不知进退，不肯进退，“唯圣人知进退存亡而无过，则不至于悔也”。转凡化圣原本可在此完成，奈何他们虽以“龙”言，不过争强好胜而无自知之明的凡夫。草昧君子以君子进志，而始于合群；忘恩君子以龙战失志，而终于失群，失群君子并非只在阳亢与阴疑时出现，而是以妄自尊大随处可见。亢龙君子虽以阳神在天，但忘却了阳固之理在于蓄阳而固，当只在乎战而忘却了蓄阳之道，故“盈不可久”，其阳神必衰。龙战君子盲自尊大，以“贵而无位，高而无民”继而失民，又以“其血玄黄”之象失其气血，气为阳，血为阴，乾天玄，坤地黄，失天玄之气又丧地黄之血，气血衰败无以化神。

得道君子

乾卦：用九，见群龙无首，吉。

象曰：用九，天德不可为首也。

坤卦：用六，利永贞。

象曰：用六永贞，以大终也。

由坤健乾。坤之用六，固守生生不息之正，走出永贞君子。孔颖达曰：“言坤之所用，用此众爻之六。坤是柔顺，不可纯柔，故利在永贞。永，长也。贞，正也。言长能贞正也。”乾之用六，阳无终，阴无始，法序如环循环终始，唯刚柔相济而群龙无首，走出天德君子。“阳不自体，阴不自用，乃成其体用。

坤体六阴，六阳息阴，坤变乾，然阴不可尽息，六阳推排，一阴流出六位之外，即是用九。用九生八，阳极阴生，一阴来复，而姤卦见。”

从乾治坤。永贞君子与天德君子，均为得道君子，从无为境入无不为境。无为者，纯阴、纯阳而自转化也，虽无为而自有为之极；无不为者，因得道入而无不为境，在无不为境，以得道而无处不用，故曰“用”，因得道得本体而生用，以生生之谓易，乃成其体用。因得天德而得用贞，天德者证道之德，其用显玄德的“生化”特性。永贞，在此通比卦之“元永贞”，以“元永贞”之精神，作“修思永”之长久意识，以“元”言哲学当出于自然法序，符合道法本理；以“永”言同体与位域秩序分明，“系统”稳固；以“贞”言天下正道，配位“正”德，以其贞正行德化天下。

章二：无序之难

屯卦：无序之难

屯卦：无序之难

坎上震下

面“屯”难始育德而思构建

屯卦言无序之状态，以及基于无序而言秩序发端与秩序构建萌发之始。

屯者，始也，以屯之萌发言说“始”发端于道法自然之始。《序卦》曰：“有天地，然后万物生焉，盈天地之间者唯万物，故受之以屯，屯者盈也，屯者物之始生也。” 序卦言秩序的自然动力——道、法秩序，效法与取法自然并盈之于屯。

屯体之生在于“盈”。“盈”者，自然充盈道性，且法象齐备，道生德蓄之本体因“道生之”生化而盈。这种自然状态下的联系，无外乎道→母→器。道者，本也、体也；德者，性也。器之所生不过道法之体用，皆为道法秩序而自身秩序井然，此为天地、万物之总统御。正是具备了道体德性之本原动力，因“生”内健而动出震，因金性生“化”而动成水。震动并生水，成水雷之屯体。《程传》曰：“以二象言之，云雷之兴，阴阳始交也。以二体言之，震始交于下，坎始交于中，阴阳相交，乃成云雷，阴阳始交，云雷相应，而未成泽，故为屯。” 当屯之时，阴阳相交，始生承乾性，而性不灭。资始，性也，资生，象也。“坎始交于中”为金性未散，金性生水成坎交于法象之中。云雷之兴，为法象齐备而有震动，此动则有屯体。

无序之难。所谓“刚柔始交而难生”正值屯体，正是“屯”以无序之难而始艰难。屯者，始也；始则言初，初则无序，无序则是艰难之本，此难正是“难”之主体无序之难，更是易体言七难九祸等诸难之首。其无序之难，在体表现为无识自然法序之明，故而无以师法自然而洞明法序；在外，无政治秩序之构建，故而无有依存之共体可存；在内，不知人当健德成君子，更无基于秩序而有法、礼、德文明之积淀和共序。乾刚坤柔，乾施坤受，出震而生水，震为生，坎为难，以屯难言天地之初，初则稚，识与智皆未发而昏昧，昏昧则不明，不明则不识，使其在体、在外、在内皆无基于秩序之建树，故而使屯体成诸难之首。

当屯难当体时，草昧昏昧，一切都处于毫无秩序的混乱状态，且该有的道法秩序由于没有构建和治理，所有一切皆无伦序，更无邦国和社稷共体之谈。在易体言七难八祸之“患、祸、灾、难”系统中，屯体无序之难成诸难之首，坎体重险之难成诸难深重之首，而坎难又因无序而成陷，无伦序便无以知德，更无从健明德，故而不能出难，使难上加难而陷难深重，且这些“难”与“祸”都有一个非常大的当体，不是一个简单且轻易应付的小局面。我们要认识到以一个卦体的当体来描述的问题，皆为某种问题的本原性原理。

《说文》曰：“屯，难也。象草木之初生。屯然而难。从屮，贯一，尾曲。”屮，草也；一，地也；尾曲，草木艰难初生也。《说文》又曰：“凵，张口也。”《正字通》魏校曰：“凵，受物之器。象地体承载形，虚中者，当其无，有器之用也。”屯从草，草者，既弱且小，又乱生之象，低级且无序。“乾坤始交而生震，再交而生坎，三交而生艮，故乾坤之后，纪之以屯，以象天地生化之序也”，以生化之序言“屯”之所出。屯之初出，以象草木之初生，正值无序之难，又值草木受天地之气而有生发之时。

《杂卦》曰：“屯见而不失其居”，震动而出，出则能见，故屯言“见”。见者以草木言诸象的万物之状可见，不见者，使其能生屯体草木诸象内在动力——道体德性与自然法序不可见，震动见屯体，在于能见“道生之”本体，故言元亨与利贞之卦德。“元亨”者，因道体德性之本体使其能生屯体而亨，始于自然之元；“利贞”者，屯体无序之万物，受天地之气而有生发之机，得此“生”机而利贞。在屯卦，虽无序且无共序之建树，但仍“不失其居”，在于万物虽弱且小，哪怕在稚嫩之初，万物也不离本性。所谓屯见而不失其居，知进退存亡而不失其正，以元亨、利贞之德，正是屯卦萌发之机。

萌发之始。在屯卦，震性动，坎性险，有“动乎险中”之谓，震为雷，坎为雨，雷为阳，雨为阴，以雷水阴阳相交而育，育而动之，且遇水而发，正是生发之象，虽天造无序之屯难，又天造草昧以发，承天而值时运，正是秩序构建的萌发之始。萌发之始，走出草昧君子，从天、法、人、序四道之经纶，来振济无序与无德。

屯，元亨，利贞。勿用有攸往，利建侯。

彖曰：屯，刚柔始交而难生，动乎险中，大亨，贞。雷雨之动满盈。天造草昧，宜建侯而不宁。

象曰：云雷，屯。君子以经纶。

卦辞：秩序的自然动力——体会自然选择，是“建侯”的初始意识。

彖辞：草昧之难，而需立君，君道逻辑之初始。

象辞：君子自健德位而合群。自君道逻辑而初显德服。

屯卦坎上震下。刚柔始交显云雷兴而不雨之象。刚、柔为道法自然中阴阳法则（九易法则之一）的特性，阳显刚性，阴显柔性。刚柔盈虚自然，不交则不建通，元亨利贞圣德周行——最原始的亨通与透彻就是刚柔自然。刚柔相交则建通，相交的复杂关系为刚柔盈虚各正其命，德位使然。

“刚柔始交而难生”阴阳盈虚有常，交而不正位，而出云雷不雨之象，天昏地暗，正值屯难。“天造草昧”是屯难最当前的局面——全无秩序——治理之秩序尚在自然法象中。此“不雨”之象意为治理秩序尚未建立，尚无人领众走出自然昏昧状态。则必然立君且建侯，从自然秩序中走出治理秩序，故言“君子以经纶”，需草昧君子自蒙且自健德位，以经纬纲纶而显政治意识。

“利建侯”，此王侯非邦国之王侯，而是高于昏蒙草昧大众之自蒙君子。且此王侯的出现为自然秩序的动力，王侯皆自然选择，只有王侯可领导、可广资来振济屯难。这是直面屯难之于合群君子的呼吁。

何言“草昧”？王弼曰：“造物之始，始于冥昧，故曰草昧也。”为天运不达，自然秩序之乱而致蒙昧且文明低级。没有治理出来的秩序，没有君臣纲常，没有文明的样式。冥者，昏也，无识取自然秩序之力；昧者，不明也，无洞悉政治规则之能。《程传》曰：“草，草乱无伦序；昧，冥昧不明。”此识取与洞悉皆要求在自然状态下体悟法则并走出自然状态——以明振乱。

以明振乱是振济屯难之解题思路，那么如何寻得这个“明”呢？为宜立君以治。《折中》曰：“立君统治者，君臣，人道之纲也。”振济屯难——立君——建侯自辅。《程传》曰：“又当忧勤兢畏，不遑宁处。”

屯卦下体震有“动”德，上体坎有“险”德，此为自然之秩序，天运之选择，故言动于险中，卦体以自健德位而有构建秩序之自觉，明此卦体德位，则有意识之自觉和行为之自发——自明。自明之动，言震，屯难言险。

自明者，草昧君子也，是睹自然秩序与天运选择自我发蒙的必然，故曰天造。即“草昧出君子”，“出”的是自明君子。自明君子只是个体性的，言立，必从个体走向群，在君的对面，群自然为臣，这是君臣之纲的自然逻辑，合道法之运。立君，从草昧群体里自然走出君臣——君道关系。君臣之道为德位逻辑，产生于政治尚未萌发之初，故非政治规矩且平等性十足。

针对草昧的昏昧自蒙而明，成为自明君子。立君，自明君子合群走出君道关系，有了君臣之纲才曰建侯，建侯则言治。建侯言治，面对的是解决公共问题——振济屯难，这是第一次确私与共的思考和面对，也是从私走向共的政治初萌逻辑。

建侯的逻辑过程：草昧昏蒙需自明，自蒙自明者为君子，立君则出君臣，有了君道关系曰建侯，建侯要言治——解决公共问题的为政，谈为政则需求趋于稳定且有共识的制度萌发并产生。这便形成确私与共的最初形态。建侯之“建”并非自封，是自健德位后，草昧之众因德被而被推举——公建，公建就需众服，当公建之“侯”建立就有了德服。

此建侯为蒙昧状态下的德位自健，并非自封侯，自封者不服众也，作为众来说，此种自封的立君状态没有让众人德服之德。所以草昧只能自健德位，而不能直接自建侯，这中间有自健德位——德被——德服的必然过程，如果忽略了这个过程，公众极易被诈取。但草昧诡诈之路肯定不会长久，当走向更大的邦体时，就因德不配位而被识破。

如何从自健君子德位到建侯呢？在德服的中间有个最重要的德被过程，就是如何益屯——对屯难的振济能力与效果——德之于公共性问题的服务意识以及领导驱动能力，故王弼注曰：“往，益屯也。得王则定。”只有在屯难之体时，振济了屯体而“得王”——草昧之众因德被而德服所出之信，这样才完成自建王侯的过程。所以这个“得”并不是自封，而是拜德成信之他得。当“得王”建侯产生时，则彰德信，在屯卦体时的德信就是指合群之德。“得王”建侯需自建君子德与他健德信。立君之自健德位是自立，他健德信是他立，“得王”的自立与他立这两者缺一不可。他健德信是“得王”建侯的标志，而自健君子德是基石。作为建侯基石的自立——自健德位，自健的是立君之德位，要成为自明君子必先育德而健德位，必须具备自蒙天运之德和合群之德，彰显政治意识之初萌。

自我育德而自建君子德者众多，并非所有自建君子德者都能建侯，仅从蒙卦之发蒙来说，必须要启众多草昧以明，邦国大计才能走得更远，且自我育德或被发蒙而明者会越来越多，要想建侯成功，自立君子要合群草昧而获他健德信，产生合群之德。

合群草昧获他健德信必然要产生德被草昧。德被草昧是给他，而他健德信是他给，这就是立君者最原始和法乎自然的君道逻辑，给他与他给就从立君者走出了君臣关系，君臣关系确立，就产生了合群现象，此时的君子就是合群之君。如何产生德被呢？从蒙卦刑蒙——礼蒙——德蒙的蒙以养正过程，到需卦通过财政需求所言国器与民碗过程，到讼卦治刑狱、治宪到德宪过程，到师卦通过军事问题所言正义师、王师到王丈的军事宪制等过程皆指向了必须从最初的已私，面临并解决公共问题，走向与共的更大的邦体，从而治理邦体的公共性问题，这就是服务与领导两种驱动力并存的确私与共政治意识立君合群，德被草昧而振济屯难，萌发并树立确私与共政治意识，在此过程中产生由草昧群众因德服而有他给德信，由此建立给他和他给双向属性交互作用的君臣关系，此时曰“得王”建侯，与此同时，言“利建侯”，则是合群之君必然要思构建。当邦国架构尚未形成，在屯卦体首要构建君臣关系、臣民关系并以此构建君纲，从君位的公共性构建更大域体的民邦。

故《象》曰：“君子以经纶。”何为“经纶”？《正义》曰：“经谓经纬，纶谓绳纶，言君子法此屯象有为之时，以经纶天下，约束于物，故云‘君子以经纶’也。”综述之以织综经纬，为编丝线为粗绳或编线、绳入经纬之网，言“织”。以此引申合群和由合群产生诸多的构建，“治”为经纬之合，是合群的象征，“构建”就是要构建纲纶。在屯卦体时就是自建立君德位且建合群之德来确立的君臣之纲，以此谈“织”，从合群与“建侯”过程内在萌发的确私与共政治意识，以此为基石建立稳定的公共关系，从而走向更大的邦体，曰经纶天下。

在此就要明确君子的当体是什么了。《白虎通义》曰："或称君子者何？道德之称。君子为言，群也；子者，丈夫之通称也。"君子的当体为明道以合群。这里的"道德"，为明大道言德性的广义道德，并非单纯指人格修养。强调以明振乱的"明"指向了要识取与洞悉自然法则之明，大道法则不是普通规则，识取与洞悉自然之道法者必然是要明大道言德性，才能对自然法则初窥端倪。在屯卦之初始，更是邦国构建之初始，自建君子德位所"建"的内容是在明大道和洞法则上，它不是邦国德制体系构建完成后，根据位域阶段教化民众要如何健德和育德，这也是为何上古在治理时必言"天"的原因，以天喻道，践道明法，以此通透之大"明"来言说君子自明。

君子当体的道德义和合群政治义就从道德与政治的先后逻辑言说了君臣关系，从而也以此确定确私与共的逻辑含义，广义的道德之明先于合群事件发生，德服的先要条件指向了由自然秩序出走的合群之明，这是源于道法的内在意识赋予，先于且强于任何政治说辞，尤其是从一开始就隔离甚至摒弃了以"统"代治，统的公共性是被道德潜在赋予。

从言君子德位就能清晰"得王"建侯的内生逻辑：君子当体的道德义先于合群政治义萌发。立君之君必走向群，不群无以言君子，只有合群的德被才能获他给德信，他给德信确立，才能从君德称位上完成君子义，否则不能被赋予君子（立德君子和合群君子）。

合群之君建立在个体君德上，这个君德的首要之义就是明道德。而通俗的狭义道德义，容易单纯地指向品德修养的行为属性，而恰恰是最能让人感同身受的"行"，容易带有诡诈的欺骗性。拿什么合群？诡诈之士，都会以既得利益关系，以钱财之需贿之或以某种名义诈之。经纶天下的君子要明白，德被与收买的贵贱关系，纵然钱财之贿短视可行，也只是术用，不可离"道"

太远。道和法的深远，自绝地天通后，常常被帝王心术以谋取天意而诡诈取之，或明目张胆，或借以巫、卜与算筹术士谋之。

如果从邦国秩序稳定性而言修思永的治理，更要正确地理解和对待邦国大体之成功，朝代更迭的苦难教训历历在目。同时，从屯卦六二的“乘刚”之难，就明了小头目终究被招安、被瓦解而自降服在“道”理不明。朝代更迭被瓦解的理由千千万，最终皆不过是输在“道”上，所谓不谋道者，终被道所谋。所以君道的首要原则是天运，由道体德性所运转的大道秩序、自然法则，体解天运无外乎去理解“德”性所显的德位特性——玄德的“生化”特性、圣德的“母”特性、用德的“乾坤”特性、证德的“精气神”特性等，以此来确立经纶天下应该编织怎样的邦国之大网，以此体会君道的自然选择又是背靠怎样的“自然”。

真正意义上明道悟德性的合群君子确立，才能振济屯难，走出泣血涟如的明夷之困，同时，也只有德被了处于屯难的草昧才能获得他给德信，以此“得王”建侯成功。君子明天道悟德性师法自然自育德位而出“震”，合群君子以君德膏济草昧之民，德施而出“坎”，这个时候震下坎上的屯卦卦体才是真正阴阳相交通，元亨，利贞。

草昧君子以健明德而振济屯难，初始秩序从“明”出发，无不依明德而从“明”德始育，再立“经纶天下”以及“正邦”之志去达大同之体。明德之重，贯穿所有“德”与德位之始终，更是治君子之利器。《中庸》曰：“唯天下至诚，为能经纶天下之大经。”君子法天效地，体天地大生、广生之德，自育、自明，继而健君子使命、王道使命、文明使命、德位使命、道德使命而自强不息，开国承家。

草昧君子确私与共解屯难

初九：磐桓，利居贞，利建侯。

象曰：虽磐桓，志行正也。以贵下贱，大得民也。

屯卦之卦眼就在初九爻，此爻统全卦之要义而具一卦之德，言草昧出君子而成屯卦之主，为屯卦德之当位。

《程传》曰："初以阳爻在下，乃刚明之才，当屯难之世，居下位者也。未能便往济屯，故盘桓也。方屯之初，不盘桓而遽进，则犯难矣，故宜居正而固其志。凡人处屯难，则鲜能守正。"屯卦之难，难在何处？从难体来看，有明夷卦的大明夷之难、有困卦的交困之难、有大过卦的祸变之难、有小过卦的无时机冒进之难、有既济卦的得势忘义之难……"乃刚明之才"的合群君子出，屯难自解。在于言"明"和"位"，以"明"对冥昧，以"位"对无伦序，从而解其草昧冥昧之难，解其云雷不雨之无伦序之难。故而屯卦德之当位的初九爻，以刚明之才之"明"和居下位者之"位"，而有初九爻配位之德。

以明振昏昧，以位建伦序，解其屯难，交困局面大开。并且德之当位的初九，又有配位之德，故曰正，利居贞；贞者，正也。以其当位和配位而贞正之初九德位，宜"居正而固其志"，去解决和治理更庞杂与复杂的难局，以此"志行正也"立合群之志和振济困局之志，由君子之私走向共，大而当体的政治意识开始萌发，正值德之当位又有配位之德的初九，确私与共政治意识由此发端。

以自健德位的合群君子，以"明"和"位"之当位，以其更大的志向，走向更大的难体，因"明"其明入地中以蒙大难的"明夷"之难自解，因"位"其水在泽下、泽无水之"困"难自解……与屯难同体的难体庞杂且复杂，敢言、能言“经纶天下”者，唯明道德懂天运的大明君子。确私与共的政治意识从一个“得王”建侯开始编织邦体之网，这就注定着，确私与共的政治意识之发端，并非粗浅且幼稚，而是从一开始的顶层思维，根植在明道德懂天运的根本上。所以“凡人处屯难，则鲜能守正”。可想而知，要当得一个自“明”君子，何其不易。

解决和治理如云雷不雨、明入地中、泽无水……如此庞杂当体的“难”局，别说凡人鲜能守正，就连“得王”建侯的合群君子，也有盘桓难进之貌。《周易本义》曰：“盘桓，难进之貌。屯难之初，以阳在下，又居动体，而上应阴柔险陷之爻，故有盘桓之象。然居得其正，故其占利于居贞。又本成卦之主，以阳下阴，为民所归，侯之象也，故其象又如此，而占者如是，则利建以为侯也。”

从自然状态下走向立君对面的就是群，故君臣之道自然走出；当合群君子立志振济更大的难体时，言经纶天下，就要对民，“民”又是自然需要“侯”面对的大当体。以“明”和“位”之当位的合群君子，具备了解决各种“难”体的能力，因德被昏昧无序而掌控了局面，获得了他给德信而建侯，完成了德被——德服——德信的完整过程，故而“民所归”而“大得民”。

经纶天下，就要对民，这个“对”就如同君对臣一样，是公共关系的自然走向。君的领导地位是因群而君，建侯因民而建侯，“得王”与建侯的领导驱动力，强调德被与德信，它有内在而必须发端在德被——德服——德信完整过程的权力源。它来源并强调“居下位”，孔颖达疏曰：“取象其以贵下贱也”，在政治萌发初始，就要有去“上”意识，好好洗掉阿谀“唯上”的哈喇子，不要拿“天”的幌子饱其私欲，因为明道德懂天运——大道和自然法则就在那里，不需要任何逢和。

经纶天下之难体，“大得民”就要德被安民。王弼注曰：“安民在正，弘正在谦。”何曰正？为合乎于规则和普遍于道理，不在物而在法。弘正在谦，从群到民，更强调德被。谦，不是居领导之傲，而是真正明了大得明之道后，在“道”和“民”面前的谦卑。建侯得民如何来的呢？为自建君德，故而“谦”之主体——恒以谦卑自养其德也，做一个卑以自牧的谦谦君子，息乱以养德之静，非是苟求宴安。从政治来说，对德被安民提出要求，为谦卑的服务意识和维护自然内生之权力源，不要高傲地以君臣之位走入失群之误区。

君道秩序确立

六二：屯如邅如，乘马班如。匪寇婚媾，女子贞不字，十年乃字。

象曰：六二之难，乘刚也。十年乃字，反常也。

六二志在九五，不从于初九。“班”，分布不进之貌，为难行不进。有六二之难，难在何处？难在人人想为君，难在自立君子无法迈向大体向真正的九五君主称臣。在初九，自建德位而立合群君子，且从很大程度上“得”民，但邦的域体很大，居下位的初九必定要走向更大的合群组织，当六二应于九五，如何自合群且合大群去接受九五大君，是“婚媾”之关键。

“字”，女子许嫁也。《礼》曰：“女子许嫁，笄而字。”在古代，汉族女子十五岁称为“及笄”，行笄礼表示成年。十年乃字，婚媾之事拖了十年（坎六震四共十），可见“乘刚”之甚。

《程传》曰：“二以阴柔居屯之世，虽正应在上，而逼于初刚，故屯难邅回。如，辞也。乘马，欲行也。欲从正应而复班如，不能进也。班，分布之义。下马为班，与马异处也。二当屯世，虽不能自济，而居中得正，有应在上，不失义者也。然逼近于初，阴乃阳所求，柔者刚所陵。柔当屯时，固难自济，又为刚阳所逼，故为难也。设匪逼于寇难，则往求子婚媾矣。婚媾，正应也。

寇，非理而至者。二守中正，不苟合于初，所以不字。苟贞固不易，至于十年，屯极必通，乃获正应而字育矣。以女子阴柔，苟能守其志节，久必获通，况君子守道不回乎。”

在六二，六二与九五君臣关系的君道秩序被描述。在大体的君臣体系中，人人为君谓之寇。初九侯位想当九五君，德不配，位不当，是难上加难。为何六二柔乘刚？为狭隘的想法与见识，侯位小头目没有摆正自己的位，没有养好自己的德。击寇先得自击，把自己放在真正的九五君位的框架中，才能真正的进退有度，上可进位，下可安民，秩序与架构呼之欲出，迈向大体愈发清晰。无论有多么反常的“乘刚”之甚，终究要迈向大体去臣服真正具有九五之德位的大君，因为这是尊卑之位自然决定的，这就是初九和六二必自合群。从六二拖延十年反常的乘刚可以看出，具九五之德位的大君，才是严格意义上自蒙开明的道君子和法君子，这只有在更大的邦体架构里才能被见，这是更大的邦体赋予的九五位，非六二可僭越和惦记，十年乘刚不但非君反而自成寇。婚媾后走入九五体，以此为邦体定位，以六二位应九五来确立邦体秩序，才是六二德之当位，该嫁人就要嫁人。

由六二与九五确立的君臣关系，是屯之当体呈现给邦体的君道秩序。从初九合他（草昧）群，到六二渴望他（民）合群，走向与九五的自合群（侯），应和“天尊地卑，乾坤定矣”，这就是君道秩序所确立的尊卑义。尊卑义是德性所主的德位关系，非人格属性的不平等。草→民→侯三者德位关系是君子以合群之进位，是自然走出的伦序，以此尊卑伦序就能解人人皆为君之屯难而确立君道逻辑。以此君道逻辑为邦体确立君纲贡献序位。

志在立君而不可贪禽从欲

六三：即鹿无虞，惟入于林中。君子几不如舍。往吝。

象曰：即鹿无虞，以从禽也，君子舍之，往吝穷也。

当六二以臣服贡献屯体尊卑之序位，进而为三，三既近五，而无寇难。《程传》曰："事不可而妄动，以从欲也；无虞而即鹿，以贪禽也。当屯之时，不可动而动，犹无虞而即鹿，以有从禽之心也。君子则见几而舍之，不从若，往则可吝而困穷也。"在六三，已有从禽之贪，借初九与六二之德位可进可往。即鹿，有逐鹿得鹿和逐鹿不得鹿之象。无论是逐鹿得鹿还是逐鹿不得鹿，相对于立君来说，皆是小得，小得而得之谓之贪，贪禽必被林所困。

虞，《说文》曰："驺虞也。白虎黑文，尾长于身，仁兽，食自死之肉。从虍，吴声。"又为古之官名，多掌管山泽之禽兽，如有山虞、泽虞之官。虞为仁兽，鹿为灵兽，皆是九五"君"之象征，以此言明要树立君位之正当性——当位才可称位。从君位正当性宣扬君德及利益，确立最重要的拥趸——有虞人相助，如萧何之于刘邦。即鹿不要贪鹿之得，而要得掌管山泽禽兽的虞人相助，这才是最正确的眼光和取舍。就算是九五君在未当其位时，也必须经受住考验和检验。若得鹿而舍虞，便是贪禽从欲，不可为王事，故言"往吝穷也"。

六三又有逐鹿之象，意为奔逐展示灵鹿之姿，以此相告此"鹿"即九五君位的正当性，在六三是"鹿"以王，在九五就是王之正当其位，即可以九五之当位来称位。君位的正当性需要有领域话语权的虞人相助，入于林即鹿的话语权当然就是掌管山泽禽兽之官——虞人发言。从虞人而言，即拥戴了九五君，又臣服于位，自己又有六三之位。

顾民私进而得位

六四：乘马班如，求婚媾，往，吉无不利。

象曰：求而往，明也。

六四以柔顺居近君之位，得于上者。可为何又“乘马班如”？为六四非九五君位，其才不足以济屯难，故欲进而复止。“下马为班，与马异处也”，班，下马也，欲从正应而复班如，不能进。

“求婚媾”，建立邦体关系。六四“求”以近九五君，九五君“求”贤以辅。此互求正值当位，求而往，亲比关系建立，邦体之位也建立，形成了既亲又臣的“明”局面。由此，屯体呈现的君道逻辑草→民→侯→亲的架构渐明。

《程传》曰：“己既不足以济时之屯，若能求贤以自辅，则可济矣。初阳刚之贤，乃是正应，己之婚媾也。若求此阳刚之婚媾，往与共辅阳刚中正之君，济时之屯，则吉而无所不利也。居公卿之位，己之才虽不足以济时之屯，若能求在下之贤，亲而用之，何所不济哉？”

对九五君位而言，草→民→侯→亲的架构为民。其尊卑之位因“民”的确立一切明朗，何也？因九五君必须在六四位确民才能确王，民之于九五君是本，是邦国先，所以必求亲辅，正所谓“知己不足，求贤自辅而后往，可谓明矣。居得致之地，己不能而遂至暗者也”。不要以为草→民→侯→亲架构的民媚上求亲，六四以其当位且称位的德位告诉大家，九五君只有在六四位确民，且要“确”到亲比关系媾和建立，才是吉无不利的。

这个时候，民是公共的，君位更是公共的。秩序以顾其民私，才能进而有位以此确立公共属性。君位的合法性和正当性因民本和亲比关系而当然确立。君道秩序的公共性由此明朗，以此萌发的政治关系也先于九五位确立。草→民→侯→亲的民的架构，有德有位，是任何九五君都梦寐以求的。

德被膏泽于民而思构建

九五：屯其膏，小贞吉，大贞凶。

象曰：屯其膏，施未光也。

九五以阳刚中正居尊位。所居尊位位屯卦坎体之位，故陷于险中，而坎体有膏禄，虽有六二正应，而阴柔才弱，不足以广济屯体，更不得广施臣民，其膏泽仅为六二所得，此为“屯其膏”之象。

《程传》曰：“人君之屯也，既膏泽有所不下，是威权不在己也。威权去己而欲骤正之，求凶之道，鲁昭公高贵乡公之事是也，故小贞则吉也。小贞则渐正之也，若盘庚周宣，修德用贤，复先王之政，诸侯复朝。谓以道驯致，为之不暴也。又非恬然不为，若唐之僖昭也。不为则常屯以至于亡矣。”

“施为有所不行，德泽有所不下”的“屯其膏”之象出现在屯卦九五，为“以其无臣也”言因邦体政治构建不成熟，而有其贞凶之兆。膏施和德泽不能广布天下，就因政治结构不完善，秩序制度不确立，无法以政体来完成，纵然君无私而建公德，可无体制也难行也。

项安世曰：“屯不以九五为主者，建侯以为主。五本在高位，非建侯也。初九动乎险中，故为济屯之主。天造草昧，皆自下起，五能主事，则不屯矣。”屯之卦眼在初九建侯，强调合群君子育德自明，在屯卦六爻中，只有初九以德信为目的而有民归。

九五有心无力，有膏施和德泽于民之心，奈何邦体构建不完善，财政、司法、军队等制度匮乏，公共建设不能交通，民不得其用，更不要谈膏施之公德建设。想大有作为者，必然大凶。魏了翁曰：“《周礼》有大贞，谓大卜，如迁国立君之事。五处险中，不利有所作为，但可小事，不可大事。曰‘小贞吉，大贞凶’，犹《书》所谓作内吉、作外凶，用静吉，用作凶者。”

睹“屯其膏”之九五屯难之象，已有膏德之君应该迫切地思邦国之构建，此时的政治意识不再是初萌了，更不是初九和九五之私事，而是当仁不让地“与共”起来，之前的确私与共变成确其各爻之位私，来与共邦国之大体，各当其位，各行其事，政治意识也被确定在构建的邦体中。

不作为之悲惨

上六：乘马班如，泣血涟如。

象曰：泣血涟如，何可长也。

六以阴柔居屯之终，在险之极，而无应援，居则不安，动无所之。上六乘坎之马，又见坤之众，故曰“乘马班如”，坎主血卦，坤坎象水，故言“泣血涟如”。

纵观屯卦所言婚媾和乘马班如，均在言说应与不应、进与不进的问题。从“交”上说，坎体之上六仍然郁结未通，各种阻塞；从“位”上说，大才居宰辅位，不进而为君，进则被坎险所架，更无所适从，况且九五君位因体制不全只能小有作为，所施的膏禄只能惠及六二，一切变得穷厄之甚。至于泣血涟如，屯之极也；处屯难之极，穷极孤寒之位，又以乘刚敌应，集众恶于一身，再加无所作为顺其屯难轮转，其大凶之状自然可见。

反观屯体言说的屯难，皆言在此，无位且不交。就算九五有膏禄也无法惠及所有，在上六更是以膏禄惠及而无法行通；反之，诡诈之士以钱财之需贿之来合群，在此处已经明了，这不是能振济屯难之君子来合群。

屯体卦眼在初九。只有明道德、懂天运的自明君子，以自建德位从个体之德到共同组系的君臣关系确立，才是公共性建设之有用体，它是关系邦国架构且确实有用的国之大体。无位无德不可冒进，只有心怀经纶天下之志向，从确私与共德被草昧，才是屯之用体，才亨通。

乘马回旋，泣泪如血，涟涟不断……成为上六应难之际遇。导致上六“乘马班如”以及“泣血涟如”的原因便在于无“明”，既不能识得膏禄惠及来与建侯君子合群，又以回旋辗转“班如”状态，无合群之“交”通，当不能从合群蒙而明，便只能在屯难中轮转。

由此可见，上六除无草昧君子之“明”外，更多的在于上六自身陷入不作为的悲惨状态。如草昧君子般健明德以“明”而知，并非易事，一句所谓“明道德懂天运”的自明君子，又是何其不易；当无明道德懂天运的“天赋”加身时，自我作为便成为处难体的救命稻草。同屯卦一样，屯卦、蹇卦、困卦、明夷卦等皆有难体，只是所处难之境遇不同而已，屯卦在乎时与交，蹇卦在乎见险，困卦在乎光明被掩困，明夷在乎晦其明……而解处难体又逢时艰的办法，唯有自我作为。自我作为便是自振身德，以及在合群交通中广积善德，以此两种德之孕育，才能积累使“明”、或能“明”之资粮。

纵观屯卦，初九处初建之难，草昧君子居正以为济，从确私之明走向合群与共的状态；六二遇女子以柔承刚，成不字之难，以二五之应，确立君道秩序；六三遇即鹿贪禽从欲之难，有立君之志；六四应阳遇妒之难，以求而往来确立与大体的关系；九五应屯膏之难，无体制则无政的状况摆在九五君主面前，思构建不再是草昧君子个体之见，而成为合群与共的主体；上六应各种际遇之难，不仅有处屯极之难，又以不作为而无出难之时与位。

章三：秩序七建

蒙　卦：启蒙之道

需　卦：养需之道

讼　卦：治讼之道

师　卦：军政之道

比　卦：确制之道

小畜卦：德礼之道

履　卦：德位之道

蒙卦：启蒙之道

艮上坎下

从刑蒙、礼蒙到德蒙的启蒙之道

在屯卦，刚柔始交，云雷兴而不雨，正值屯难。有明道德懂天运的草昧从自然法则中育德自健，经过立君、合群、建侯等过程，德被草昧走出自然状态而振济屯难；草昧君子以明振昏昧，以位建伦序，在屯卦开启政治意识萌发之屯元。

经纶天下之邦体经、纬已现，昏昧未明是邦体之现状，以至于屯卦九五陷坎体，其膏禄施未光，君子在险之极而无应援。“物生必蒙，故受之以蒙”，在同样的邦体，在合群君子的对面，要面对蒙昧的大众与邦体，治理共同体之开端——蒙体摆在面前。蒙，物、众与邦体之蒙昧、幼稚状态。

《程传》曰：“屯者物之始生，物始生稺小，蒙昧未发，蒙所以次屯也。为卦艮上坎下，艮为山为止，坎为水为险。山下有险，遇险而止，莫知所之，蒙之象也。水必行之物，始出未有所之，故为蒙，及其进则为亨义。”

治蒙，即启蒙之道。“水必行之物”，正是发蒙、启蒙好时机。启发草昧之众走出幼稚和昏蒙状态，才能行邦体的养正之功，在邦体政治治理的开端，启蒙以正，则民正。蒙以养正——正刑、正礼、正德之正，是邦体无比正确之精神，其邦的共同体的架构会因“精神”之正而气血充盈。

治蒙，则是从治理之开端为邦体正精神和正气象也，从顶层设计的思修永来说，只有发于精神的“气”正了，一切的“名义”则正当，一切的架构则合理，一切的治理则顺行。这就决定了发蒙的主体在“意识”领域，是邦体与民众集体政治意识，它永远在治理饮食之道、讼有众起、师者众……之前，它是治理共同体所赋予的绝对高度，不解决蒙以养正的“意识”主体，以及不解决邦体民众彻底开明“正”之主题，其邦体以及治理成果极易被诡诈术士窃取。古往今来，窃国大盗到处横行于斯。若启蒙之道草草了事，则民难日久，何止泣血涟如。启蒙，除了启人以明，更重要的是结合邦体可以“利用御寇”，以其启蒙的大秩序使邦、民、众皆上下顺也——顺在德政、顺在正序、顺在天运，这就是启蒙之大开明。蒙卦以坎遇艮，一阳止于二阴之上，山下有险，内险外止，蒙昧未明。故要行启蒙之道，始于发蒙，止于序蒙。何为发蒙？为开发之启，开蒙山，启蒙险，以走向蒙体刑、礼、德之秩序；何为序蒙？为有序制度之启蒙，是最高级的自蒙。

启蒙之道，以精神→意识→行为三位域为启蒙程式，以自蒙、他蒙、序蒙为启蒙途径。以刑蒙、礼蒙、德蒙为蒙体内容，以德制之序蒙为治理目标。从启人开明的人性之私到邦体开放的政治与共，蒙道之始终，是统率民众身心顺理、从道为事之邦国大计，因其治在“精神”，故是圣功彰显的国之重器。

蒙，亨。匪我求童蒙，童蒙求我。初筮告，再三渎，渎则不告。利贞。

彖曰：蒙，山下有险，险而止，蒙。蒙，亨，以亨行，时中也。匪我求童蒙，童蒙求我，志应也。初筮告，以刚中也。再三渎，渎则不告，渎蒙也。蒙以养正，圣功也。

象曰：山下出泉，蒙。君子以果行育德。

卦辞：合群决疑，发蒙求学的神明之启。

彖辞：从他蒙到自蒙的启蒙逻辑。

象辞：从以德合群发蒙到育德教化序蒙。

蒙卦，上艮下坎。山下出泉之象。坎者，险也，为山下有险。退则困险，进则阂山，此为蒙卦之大义。进退两重险，进，新秩序尚未建立，没有架构可以编序，没有制度可以遵从，更无从谈起治理，立德君子此时若言“经纬”构建一定不会被理解；退，又要回到屯困的原始状态，屯卦坎险在上体，但在蒙卦，坎为下体之内险，这种坎困最重要的是草昧之民无新思想可以交流，这种险在人的意识内部。故，未知所适，不明方向，所以昏蒙。

无所“识”从，成为蒙体的主险，为草昧民众集体“识”的昏蒙盲从，不知进退。这个“识”，发乎精神，集在心识，表于行为，为在蒙体讨论的精神→意识→行为启蒙三位域。精神，以道体德性而言的道统精神，为以道为本的绝对精神，是一切识、法、规则之本源；识，从心所起，被心统摄，先天识为无名现行被因果所主，后天识在现量世界随眼、耳、鼻、舌、身、意熏习。识，成为行为之统摄与主导。行为，根植于识、表述于人的机能反应，有意识主体为和生物机能为；发乎“精神”的识与行为只是“道”的显化，无外乎道→母→器所包纳的内涵。这里谈论的“识”可以理解为主体意识、行为之集合。

蒙，亨。正是蒙者亨通之时。开通启明的天时与气象已到。王弼曰：“时之所愿，唯愿亨也，以亨行之，得时中也。” 以此亨行，是天时之于人有所为的启示，这个启示在这里曰“愿”。亨，在此为求进、求通、求开明的状态，这种“亨”的状态，以“求”的需求呈现“往”行动，故“往”有天运之客观必须和人内在之需求，为天时愿与人求为两者，此两者以“时”和“中”作为衡量，谓得时中，是极其合道的。孔颖达正义曰：“迭蒙亨之义，言居蒙之时，人皆愿亨。若以亨道行之于时，则得中也。故云时中也。”

天时愿与人求为两者，让“天时愿”道法天运之精神和“人求为”之思想行为，在蒙卦产生了必然联系，枢纽这两者产生必然联系的就是在蒙体讨论启蒙主体——“识”。故，发乎天时愿，集在蒙识，重在求为是蒙体启蒙之道的核心思想。由此精神→意识→行为启蒙三位域的核心思想而赋予了自蒙与他蒙的启蒙逻辑。

面对草昧之众思想意识内部遭遇坎困而无所适从的昏蒙局面，前有草昧君子育德自健，通过立君合群以明振乱而解屯难的启发，又得道法天运之天时所“愿”，故蒙体昏蒙之众出现求进、求通、求开明的“亨”状态。由于在“识”主体的昏蒙，想要有所适从，找到方向和路线，故出现求进、求通、求开明的“确”识行为，这个“确”为“欲决所惑”的确定和确认。惑来自哪里呢？为自然之道在此时呈现的天运时机和自明君子合群的启蒙与教化之言，这些都是疑惑之所在，对天运自然之法则不能自我确定，对合群君子的启蒙与教化之言更无确认的能力。

如何解惑呢？为求进、求通、求开明的“确识”决疑行为——发蒙三求。求于谁呢？求于可以通过“筮”以巫、卜来决断的占疑术士。对合群君子启蒙与教化毫无信任感的昏蒙大众来说，求于占疑术士是比较好的选择。那些巫、卜术士，是绝地天通后，还可以连接“神”意来沟通于天并传达天意的唯一渠道。可是，究竟谁代表了“天”，或者言说了天意，尤其是在言说天运的时候，昏蒙之众是会复惑、再三的，对一切充满了疑惑和不信任，是昏蒙之众难以发蒙之最大障碍。

王弼曰：“筮者决疑之物也。童蒙之来求我，欲决所惑也。决之不一，不知所从，则复惑也。故初筮则告，再、三则渎。渎，蒙也。能为初筮，其唯二乎？以刚处中，能断夫疑者也。”

决疑巫、卜，这本是发蒙求学的神明之启。是启蒙之道遵从精神→意识→行为启蒙三位域来言说的最佳开端或成果，以神明之启发乎精神，是启蒙之道最顶层设计，若由此顶层之“精神”作用，直接摘取桂冠，其心识系统会因“明”直接被启蒙，其思想行为会顺乎心识之教化而上下皆顺。

蒙体率先言了神明之启，这是师法自然的必然指向，以终极关怀直述天地之大德，而这个“神明”曰道。面对天时愿与人求为两者具备，面对昏蒙的自觉发动——开明三“求”，占疑术士体现了师之明，使神明之启与合群教化在“初筮，告”完成。你求，我告，用礼敬天地之“筮”法，借龟背向火而裂之天启，这是何等之际遇，因缘际合中的神明之告，而恰恰是昏蒙众处不知进退之蒙难时。这是发蒙的自觉际遇教化的膏施，在此成就的教之礼。

神明之启与合群教化在“初筮，告”完成，这是源于道法的教礼，是纲常伦序中先于一切（包含自明君子之明）的礼制，是启蒙之道冠以最庄严礼仪谱施教化之正源。以天地之正途，居有圣功。启蒙圣功者，有自蒙自圣，和师者他圣。

自蒙自圣之教，教在天，学在自明君子。故师法自然之学，自我神明之启，谓之天启，是自明君子的自蒙之道。自蒙之道，是最简洁的启蒙，它蒙在自性，明在道体德性之天运，教法呈现在法则之自然，道无处不在则无处不教，明自性则无处不学，故曰尊德乐教。自蒙自明者自然懂得一切皆德性所显化，故懂自我育德，成立德君子。

不能自蒙者，必通过他蒙或序蒙来完成启蒙。他蒙者，必有师；序蒙者，必有邦国成熟之序构。有教之礼成于天，必有师之仪塑于人。“师者，所以传道授业解惑也”，传道是师之本质，以他蒙启之而归于自蒙是蒙道常途。

他蒙启之而归于自蒙的启蒙之道，中间还有个出蒙的过程，这个出蒙就体现在“求”，“求”是自觉者生志而有出蒙之举，而出蒙的自觉并不是随时都有，它依赖于在蒙体出现的得时又得中的“时中”。自觉生志则求，求知并求于知，求的目的是求知——“确识”决疑行为，求于知就是有求于知者——师。求而应，教也，则自然走出师道。同立君合群一样，在立君的对面自然走出君臣之道，若立君者自为师，则师道顺从君臣之道，这就是在蒙卦以师自然走出的君臣之道。

应者，志应也。在卦体中谓二与五应，为正应，且中德又同，正是启蒙之道发蒙之机。《程传》曰：“蒙有开发之理，亨之义也。卦才时中，乃致亨之道。六五为蒙之主，而九二发蒙者也。我谓二也，二非蒙主，五既顺巽于二，二乃发蒙者也，故主二而言。‘匪我求童蒙，童蒙求我’，五居尊位，有柔顺之德，而方在童蒙，与二为正应，而中德又同，能用二之道以发其蒙也。二以刚中之德在下，为君所信向，当以道自守，待君至诚求己而后应之，则能用其道。匪我求于童蒙，乃童蒙来求于我也。筮，占决也。初筮告，谓至诚一意以求己则告之，再三则渎慢矣，故不告也。发蒙之道，利以贞正，又二虽刚中，然居阴，故宜有戒。”

有求必应是教之天理。求是求知，以发昏蒙；应是决告，欲决所惑。你求我应，你言我语，皆庄重无比，何况还有神明之启的巫、卜重大仪式，启蒙之道应该是“畅于四支”而美之至的事业。尽管如此，蒙体还用复惑、再三告知我们，昏蒙草昧还是什么都不信，包括决疑巫、卜的占疑术士。所以草昧之众的复惑、再三是昏蒙的常态，而且是不可理喻的常态，不可理喻到以反复、再三之“渎”来亵渎神明。面对昏蒙不信反复再三的渎蒙，无论是合群君子还是占疑术士统统用了“渎，则不告”懒得搭理他们。

复惑、再三之渎蒙是师灾，灾之何处？为教礼失序。郑玄曰：“修道艺于其室，而童蒙者求为之，弟子非已乎求之也。弟子初问，则告之以事义，不思其三隅相况以反解而筮者，此勤师而功寡，学者之灾也。”为防师灾，必然要强调昏蒙来求，必须是“童蒙之来求我”，前面的发蒙三求，重视的是求进、求通、求开明之“求”的目的，而渎蒙必须要强调“求”的礼仪——诚一，无诚一则有师教而不见之血泪。

《程传》曰："初筮谓诚一而来求决其蒙，则当以刚中之道告而开发之；再三烦数也，来筮之意烦数不能诚一则渎慢矣，不当告也，告之必不能信受，徒为烦渎，故曰渎。"

诚与烦渎是"确识"决疑行为中两种截然不同的态度，在这两种态度里，诚而之求，以请师教的他确，从而带动内在的自确，也就是以他蒙启之而归于自蒙——"以刚中之道告而开发之"——开发自蒙。烦渎则摈弃了自蒙，烦数不能诚一，烦的是师，渎的是求问者自己，这就是启蒙中的倒蒙。倒蒙是昏蒙中类似于有机会闻道却又没产生任何功德的愚昧行为。倒蒙行为在精神→意识→行为启蒙三位域里属于心识的障碍，它在于没有有效的开发自蒙。

以他蒙开发自蒙是最理想的发蒙状态，所有的启蒙最终都要走向自确之自蒙。为何呢？因为他确也好，自确也罢，都是悟其自然之常道，也就是说都会走向常道之共理，在决疑过程中所启发的思想又因知识的公共性而有"共"之特性。通过他确之师教，只是启发和开发而已，这里还有个自性自用是关键所在。

从他确的个体之意，走向常道之共理，是蒙体确私与共的内在表述，这是制度公共性建设的序幕，更是蒙卦之启蒙主体的序蒙之开端。思想与知识的共性源于常道，启蒙的目的就是要昏蒙众走向此"共"性之常道，从而取得邦体的共性以及秩序的"共"识，才能有序地走向邦体秩序的共建，这就是治蒙的精神。不要忘记，蒙体讨论的精神→意识→行为启蒙三位域，"发乎精神"的"道"，就是终极共识，虽然各有所表述，但"道"并不为个人之意的表述而转移，这就是所说与能说和所说之性与能说之性的本质区别。这也确立了为何序蒙是最简便最高效的启蒙之道的原因。

用秩序的共体来启蒙常道的共识，就是序蒙，也是蒙卦呈现的确私与共内涵。蒙体的确私与共就是以不同的发蒙路径，通过不同的启蒙内容，以一定的启蒙逻辑，来达到常道共识之目的，从而走向邦体秩序与治理之共。

面对倒蒙行为，以及他蒙决疑的个体性，而昏蒙草昧又众多，所以只有序蒙能够解决启蒙的普遍性和广泛性，把决疑的个体行为，转换成广泛的教序，用序蒙启众，才是蒙道之正途。当序蒙如刑序、法序、师序……构建成熟，启蒙的体系也随之建立，启蒙中倒蒙、渎蒙的难题也迎刃而解。以序蒙启众才是蒙以养正之圣功所在。

倒蒙与渎蒙之所以发生，除了没有有效的开发确疑者的自蒙外，蒙信没有建立是其内在原因，它指向了启蒙过程中的欺骗行为和欺诈事件——巫通作弊。决疑术士通过巫、卜（重大仪式）来为求问者确“识”，本来发蒙是自发的，启蒙更是自由的，启蒙的思想也是自由的。决疑术士不能被信任，它取决于沟通天意的巫术能力是否正常有效，术士是否被帝王心术所掌控、征用，其算筹是否私藏祸心等等，这些都会导致出现巫通作弊的师欺事件发生。求问者求于师，而师却出现师欺。

巫通作弊的师欺事件是发生倒蒙与渎蒙的主体原因，这在启蒙初始阶段对草昧众来说是毁灭性的。这就是为何发蒙要请问于立德君子，自蒙自明的立德君子要站在发蒙的初始。只有立德君子才能被信赖，尤其是发生过德被行为和产生过德信后，师的优良品质仪德风范和早被确立，再加以庄严的教礼，启蒙才能顺其自然地走向正途，立德君子的膏施才能广济蒙难草众。

倒蒙事件和师欺事件在启蒙过程中不仅是难以避免的，而且会是广泛存在的，所以启蒙之路是异常艰难的，由此也需求了合群君子有足够的德养去膏济草昧，早日领众去构建秩序，同时更反向赋予了草昧众所期盼和呼吁的德众领袖能真正来到他们的身边，合群行为要被拥戴，君子之德要被尊崇。

群而党之在此时呼之欲出，他们都是拥立合群君子的，是被“德”所感召的，是从共识认同下的最理性的跟随，也是被秩序自然归类的。由此，群党在草昧众因启蒙被自然走出，是由合群君子以“德”启蒙而聚众产生的。

群而党成为启蒙之道的直接成果，由此成果确立去上（邦体尚未成熟）确下——群众路线的合理性。

由启蒙之道而孕育出的党群，是开明之群，更是共识思想进发的自由之群，面对昏蒙众它们又会是启蒙责任担当之群，更是向秩序构建进发的激进之群。他决定和确保了启蒙之道能顺利且正常进行，以至于变向确保了秩序的发生。对党群的治理是蒙卦由启蒙之道走向治理共同体之开端，邦体秩序由蒙道萌芽，由治群而开端，邦体之治理开端，一定是先于不党群而治于党群自己。

正因为如此的党群出现，共“识”被确立，“表于行为”的行为才是养蒙之正途，才避免了倒蒙事件和师欺事件的频繁发生，才确保了启蒙养正之途。由此，也发出警惕，当已有统治或秩序架构之后，是否会用畸形的启蒙之道以愚民。当不合道的蒙道盛行，畸形的启蒙之道会产生畸形的蒙识，当局之秩序必然会在畸形的蒙识下止步不前，矛盾频出，终会走向崩溃。

如何确保启蒙之道的养正之途？为启蒙养正之道的求向明、识向明、党向明——开明三向。以开明三向的养正之道，治其精神→意识→行为启蒙三位域，“上顺天道，下中地理，中适人心”。而有蒙以养正的圣功。自圣，性也；他圣，师也。王弼曰：“蒙之所利，乃利正也。夫明莫若圣，昧莫若蒙。蒙以养正，乃圣功也。然则养正以明，失其道矣。”

求向明，求教于立德之师，为出蒙之智明。正因这个智，虽为童蒙幼稚之智，但为明智，非昏智。正是此出蒙之智，可以确保在昏蒙状态下的“确识”决疑行为，从而发生解惑的发蒙三求。求进、求通、求开明就是求向明，它是发蒙最有效的起点。这个“智”发于昏蒙之初，乃心识之自觉，为何会出这种自觉呢？为蒙体所赋予的得“时中”，有蒙体得时中之亨态而求明。我们说蒙以养正的圣功，其自圣，性也，必发之于心之自觉；他圣，师也，也必发于发蒙的自觉去际遇合群君子教化的膏施，谓求于教，这就是天时愿与人求为两者在蒙体产生的启蒙逻辑。

识向明，识常道而无渎慢，为发蒙之识明。渎蒙从求于教的礼仪中发生，求问者以反复、再三之不信来亵渎神明之启，为疑于师之当面，成为师灾。发蒙的自觉际遇教化的膏施，当发生求而不信与教而不见，此“际遇”立马失去威严和意义。摒除师欺就要识师，去寻求立德君子，去早已德被和德信加身的合群君子那里识取方向；减少倒蒙就要识常道，用大众的共识去开发自确，用共识之序来引领和启发自蒙。当立德合群君子以常道教之，领党群以蒙道治之，则是蒙道养正之正途，能够“以亨行”走向蒙道之正途的，就是“志应”的那些昏蒙草众，他们因育德养正之蒙道，是最早走向邦体并构建秩序的君臣众，是邦体序蒙建构的圣功参与者。

党向明，自蒙思治求秩序，为序蒙之行明。“表行为”的行，发乎精神，起于心识，在精神→意识→行为启蒙三位域里处于行为末端，被启蒙程式与治蒙逻辑所主。群而党是蒙道之成果，是以“德”为共识所感召，它是立德君子合群与昏蒙草众求教共同组成。非立德君子自建成党，而是昏蒙草众自发结党，是自我治蒙之所需。启之于常道，无私无欺，是一个完全自由且开放的盟式。由此，开明成为此群党的显著特征，标志着已经走出了幼稚和昏蒙状态。也因有识取常道之共识，所以可以直接建序，建序的起始就是对党群的治理与梳理，它正是邦体治理之开端。然后以在党群中所建之秩序，去昏蒙众中治蒙，成为启蒙以正的最初的蒙序。序蒙之行明，为立德君子行启蒙教化之明、昏蒙草众自我治蒙过程群而党之明与治党群之建行启昏蒙之序明，为确三者之私行邦体构序治理之共。

以刑正法而初建序蒙

初六：发蒙。利用刑人，用说桎梏，以往吝。

象曰：利用刑人，以正法也。

蒙卦从初六走向治理，秩序由此发育。“处蒙之初，二照其上，故蒙发也。蒙发疑明，刑说当也。”“初以阴暗居下，下民之蒙也。爻言发之之道，发下民之蒙，当明刑禁以示之，使之知畏，然后从而教导之。”

在治之初言“刑”，为以刑启蒙，而刑蒙的目的为以正法序。从刑蒙与正法的成果——以法正序，从而走向邦体“法”秩序的治理机制，形成刑蒙→正法→法制的序蒙结构。

刑蒙，为以刑启蒙，是蒙道中的序蒙，强调蒙道之教化；而正法序是“法”系统的构建与治理，是法秩序形成的初始；以法正序，是用成熟的法系统作为秩序，讲的是法制度的治理机制。

蒙卦的主体是治蒙，治蒙的最佳途径和效果就是序蒙，能以秩序的共性来广泛和普遍地发蒙昏蒙众，而刑蒙的性质就是序蒙，制刑序以作发蒙之用。刑蒙的目的是发蒙昏蒙草昧众，当制刑成序，此序的发展就是法序，便由启蒙的刑蒙走向了法序，法序建立则正法制度立。在初六，刑蒙成为正法的基础，只有具备发蒙成果验证后的秩序才具备稳定性，故而正法的制度能成为稳定的秩序。

“利用刑人”，什么叫刑人呢？本义为加刑于人，以刑来法治人。利用刑人，为用刑的一套架构或秩序以管理来达到启蒙教化人的目的，在蒙卦初六为治蒙的方式，建立刑的秩序来发蒙昏蒙草众。王弼曰：“刑人之道，道所恶也。以正法制，故刑人也。”除以刑发蒙外的第二个目的，为以刑的途径来“以正法制”。由此延伸出“刑人”的第二个含义，为制刑与教化者本身，是刑和法的制定人、秩序的管理人、启蒙教化的践行人。第一个含义的群体为昏蒙草众，第二个含义的群体为制刑者党群自己，治理的对象是昏蒙草众，可见，这两个含义的主体是各自不同的。

《程传》曰："自古圣王为治，设刑罚以齐其众，明教化以善其俗，刑罚立而后教化行，虽圣人尚德而不尚刑，未尝偏废也，故为政之始，立法居先，治蒙之初，威之以刑者，所以说去其昏蒙之桎梏。桎梏谓拘束也，不去其昏蒙之桎梏，则善教无由而入，既以刑禁率之，虽使心未能喻，亦当畏威以从，不敢肆其昏蒙之欲，然后渐能知善道而革其非心，则可以移风易俗矣。苟专用刑以为治，则蒙虽畏而终不能发，苟免而无耻，治化不可得而成矣。故以往则可吝。"

在刑蒙→正法→法制的序蒙结构里，之所以成为序蒙，就是因为秩序是面对大众，"众"的公共性强调了"刑"秩序的共性，罚其众的目的为明教化以行蒙道，以刑发蒙的序蒙具广泛性和普遍性。故，刑蒙不再是单一的求问，它走向了秩序。在"设刑罚以齐其众，明教化以善其俗"里，"刑"为秩序与制度工具；"罚"基于刑，强调处罚，为礼的一种内容和形式；"齐"为整齐之要求，更是一种礼治；"以善其俗"为刑罚和刑序作用的目的与结果，为尚德之德教。由此，也明确了刑→礼→德三者之间的关系，制刑确礼，以礼治确德教。以刑正法序，以法序确德教，是蒙卦初六谈发蒙时的顶层思维，也是邦国政治治理的顶层设计。如何走好这条路径呢？为去"桎梏"，必然要利用刑人发蒙，去昏蒙草众的昏蒙桎梏，这是蒙卦的主体，也是蒙体阶段的主要贡献。

当以刑为序并确立礼治发生后，就要去"刑"的桎梏，刑是可"利用"的手段，不是目的，目的是行教化，早日发蒙并建立秩序，让邦的架构和政治治理制度化、合理化。深入理解"发蒙"就要明白，利用刑人的"利用"，言明刑为工具，用于启发昏蒙，而不是以刑强制人。故，刑蒙，不能宣扬强制，不能强行地把不归于党群的草众以刑的手段进行压迫。因为启蒙的行为是自由且自愿的，启蒙思想更是自由的，只是在治蒙范畴里，犯刑则罚，它不是邦国架构上的立法，它跟讼卦讨论的立法有本质上的不同。

以刑序蒙，是开明先进的党群找到可以广泛且普遍地行启蒙之道，从而构建序蒙的高级方式，若以刑强人，它失去了以党群的先进性和优越性带动昏蒙众的意义。刑罚过于严苛，失去了公共“众”的尺度，刑苛则民累，容易以刑苛引起倒蒙事件发生，这便是“刑不可长也”关键所在。所以，构建以刑序蒙就要意识到“刑不可长也”的“刑”桎梏，从而设计出打破桎梏的退出和修改机制。

由立德君子带领的开明先进的党群，构建以刑序蒙来启蒙昏蒙草众，是以党来合群的最佳时机，也是开明先进表率的最佳时机，让昏蒙草众通过“刑”的秩序学以启蒙，这才是序蒙发挥的作用。若以刑强人或出现刑苛犯众，并引起倒蒙事件，是党的建序合群的失败，党失群了。从蒙道失群可以看出，秩序建立与制度构建的顶层设计至关重要。

以包纳含容之德确治蒙之主

九二：包蒙，吉。纳妇吉，子克家。

象曰：子克家，刚柔接也。

九二以确治蒙之主完成治蒙之功，成为蒙卦之眼。功在以刚阳居内接纳草昧群阴归附，以及化蒙道在家庭以确启蒙之常，既得群阴之大众，又建启蒙之常道，而有居功甚伟的治蒙之功。

何为治蒙之主？为行启蒙之道而大得众之主体，在蒙卦之九二。“二居蒙之世，有刚明之才，而与六五之君相应，中德又同，当时之任者也。必广其含容，哀矜昏愚，则能发天下之蒙，成治蒙之功。”九二以刚阳居内，有接纳草昧群阴归附之象。为何会有大归附的现象出现呢？为开明而刚阳之九二，从治蒙之道——以刑启蒙，以及从秩序构建——以刑正法序，这两者之大成效，以此大治，引更多草昧众来投，且九二之主以德被感化群阴，以阳刚慑服群阴，以胸怀包含草昧，而广为接纳。

当草昧众的投、归行为发生，九二之主必言接纳。“包”，含容也，言接纳必有包容之德。王弼曰：“以刚居中，童蒙所归，包而不距，则远近咸至，故曰‘包蒙吉’也”。草昧投、归与九二接纳，以此来确“主”——九二治蒙之主。

九二治蒙之主，为九二德服地位与治蒙领导能力所确立的“主”。德位决定归附，其德位便是九二的三种配位之德，为九二德位的刚中之德、自明君子的开明之德、接纳草昧的包纳含容之德，以此确立的德主——或曰九二三德主；治蒙领导能力决定序蒙的有效发生，且有居低位的领袖势头出现，故而被确立为治蒙之主。

在治蒙的结构里，归附的群阴草众因求向明、识向明、党向明的开明三向之诉求，可视为非常显著的“入党”现象，被党群以开明和以刑序蒙的各种带动来完成启蒙，尤其是受九二德主的感召。九二德主因被党群内和归附的群阴共同拥戴而确立的“领导”地位，成为党群之主，此“主”确立，九二德主即被当位。九二德主的三种配位之德在此时已经逐渐转换成党群所具之德。由此，以配位之德和当位之位，九二治蒙之德主即被称位。言德位的当位、配位、称位三种内涵在蒙卦九二被呈现。

治蒙之主以三种配位之德感召并接纳群阴草昧归附，尤其体现其包纳含容之德，为何言包纳含容呢？相对于九二因开明而阳，草众因昏蒙谓阴。此时的归附并非昏蒙草众已经完成启蒙，而只是被德感召的投、归行为，他们的启蒙要在归附之后以党群的开明和以刑序蒙来带动，故此时九二治蒙之主必须包纳含容他们，然后完成治蒙，此时若排斥草昧众，会出现群体倒蒙事件发生，这是治蒙之悲剧，也是开明君子立德蒙羞之事。

九二接纳草昧归附，为“刚柔接也”，是蒙体含容得大众之象。相对于自蒙、他蒙的个体化启蒙而言，大得众之序蒙现象发生，是秩序发展尤其是以刑正法的开端，并以此产生的正法之序，成为蒙体政治治理之始，是非常良好的局面，整个邦体骨架也会因此变得刚健有力。故，九二以刚中之德应于五，群阴草昧归附而大得众。对阴附大众之启蒙，而有治蒙之功。

《程传》曰：“其道广，其施博，如是则吉也。卦唯二阳爻，上九刚而过，唯九二有刚中之德而应于五，用于时而独明者也。苟恃其明，专于自任，则其德不弘。故虽妇人之柔闇，尚当纳其所善，则其明广矣。又以诸爻皆阴，故云妇。尧舜之圣，天下所莫及也，尚曰清问下民，取人为善也。二能包纳，则克济其君之事，犹子能治其家也。五既阴柔，故发蒙之功，皆在于二。以家言之，五父也，二子也，二能主蒙之功，乃人子克治其家也。”

九二开明之阳，纳昏蒙草昧之阴，此刚柔相接，有“纳妇吉”之象，意喻组建家庭。王弼曰：“妇者，配己而成德者也。体阳而能包蒙，以刚而能居中，以此纳配，物莫不应，故纳妇吉也。处于卦内，以刚接柔，亲而得中，能干其任，施之于子，克家之义。”相对于序蒙而言，以刚柔相接的“纳配”有组建家庭并确立治蒙的家庭启蒙渠道——治蒙的家庭常道。

治蒙在九二又出现启蒙阵地的重大创新，以家庭为启蒙渠道，从而确立了治蒙的家庭常道。家庭是从自然状态走出之“群”必然。从屯卦的“婚媾”之象到九二“纳妇”，均指向了家庭这种小“群”组织，而且婚媾与纳配这两者的阴阳接为另一种合志现象，这是一种相对紧密的合群和归附状态。

九二开始出现以邦（群）的序蒙为纲、以家庭的自蒙为常两者相结合的治蒙模式。邦（群）体的纲道，要有治蒙之主，以序蒙完成治蒙，治理思路为大而政。大是指大邦（群），大而政即大邦（群）要靠为政治理，强调为政而治，尤其是建序并治序。家庭的常道，要有开明阳刚君子，以家庭之“主”发生自主启蒙，治理思路为小而节。小是指小家庭，小而节即小家庭要靠家主启蒙，强调阳（主）对阴（昧）的制约。

邦（群）体以序蒙为纲，家庭以自蒙为常，纲常并行为九二治蒙模式；纲者大而政，常者小而节为九二的治蒙思想。九二确立治蒙的纲常之道，是从蒙体之于邦国的巨大贡献，同屯卦的君臣之道一样，外化则大而公，内化则小而私，是适用于方方面面的易学原理。

强求乱序而探讨礼制

六三：勿用取女，见金夫，不有躬，无攸利。

象曰：勿用取女，行不顺也。

蒙卦九二以包纳含容配位之德，正值当位，以开明之阳纳昏蒙草昧之阴，开辟家庭的启蒙渠道，从而确立了治蒙的家庭常道，由此九二以治蒙德主被称位。可为何在六三有“勿用取女”之警告呢？原因是蒙卦六三，应该归附治蒙之主九二，却“上不求三而三求上”不居其位，又见金夫而强求不配其德，德位尽失，故“行不顺也”。

王弼曰：“童蒙之时，阴求于阳，晦求于明，各求发其昧者也。六三在下卦之上，上九在上卦之上，男女之义也。上不求三而三求上，女先求男者也。女之为体，正行以待命者也。见刚夫而求之，故曰不有躬也。施之于女行在不顺，故勿用取女而无攸利。”

何为“金夫”呢？《程传》曰：“三以阴柔处蒙闇，不中不正女之妄动者也，正应在上，不能远从，近见九二，为群蒙所归，得时之盛，故舍其正应而从之，是女之见金夫也。女之从人，当由正礼，乃见人之多金，说而从之，不能保有其身者也，无所往而利矣。”除了言六三与九二、上九三者“位”不正外，还有女见人多金不能保其身，强求上位无礼，至而失德。故有“女之如此，其行邪僻不顺，不可取也”。

从启蒙与否来说，六三未应九二为昏蒙未启，一个未被启蒙的女位，见上九之位和多金的诱惑，以女求男，从治蒙的角度来说，这是六三乱序的现象，六三以强求上位这并不是进位，而是乱序行为。乱序行为导致的后果就是无礼而失德，礼制无存，德位尽丧，是极其危险的，不仅关乎立身、立位以及合群之本，尤其关乎邦序构建是否稳健，故以“勿用取女”来警告。

蒙体刚刚构建以刑来序蒙，正法之序和邦体秩序的“序”刚刚从治蒙之道发生，而六三以位序之乱，会导致乱治蒙之治序，以及乱邦体制度之秩序，就会大大降低治蒙之功，更有损养正之圣功，是得不偿失的。

六三之位，是在卦的整体中言位，故秩序构建要明确同体位域，只有在同体位域的方法论下才能目睹六三乱位，从而明了“勿用取女”的警告，“盖易例阴爻居下体，而有求于上位者皆凶”，以“行不顺”再一次强调在去上确下思维的重要性，六三不去强求上九之“上”，转而应九二治蒙之主以确下，以此开明，辅助治蒙，归位建序，则将有成果非凡的治蒙之功。

六三在卦中的“位”，是一种礼制，为礼制中的位序。礼制要从六三乱序行为被探讨，必须明确位序是自然法则所赋予，不遵从自然法则就又会萌生屯难和更大的昏蒙，这是文明的倒退。乱序必生祸，在蒙卦言治蒙时已经导致启蒙之道“行不顺”。如何不乱呢？为建制以“礼”。礼首先是道体德性所主的宇宙与生命法则，是万物共序之自然法度；其次是大法序，为邦体之大器，为邦体公共性之礼法；处于末端才是克己欲，关乎行为修养。

在蒙卦言礼制探讨，从六三而言首先就要明“位”，其次见金夫就要克欲。守位就是明大体，就是一种尊序的行为，至于应与不应是刚柔性质决定的，强求上九，就是乱了位序；六三阴柔非阳刚君子，看不到邦之大体，故而成为私欲小人。当发生上不求三而三求上，并以女先求男者也，就在六三出现有目共睹的“不中不正女之妄动者”，成为礼序中的不文明现象。六三无知妄动，代表一个大的群体都是如此，故要从“位”的法序中探讨建制，由于邦体庞大，各种位序繁杂，礼制必须师法自然从法度做大构建。

从治蒙而言，对六三要行礼蒙。当礼的建制尚不成熟或完善时，就要以“位”宣守位之法序教育，以“欲”宣克欲之修为教育。拨乱序以正位，为以位正礼，位正才能各称其位，以各位之当位来维护礼序。

觉与不觉的价值取向

六四：困蒙，吝。

象曰：困蒙之吝，独远实也。

何为“困蒙”？王弼曰：“独远于阳，处两阴之中，暗莫之发，故曰困蒙也。困于蒙昧，不能比贤以发其志，亦以鄙矣，故曰吝也。”六四，与六三和六五所居皆阴，远于阳，无正应，故困，这是受困的原因。正因六四受困，故而蒙道无以为施，正如《程传》所言“四以阴柔而蒙暗，无刚明之亲援，无由自发其蒙，困于昏蒙者也，其可吝甚矣”。

六四受困，从治蒙来说，为只能自蒙和现有蒙道已不能完成六四群类的启蒙。从蒙卦的启蒙与治蒙逻辑可见，六四位域的自蒙可谓无比艰难，为既不能自明又无适应他们的蒙道来亲援，不能像其他草昧众可以归附九二，还有六三乱序之祸的警醒，六三乱序在以刑正法的序蒙里，一定会被“刑”和“法”所管制，不能随顺大势归附九二治蒙之主的那类人，都属于极其愚昧和执念过于刚强的，尤其是对新序——以刑正法序不能认同和理解，这就决定六四这类人注定不能被启蒙。

总有一部分人注定不能被启蒙，或需寻找另外的治蒙渠道予以启蒙，这就是六四困蒙的现实。六四告诉我们，注定有部分人不能被启蒙和带动，这个原理适应任何大小当体，当邦体架构和制度尚未完善，不能在局部阶段搞普遍主义，带路人和“君主”更不能以治蒙之功搞理想主义。这就决定了邦体必须往前走，必须去完善大架构的德政，去带动六四困蒙之人，且要分位域地实施不同的治理。

六四昏蒙状态，治蒙之主乃至阳明君子的包纳含容之德无法广施和带动，无法按照现有且既定的蒙道给予启蒙，六四群类从一开始无法接受“君子”价值导向的启蒙，而且先进序蒙离他们更远。面对六四独特的昏蒙状态，并不意味着他们有其他价值体系，反而是由于观念落后和执念刚强，被开明且先进的群党序化可能性比较小，对比先进的序蒙政治文明，困蒙属于政治文明的偏远地带和蒙暗阶段，这是六四困蒙的现状，喻示要允许不同价值与利益取向存在，且要尊重与善待他们。

当六四困蒙群体数量庞大或久被蒙道治理疏远，极可能倒入另一党。先进开明的党群不能以是否合群党的价值来进行分类，不能出现党与不党的分类，以此产生的阶层分化和政治敌对，将会造成治理的灾难。

此时要警惕“党”的形态，一定要允许不党的群体和价值观存在。他们问题的根源在于不能被启蒙，而非异类的价值取向，故先进党群既要采取宣德政的方法又要找到适当的合群式启蒙方式，无论从主观还是客观，都要因六四群可能会更加“顽固”而有所节制，这就是为何要在九二强调君子的包纳含容之德，对归附的草众如此，对六四困蒙群体更应如此。先进开明的党群以治蒙之主为核心，要以政治治理产生的先进社会文明的成果，以此价值流向，去启蒙和带动这类人，防止这批未被启蒙的人离开主流价值，然后用大的邦体架构去带动他们，去完善制度设计来帮辅他们。

同体位域的治理思维在蒙卦各个阶段尽显，初六、九二、六三、六四各位域所代表的民众情况截然不同，这也决定了无法施行绝对的普遍主义。从蒙卦的治蒙之道来说，对初六可以行以刑正法的序蒙来治蒙，对九二就要开展邦体与家庭互为纲常而并行的启蒙之道，对六三要防止乱序行为发生而强调位序之严谨，对六四困蒙群体更要允许不同价值与利益取向存在。对启蒙不畅的情况来说，治蒙之主和先进开明的党群对六三和六四要行德政，以此区别“刑”政将引发的倒蒙。所以，同体位域方法论告诉我们，要警惕阶段性的绝对真理出现，这是极其昏庸的，也是极其恶劣的诈蒙，恰恰处于困蒙阶段的六四群体是极易被煽动的。

所以不能置六四困蒙群体不闻不问，更不能排斥远离，要从六三乱序所讨论的礼制里，寻求“礼”的解决方案，此时言的“礼”是立在为政的角度，对六四进行的礼蒙。实际上，在行启蒙之道时，执政尚未真正发生，尚未出现执政合法性的确立与转折，启蒙之道只是懂天运开明君子自我肩负的使命与责任。可六四群体的困蒙现状极易出现党群分化，尤其是刚刚归附九二尚在启蒙中的草众，因未开明会出现排异行为，当产生党和不党的区分时，为政思想极容易得不到不党群的理解，阶层分化和政治敌对也会随之而来，所以要对之以“礼”。

对六四群体施之以礼，以行礼蒙。对不党群的异向价值或弱势群体，防“刑”的欺压，止“击”的暴力，在此言“礼”，基于情操修为，不限于礼节、礼仪、礼貌等处世手段，将普遍于邦体的正法之治。建礼作制，是开明先进的党群进行执政文明沉淀的必要，是邦体社会大进阶的显著标志。

君德坐享蒙主启蒙之利

六五：童蒙，吉。

象曰：童蒙之吉，顺以巽也。

蒙卦六五以柔顺居君位，下应于二，以柔中之德，任用九二刚明之才，从治蒙之道达到邦体的蒙治。蒙道日渐成熟，蒙体日趋完善，六五君主展现了舍已从人之德与顾有私之德，从而完成了从邦体启蒙。并以此蒙治——德蒙来构建邦序，健全宪制。

王弼曰："以夫阴质居于尊位，不自任察而委于二，付物以能，不劳聪明，功斯克矣，故曰童蒙吉。"六五虽居尊位，却强调九二治蒙之功，这是君主舍已从人之德。正因舍已从人之德的展现，表明君主并非过于在意自已的君主位，而是看到了各位域民众的情况，更看到了治蒙与治世能人——九二治蒙之主，从初六、九二、六三、六四各位域现状呈现出来的就是蒙体的架构，这时六五的眼界，同体位域思维被六五具备，这是君子到君主的关键转变。

"童蒙"一词，成为六五君主的修饰语，言明君主非圣人，就算圣人也非无所不能，这是六五严格的训告，它要求六五必完成更高规格的启蒙或提升。在宪制秩序尚未完备，君主无更多事务和责任，并在蒙卦六五君主被确认为"童蒙"，故君主要完成启蒙，这是蒙体启蒙最难的一关。

六五君主如何启蒙呢？为以正德养蒙，继而表率，六五要通过六五位和蒙体自正舍已从人之德与顾有私之德。通过六五位和蒙体启蒙这是六五的启蒙方式。与六五位本身相配位的德位，决定了六五居其位就要自正德，为正德自蒙。同时六五又是蒙体的尊位，故又要通过蒙所在的邦体来启蒙。

六五正德养蒙，具体解读为六五健德自蒙与正德养邦。六五首先自有六五位的私位，其次又是蒙体的尊位，这两者的身份决定了六五德政的性质。德政的确立，是同体位域赋予的，这是继屯卦草昧君子自明立德，以德位自建成侯而合群，通过德被→德服→德信过程，再一次在蒙卦六五明确“德”政。相比屯卦草昧君子称谓，被启蒙或在启蒙过程中的六五君主健德，称为童蒙君主。草昧君子与童蒙君主是养正圣功的关键所在，正是因为草昧自明君子在合群过程的发展，才成就了蒙卦九二治蒙之主，而童蒙君主自正舍己从人之德与顾有私之德，既完成了自蒙，又因君德初显，坐享蒙主启蒙之利，成就养正圣功。

童蒙君主站在邦体尊位，目睹九二治蒙之术，以无为而治思想，委任于二，以高明的“委物以能，不先不为”而舍己从人（九二）。“委物以能” 谓委付事物与有能之人，谓委二也。“不先不为”者，五虽居尊位，而事委任于二，不在二先而首唱，是顺于二也。正义曰：“‘童蒙吉’者言六五以阴居于尊位，其应在二，二刚而得中，五则以事委任于二，不劳已之聪明，犹若童稚蒙昧之人，故所以得吉也。《象》曰至‘顺以巽’者释童蒙之吉，巽亦顺也，犹委物于二。顺谓心顺，巽谓貌顺。故褚云：‘顺者心不违也，巽者外迹相卑下也。’”

六五在蒙之尊位，有用人之明，非逞人之强，这就是自明。从治蒙之功而言，委任于二，以无为而治坐享九二蒙主启蒙之利，六五君主正是以自明之能而显无为之德。无为而治思想是六五君主无所作为的治理么？这岂不是懒政和愚昧？不是，是以九二极其的有为作前提，六五只需要以包纳含容之德去含容九二，并赞其能、夸其德，让九二治蒙之主率开明先进的党群去治天下之蒙。这恰恰体现了童蒙君主的驭人之术，只要六五君德初显，坐享九二蒙主的治蒙之利，来成就六五位的治蒙之功。相比六五的尊位，九二是治世能人，是治蒙术士。

蒙以养正的圣功，正是治蒙术士治世与六五君主德政并行之功。这才是蒙卦九二与六五相依相应的关系，正是同体位域方法论的精妙呈现。当六五君主展现了良好的舍己从人之德与顾有私之德，说明已完成自我启蒙，德蒙也因此确立。

君主站在邦体的尊位，必须完成邦体启蒙之道，君主的重任在于构建邦序，健全宪制，让各位域各居其位，各健其德，这就是顾有私，是德健的大为政。如把治蒙的重任交于九二，让九二成为治蒙之主。

顾，强调了邦体的全面视野，私，强调位域的局部或局限性质，就此，同体位域被君主确认，邦体的同体位域思维被确立，以同体位域思维确立的正是确私与共思想。

顾有私，就是先确私再与共。确私、保人之私，从六五位来讲，先做人君，再做邦体的君主。舍君主之高位，顾蒙者之私，不去占有于剥夺，故他人安稳；舍尊位而从德政、从宪制，明至理而心无邪，故，秩序井然。

“顺以巽也”，内外一致，心貌皆一致。“不先于二，是心顺也；不自造为，是貌巽也。”此种心貌皆顺，舍去已感的强调，从六五君主的站位为顺私与顺制。正因如此，六五君子要用德政自正其德，继而表率，去完成邦体的德政启蒙——德蒙。顾他人安稳，顺秩序井然，六五君主德蒙后，又走向邦体的德蒙，此为大吉，六五君主德政如此，是一切的表率。

身心顺理各就其位

上九：击蒙，不利为寇，利御寇。

象曰：利用御寇，上下顺也。

当六五君主自建舍己从人之德与顾有私之德，且以此表率行德政，积极构建邦序，健全宪制，那么上九在邦体德政架构里，处自然开蒙状态，这便是邦体大序蒙的功劳，更是养正之圣功德化的成果，蒙体既有六五君主德政，又有九二治世术士，故上下皆顺。此时正是消除昏蒙观念牢笼——蒙识的重要时机，故曰击蒙。

必须明确何为“御寇”，何为“为寇”，《程传》曰：“若舜之征有苗，周公之诛三监，御寇也。秦皇汉武穷兵诛伐，为寇也。”击蒙不在战，战与不战，在于德政，不在武力击伐。其战之地在蒙识领域，战之力为宣养正之德政。这是以秩序运转之顺，加上下民心顺，以整体之进，来启昏蒙之识的大序蒙，这是在蒙卦非常积极向上的局面。

这就是德政的“精神”胜利成果，以同体位域的合理架构，来治蒙识，德蒙成之于上九，更是对上九群体的启蒙。“治人之蒙，乃御寇也，肆为刚暴，乃为寇也。”所以要明白眼光和眼界并不在武力或暴力上，若以武力强伐，刚刚运转起来的秩序之顺则会受其祸乱，在蒙卦反复强调的包纳含容之德就会成为表面文章，所以必须包蒙，治之以宽。不要拿刚取得的上下皆顺的德政成果，用武力治之以猛。

蒙体启蒙之道的核心思想为发乎天时愿、集在蒙识、重在求为，故“治蒙之道，当发之养之，又当包之，至其极乃击之，刑与兵所以弼教，治蒙之道备矣”，蒙道之始终，是统率民众身心顺理、从道为事从邦国大势计。

当刑蒙、礼蒙、德蒙为蒙体内容得以施展，治蒙之道就会大兴，以正刑、正礼、正德之正养其蒙，越来越多的人就会被启蒙和带动，以治蒙来解决最艰难也是最基层共“识”进步，让邦体时时处于开通、交通的状态，文明层级会因蒙道的圣功而不断扬升。

需卦：养需之道

坎上乾下

财政确立与民本气血

从需卦论“养”，卦之当体为养需。经过以刑蒙、礼蒙、德蒙启蒙识之智，童蒙已发，就要论养。《序卦》曰：“物稚不可不养也，故受之以需。需者，饮食之道也。”养，有养正之德养和养邦之食养。养正之德养，必以正刑（以刑言正法）、正礼、正德之正，渐成邦体之法序，以养其体德和民德；养邦之食养，为以税收养邦构与财政养民体，继而财政制度确立，形成邦体经济基础。

《程传》曰：“夫物之幼稚，必待养而成，养物之所需者，饮食也，故曰需者，饮食之道也。云上于天，有蒸润之象，饮食所以润益于物，故需为饮食之道，所以次蒙也。卦之大意须待之义，序卦取所须之大者耳。乾健之性必进者也，乃处坎险之下。险为之阻，故须待而后进也。”

饮食之道为国计民生之天下大事，在需卦，构成以九五君位、需卦所在的邦之大体以及民众三者关系，围绕“饮食”的气血与精气输布往来关系，形成供→取→养的需卦逻辑。供者，民自给之道；取者，与共的税收策略；养者，财政制度确立。

“云上于天，有蒸润之象”意喻民众供“润”于邦体，民众供则邦体取，而“润”则以顾其民私的强调——先强民本，再图润之利，继而汇成税收策略。在这个过程中，“财”为特别对待，以财为内容的取、用为政之道，为财政之道。

坎上乾下之需卦，上为水象，有润合众资源之义，下体刚健向上，又志应五中，故供的志向大于取，为先供而后取，此为供和取的先后逻辑。民在自给的基础上，何以能供？为养正启蒙之圣功，正刑、正礼、正德治蒙之道的启发与带动，原本昏蒙之体逐渐处于开通、交通的状态，且文明在不断地扬升，民智初启有向邦体进发之志，所以民意愿供给。这也是需卦“次蒙”的逻辑。“取”为手段，养邦必取财于民，养民必分配资源和调配制度，言取就要探讨取的通道和手段，“与共”要解决公共性与合法性问题。先取若无制度，容易强取不明，有损九五君德，造成君信灾难，君则无法治“财”，取的通道和“用”制度不确立好，则涉坎险。

卦体强调“须待”之义，为待阴阳和洽之时和君对待财的意图两者。待时义，为必先让民富，时间和时机成熟才能有“蒸润”的税收；对待义，为取和用的意图与手段。当民可自养，有了民膏，君与邦如何取财与用财，对待财的意图又为何，这是需卦的内在秩序。此种内在秩序，建立在两个对待义之上，只为建立“取”与“用”通道和秩序。懂待时，民先富足后再行税收，取财之初便没有强榨；民自愿“蒸润”税收，走向邦之与共，是为邦国大计，君与邦取财的意图要“用”于公共性建设和养民。

九五居需卦尊位，君主秉德而生，成为需卦君主，需君刚健而不陷，为治信之功。民信君，财取于民，财成国器；君治需，财用于民，财成民碗。以国器与民碗的关系，确立民私与国共的德位，是德政十分重要的位序，更是财政之道的长远设计。故财政之道，围绕“财”，解决“取”的公共性和合法性以及“用”的刚强无私，并建之以秩序，气血输布畅达则能养，邦体位序处处鲜活，邦与民皆得其乐。

养需之道，养于精神，治在制度，取贤重德。以养信、养税、养民、养贤、养性为“需”体之内容；围绕“财”的取与用来为政，以财政之道贯穿邦体与民；以取财养税和用财养民为养邦之食养，以九五君主养信、邦国养贤、精英养性为养正之德养；以君主之神明，顾民本气血之私，行邦体精气输布畅达之共，达成财政制度共“识”，奠定邦体经济基础。

需，有孚，光亨，贞吉，利涉大川。

彖曰：需，须也，险在前也。刚健而不陷，其义不困穷矣。需，有孚，光亨，贞吉，位乎天位，以正中也。利涉大川，往有功也。

象曰：云上于天，需，君子以饮食宴乐。

卦辞：从德信出发治于精神，邦体刚健利涉大川，可往、可进。

彖辞：治德信而避险，以君位作财政制度顶层设计。

象辞：从待时取润的取财之道到养需之道。

需卦，坎上乾下。为云上于天之象。上体水为财象，此财不可急取，要待水蓄蒸腾，水气聚而成云，值云气上达之时，又值九五在坎体“刚健而不陷”，待聚气之象大成，方可广取大用。下体乾健，志向统一，精气输布畅达，乾之金体生水，故气血充沛饱满，蒸润腾腾。精气化神，泥丸之需，君主神明以支众识。此为养邦、养民、养贤大好时机。

《程传》曰：“需者，须待也。以二体言之，乾之刚健上进而遇险，未能进也，故为需待之义。以卦才言之，五居君位，为需之主，有刚健中正之德，而诚信充实于中。中实，有孚也。有孚则光明而能亨通，得贞正而吉也。以此而需，何所不济？虽险无难矣，故利涉大川也。凡贞吉，有既正且吉者，有得正则吉者，当辨也。”

九五君主当尊位，需卦君主并非最终邦体君主，若大进则必遇险。“需者，须待也”，必待阴阳和洽之时间和时机成熟，待云气上达，民润济邦时，才是上体下体正常交通之时。若不待此时机，冒进，“险在前也”则有水患。全卦以郊、沙、泥从水患言各种危险，所以九五必要治水患。治水，言财的取用，治患，言建财政秩序，实为“水能载舟，亦能覆舟”。

如何治此水患呢？为养德以健德信，以养德并秉德而聚财气。此德，正是从合群草昧以及治蒙建序，以正刑、正礼、正德之养正圣功，不断修为而来，是刚健开明且克服各种困难以极其的有为积攒而来，是与共的为政治理之成果，正因建立在公共治理的为政上，此德，众所周知且使众人无比感佩，故“中实，有孚也”出此德信。

“光”。为九五开明和德信之光，又有财气广资和为政广施之光。九五因开明君子而能领众，又因德被众民而有德政，以此种种君信，被推举，使君主产生。九五当位，又有配位之德，故大吉。卦象为何言要须待时机呢？其实待的是民众仰德后的心之所向，当民众感佩其君德，认为可托付、可跟随，便志向统一，一心随君，一心向邦。这就是为何九五需卦君主能广资财气，原因为民心所愿——自愿原则，而成取财的基础。民众皆蒸润腾腾，将资源托付于君，君便可支配资源。君对待“财”的意图，决定了君是否能治其水患，是否能够带领大众走得更远；君之所以有尊严，有德信，靠的就是为政开明。以为政广施建制度，治其税收政策以便“取”和建立财政制度以便“用”，其取和用皆行公制，不壮其私，不成其贪，为政开明，继而又以有效且开明的为政养德建信。这也是为何强调“须待”的待时义和对待义的逻辑。

“亨”。亨者，通也。卦体上下交通，君取民财，膏润蒸腾上供，财气供给畅达和君养邦、养民，给养输布周流通畅。由供→取→养形成需卦取用逻辑，在供给原理里，民自养而养邦，这是自取，自取呈现的供是自供——自愿原则和自然原则。这里面有以德信取信过程。君取财而养民，这是被取，并非有了君的尊位，就可强取和乱取，当财政与税收制度尚未共“识”性建立，君无权乱取，况且在养之初，是民自养，只有等君建制度以序养民后，民大大获利，出现邦养民、君养民的情况，才有君取的合法性。实际上，当君无私用且用之于公，君取也是民取，民自取成为君代取，这是民众统一意志决定的——乾刚健而齐心——托付于君。这就是为何反复强调君德，光有君德还不够，还要有从民众反馈来的君信，才足以被信任和托付。通，根本上还是志通，而志通的根本是“德”决定的，民众以足够的信任和托付，推举君主，共同言大事——“利涉大川”——走向更序化、更强大、更繁荣的邦体。正因如此，君主对待财意以公心，建立税收策略和财政制度，以公共制度的建立，广资各种资源并周流通畅，并在公共制度下将财用于民，出现君养邦、养民的良好状态，财政架构已成和各种气血充盈畅达，邦体和民众精气神充沛，活力无限。

“贞”。贞者，正也。九五位乎天位，当位又有配位之德，“以九五居乎天子之位，又以阳居阳，正而得中，故能有信，光明亨通而贞吉也。刚健而不陷，只由二象之德，位乎天位以正中，是九五之德也”。有九五正德之贞。需卦体反应民众心齐且正，因启蒙之功，民智初启，民心皆刚健向上，自强不息；同时，广大民众又能看到九五君德，能领悟君建序治邦的意图和雄心，此为君与民心正。九五在君位又以正德为政。在需卦言为政，为以取和用的公共性——共序，建税收与财政制度，有序正，这是治理之正。以此九五德正、君与民心正、为政治理之正，故无比贞吉。

“吉”。需卦之吉，有水患涉陷而避险吉、制度确立之序化吉、贤才辈出养贤吉。治财时，不急于强取，又取之公用，可避私险；以取、用之道确立财政制度，取之公开，用之透明，可避政险；当邦体气血充盈，精英阶层不断进化，当养贤以治世，可避治险；故能化险为吉，利涉大川。利涉大川，为邦体大计，必治养需之道。

养信，治信之道。信，以德承载，是“养于精神”的国之重器，治信之道可谓国术。需卦若无信，则不言建需，且水患滔天，遮天言以愚民，民众苛捐杂税繁重，民膏被强榨，管理者处处贪私，毫无公正、公开可取，强权、特权横行，交通变为利益输送的勾结，精英陷于泥沙……“精神”重疾，一切皆失去前提。在需卦，九五君主从屯难开明而来，历经合群、建党、治蒙以养其德，正因德建，才有需卦之“位乎天位，以正中也”之格局，故九五君主养信、治信先于一切，这是天运自然禀赋，开明者不可违背。正因“有孚”之德信，九五需卦君主才能居尊位而统领大众，威严赫赫，这是德正之风貌。需卦九五秉德而生，下体刚健而不陷，这是自奋振德的结果。处于需，必率先治信。

养德以获信。信是他信，孤身不成信，要与民众构成互相，由民众反馈其信。以正德治信，君自养德并以德施于为政治理，民众受到为政的便利与好处，感其德，才能反馈德信。如蒙之九二德主以刑、礼、德治蒙，带领草昧走出昏蒙，民智受到启发，以民智之利，看到以刑正法序之于公共性建设的好处，从而施政者受到拥戴。养信，中间有德被大众的过程，为正德之收获。

信，从信体而言，有君位德信、群信和邦序之信。分别对应君德、党群之德、邦体秩序之政德。信不是手段和策略，它只有德被大众才会有的结果，故，养信者需从结果构建施政策略，也只有为政治理的策略正，才能获得正信。“唯有信”通往需道光明，它为德所主、所养。有此德信，民信君，九五才被推举成君主，成为统帅，民众才愿意供财以托付，邦才能汇聚资源以作公共支配。有此德信，君、众、邦才具自生之能，才是养需之道的正确成长。君与邦养信，以德政确立了“信”系统，才能对民治信，治邦序之信，方为治在“精神”之根本。

养税，邦体取财之道。在需卦，取财的通道和广集资源的策略，以有“蒸润之象”的税收成为主要途径，通过认真对待供→取→养关系，使养税的取财之道逐渐序化，发展形成公共财政制度。在取用逻辑形成之前，有需卦极其重要的“须待”初步经济形态，它是重要的取财养税的前提和君行德政的关键，也是需卦避险的必要阶段。

须待经济初态，为邦在取财前，须待民先自养过程完成和先捐以供时机到来的经济状态，它是养税经济的初步阶段。《程传》曰：“云气蒸而上升于天，必待阴阳和洽，然后成雨。云上，上于天未成雨也，故为须待之义。阴阳之气交感而未成雨泽，犹若子蓄其才德，而未施于用也。君子观云上于天，需而为雨之象，怀其道德，安以待时。”之所以须待时机，是要完成民先自养、君取德信、先捐以供三个过程。

民先自养，是邦和君必顾其民私的重要思想，这是取财之初的自然状态，正因为民先自养后才有膏润以供，才形成“取”的前提。养税的目的不是为了取财，而是在取的过程中如何更好地重其民本，这样才有“膏润”的持续来源，否则就会把民变成奴役，形成强取的暴政，会逐渐失去“取”的来源。税收政策和财政制度更应该确立先保民自养，谓必顾其民私，类似这样的制度思考和建设，才能形成德政的文明沉淀。

以顾民私实为养民本气血。“阴阳之气交感而未成雨泽”民自养也需要一个过程，开明君子从民自养的自然状态就能目睹待时的本义，必待民有了“蒸润”后再行取的策略，把取的合法性严格地明确，让君更有德信和威严，这是极其重要的礼制。当君建之以礼，行之有德，君的德信也从民先自养的过程自然走出。结合君的德政，君养德以获信必然奏效。

君取德信，是君养德治信的必然结果，也是民众供膏润和共同商讨邦国大计的重要凭借和保障。由此，九五因君德推举成君主，统领大众和治理邦体必然要耗费财力，这时自有先进党群人士和开明民众，成为第一批先捐、先供的人。在取财之初，君必不能先自求，在先供未形成时，自求必受辱，就算不为私利且目的纯洁，也会埋下诡诈的假象和怀疑的祸根。

以德信带动第一批先捐、先供的人，这是德政养信才能实现供财以托付的现实。记住，民众之所以托付的理由是——“利涉大川”，是为了和君主共商邦国大计的，这就是为何说德政又必是礼政的原因，待民自养、不先自求等，处处皆“礼”。

民自供先于君取，这是需卦养税的自愿原则，这是制度未确立前先明确取财的合法性。但这种自愿并不是普遍的，他是开明之士和有大志于邦体的民众的高尚行为。当供和取成为现实时，就急需广泛的带动和制度建设。开明之士要积极地宣扬君主德政，带动民众瞻仰德信。

民众自愿供，君主所带领的先进的党群，不要有损自我威仪地随便贪取，而是要告诉大众，要建立“取”的公共性，面对众捐，要制定公平策略，更要明确地告诉大众，因顾其民私保民自养，只取膏润，以此明确取财的通道和方法，以成税。在制度确立初期要避因贪婪出现的苛捐之险，这是伤民失德之政。以养税聚财，只有公共制度才能保障膏润蒸腾上供，财气供给畅达，云上于天的亨通才会出现。

养民，邦体用财之道。在需卦，以供→取→养而有取用逻辑，取而用和用于养，是对“财”为政的基本思路。用于养，无非养邦与养民。需卦有四阳二阴，九五居尊位掌握资源分配的主导性，其他众阳意味着对财的用途有众志，“用”财的为政被关注，九五君主应顺应民心众志，建用财之道以成秩序，用公共的制度解决用的公正、公开的问题。

取之于民再用之于民是财政的基本思想，需卦君主掌握了资源分配的主动权，当制度尚未完善时，君主应该加大邦体的公共建设，以有效的制度秩序保其用财能够养民。实际上，邦体的公共制度建设如财政制度，是另外一种高级的序化的养民方式，但这种用公共制度和福利养民的序化养民方式，需要更高级的序蒙，要发生在不断扬升的治蒙活动中，任何一种制度的建立或革新，都需要特定内容和方式的治蒙带动，这是为君领众的责任，否则就会出现因“识”不明而发生争讼。

养民要明确先保民自养再养其需。保民自养的“养”与再养其需的“养”是两个位域层次的需要，保民自养是顾其本私——民为邦基——必先于邦体且重于邦要。保民自养是取用发生的自然前提，不急取、不强取、不多取，保民自养之私，既要靠君主德政，又要依赖保民私之宪法制度，要想利涉大川，这个前提与涉险的红线不可逾越。再养其需，是民自养基础上的“扬升”需要，是高于自养的发展需要，它指向能带动邦体走向更繁荣强大的与共的发展，但它更依赖强力的公共建设。发展必言经济基础，故君主必先完善和夯实财政制度，便于取之有利、用之有效，用制度保障通道。养民的制度中又要兼顾无法自养群体的福利机制。

在需卦言养民的用财之道时，税收的理想就是民自治其用，这是民众为邦体政治输送的阳气，也是制度的“宗教”。它既需要有强大的监督、监管机制，又需要开明且能自为政的民众，当然在需卦以取用言财政确立来说，还为时过早，何况民众对新的税收、财政制度的启蒙尚未完成，邦体的财政带动性还是初期阶段，能作财政的公允构建已实属不易。

养贤，邦体待贤和取贤之道。当养邦、养民的政治思维确立，邦体以税收和财政策略实现了初步的经济积累，此时精英阶层开始涌现，尤其是受德政的熏陶与教化后，贤人应运而生。精英阶层将成为邦体新开明君子，他们崇尚德政，更理解税收、财政制度等新经济政策，是邦体“利涉大川”的中流砥柱。

“饮食”通过养之道解决邦体经济建设，“宴乐”在养需之道的基础上，建礼制以养贤。养贤要具备待贤之策，待贤以礼乐，既是待贤之心，又是邦体之“礼”建。“云上于天”的蒸润，除了经济之象外，更是“贤”上达之象。贤求上进，是受君主德信感召，又志心邦建，这对邦体壮大是非常积极的。邦体强大尤其是制度完善需要贤才贡献力量，以辅君主；同时，邦更需要贤才以治，取贤之道，是与共的积极通道，它以积极进取而表率于民。从贤士而言，贤士进取，更是君主德政的积极肯定，贤近君而不远君，是君德所致。

从邦体德政根本而言，养贤要从“治于精神”之礼教作设定，它通达道体德性和自然法度，崇尚德的一切内涵与内容，它是治理最开放最活跃的状态，能达到人人通志的奋发自强。从“治于精神”之礼教设定取贤之法和精英的培养之路，让其成为“教”之国策，既是启蒙，又是教化。将“精神”注入教化，治蒙的根本就是发愚以明，就是要带领昏蒙之众走向精英的开明，从精英的开明走向贤人“精神”之明的大开明，开明君子越多，邦体之志就越强，正所谓“天下是天下人之天下”，贤多则邦强。

养性，精英教化之道。在需卦，精英参与税收政策与财政制度的为政治理，尤其是对膏润取用之初期，当制度避险尚未完成，面对钱财和其他利益，要行精英阶层养性的教化之道。从人性之私而言，“识”系统的欲望在所难免，但要避免个体之私妄，行贪、堕之为政，造成“信”系统失衡的公共伤害，就要从“取”道与“用”道建公共制度，以制度避险，同时顾人性之私，建养民的福利制度。

养性必崇德，它集养信、养税、养民、养贤为一体，以“养于精神”而成养需之道的主体，既可养于私，又可养于共；既是君子个体提升之道，又是邦体文明扬升与共的重要机制。养性之道，以“饮食”言治，以“宴乐”言礼，决于德。以个体之私的“修”养和邦体与共的“制”养共建养道。

保民自养的恒常之道

初九：需于郊，利用恒，无咎。

象曰：需于郊，不犯难行也。利用恒，无咎，未失常也。

需卦初九处下体乾之初，体健且阳，为能恒于其所之象，正是养需之道的处“郊”状态。“需”为养需之道的取、用之法，以“郊”言险况，“需于郊”为养需未涉险之时——民自养为先。王弼曰：“居需之时，最远于难，能抑其进，以远险待时，虽不应几，可以保常也。”

何为养需之道处“郊”状态？为未涉取、用之险，而保民居所自养，以民自养之先来养民需。郊，旷远之地，未近水险之象，比之泥、沙，郊最远于险。为何最远于险？为不急取涉险。养需之道处“郊”状态又叫须待经济初态，以特定未取或不取之设定，成为邦体独特的经济形态，此时“须待”之待时义，待民自养，保民本气血，此为需卦君主保民之德政。

需卦君主居尊位，着邦体大局言，有待时之明，而行德让。不取与未取都是须待经济初态关于“取”的两大设定，在不取和未取的两大设定里，实际上有关乎邦体与德政的经济政策。待民自饱为不取之设定；民自饱，民尚处于领会德政、瞻仰德信，尚无膏脂蒸润于天，未出现先供时，为未取。不取在先，未取在后，就是须待经济初态的经济政策。此经济政策对于邦体经济而言，为未得或不得，因为没有财政收入，此时最大的“财政”就是民体，行此开明之策，虽未有充实的经济收入，但得了民心和德政，此为以政治之策略行经济之实际。

《程传》曰：“需者以遇险，故需而后进，初最远于险，故为需于郊。郊，旷远之地也。处于旷远，利在安守其常，则无咎也。不能安常则躁动犯难，岂能需于远而无过也？处旷远者，不犯冒险难而行也。阳之为物，刚健上进者也，初能需待于旷远之地，不犯险难而进，复宜安处不失其常，则可以无咎矣。虽不进，而志动者不能安其常也。君子之需时也，安静自守，志虽有须而恬然，若将终身焉，乃能用常也。”

以须待经济初态的不取和未取设定来保民自养，同时也是保德政能德被于民的为政时期。从体而言，邦和君有不取和未取之德政，从民而言，则有未被干预的自养恒常之道。未被干预，则为“未犯”，未冒犯民自养的生活常态、未侵犯民的私有财产等，从君和政而言，为处于“郊”而未涉险；从民而言，为未偏离常道。民未受扰，则德政有果，民自养常道未偏，富足就指日可待，从邦体、从君德、从为政、从民皆“无咎”，没有任何过错，这就是养需的恒常之态——保民自养之道。

保民自养之道，虽在经济手段上设定了不取与未取，但这是积极且大开明的为政，他取决于需卦君主之开明和养民之德政，这更是君懂得民为邦本的养需基本规律和逻辑。以此决定了养需的恒常之道——保民自养之政。不取时，民自养为先；未取时，自养德政；待时时，顾民私重邦体之大。

何为涉险呢？民不安则险。对君和邦体而言，民安静自守，是最吉利的，任何的为政都是在保民安静自守的质量和层次，否则就失去了为政的意义与价值。未取、不取皆是取、用手段，以为政行安民之策，安民则避险，这也是经济策略里取与用的先决条件。待时，并非任其自然的无为，而是极力地养德与行德政的有为，有不取、未取之策略之应对，而且要防止走向反面的“冒犯”。故，利用民自养之恒道，行德政，保民自养，进入养需之为政。

用需取之道避言险

九二：需于沙，小有言，终吉。

象曰：需于沙，衍在中也，虽小有言，以吉终也。

经过初九君行安民之政，保民自养，民众财富逐渐得到积累，且渐有宽绰之象。君行宽柔德政，蓄水待时已久，民众财富——“水”渐宽裕，进位九二，则是需取之时。在需卦君主一贯的德政里，民既获自养之利，又随君主正德而开蒙。

君主养德获信，德政的好处就是民能随德政的开明而逐渐发蒙，开蒙状态决定了一定会有对德政之反馈——德信——被反馈，当需取之时，会有比取还理想的自“供”出现。供者，民自给自供后而上供，捐的形态出现。这是以德信带动的先捐、先供的人，多在先进党群内出现，为同君主志同道合的开明人士。

“衍”，宽绰也。民财力渐宽绰，又随德政开蒙，民众开始供财以托付，此等托付正应“云上于天”之象，为民信君的结果。天上，邦体财力积聚，为国器；天下，民众自养为本，为民碗。当值国器与民碗大事际，正是定国策大行其政之时。民自供先于君取，需卦养税的自愿原则出现，“取”的合法性与正当性被确定，同时，“取”的危险也逼近。为避免因贪政引起倒供，君宜明确取财的通道和方法，并建立公共性制度，以带动众捐。

《程传》曰：“坎为水，水近则有沙。二去险渐近，故为需于沙。渐近于险难，虽未至于患害，已小有言矣。凡患难之辞，大小有殊。小者至于有言，言语之伤，至小者也。二以刚阳之才，而居柔守中，宽裕自处，需之善也。虽去险渐近，而未至于险，故小有言语之伤而无大害，终得其吉也。”

需于沙之险，有欲取近险、民不安则险，尤其是“小有言”之言险。前两者，皆是因“取”而发生的涉险事件，欲取近险为当自供者出现，若“取”的目的不明确和“取”之不公正都会涉险，此时就要定取之公共以避言；民不安则险，为发生“取”需时，若违背安民之策，有强诈和欺凌的情况出现则涉险，此时，就要先定安民之法再定行财之策。

“言”险，对“取”的政策不理解则言，以及出现“取”之不公则言。言则有争，争必有讼。但在此阶段为小有言，未到争讼之程度，虽未到争讼程度，但九二与九五皆为阳，注定必有刚民。“言语之伤，亦灾害之小者，渐进近坎，故有此象。”刚民之言险，会起反面的带动作用，会引起倒捐、倒供事件发生；反过来也是检验“取”政制定是否恰当，是否有公平、公正之策略，是否符合众志，若明确了取财的通道和方法，建之以公共，又无侵害民自养为本的根本利益，则以避言险而“以吉终也”。

九二以宽裕居中，既是民财渐宽裕可取之，又是民理解与拥护新政之宽，民德也宽厚，这是需卦德政养德养信的良好结果，这种德政的教化之功能非同小可，是邦体与民众养于“精神”之扬升。何以“终吉”？为定取财制度以公共和带民正德以开蒙。此过程，虽伴有刚民之小有言，也是事物发展的必然经过，所以要秉承德政，在宣讲“取”政时，更应积极地宣扬德政，带动民众瞻仰德信，以取、用之法大开财政制度之路，为邦体夯实经济基础。

以敬民之政防夺财之寇

九三：需于泥，致寇至。

象曰：需于泥，灾在外也。自我致寇，敬慎不败也。

在九三，卦体蒸润之象已成。以九五君主德信之号召，以及九二少数人先捐以供的带动下，再加上避九二之言险的有效为政，九三民众开始供膏润于邦体，实现民养邦需之进取之志，下体乾阳刚健，民众已被启发。

邦取民润，正是大养邦需之时，同时也意味着取财危险状态已到。王弼曰：“以刚逼难，欲进其道，所以招寇而致敌也。犹有须焉，不陷其刚。寇之来也，自我所招，敬慎防备，可以不败。”

“需于泥”，泥者，水傍之地，泥溺之处，意味着执取财之政者，容易遭受“泥溺”之险。在需卦，君有一贯的德政，尤其是保民先自养的怀柔之政，有非常可取的称位之德，而涉险者，为代君施政的执取财之政者——官员。

所涉何险呢？为“以刚逼难”的强取之险。这里的“刚”就是指取财施政者的强取之刚，有侵犯和欺压的意思。反过来，民心是向邦的，也是信君的，民心志刚则吉，故君没有民的对立面，这个“自我致寇”的“寇”在为政者内部，这就是为何要强调必须观民志，看民心是否有险。“故致寇至，犹且迟疑而需待时，虽即有寇至，亦未为祸败也。”民志向邦，君得民辅，这就是虽有寇，“未为祸败”的原因。

取民财涉险，这是需卦反复以“郊”“沙”“泥”警示的原因所在，而且随取财的状态不同，危险的深度也不一样。立德君子带领的开明人士志心向邦，可毕竟从屯体、蒙体到需体，他们从未见过如此多的钱财，“逼近于难，欲进其道，难必害己”，“害己”之寇出现在为政者内部，通过涉险强取或贪取的乱政，成为祸乱为政之灾。灾是为政者自己的待财之意出现偏差而导致的灾，此灾害在外，害了君取财之政，伤了民志、损了君德，并非直接敌对害民，故云“灾在外也”。

《程传》曰：“泥逼于水也，既进逼于险，当致寇难之至也。三刚而不中，又居健体之上，有进动之象，故致寇也。苟非敬慎，则致丧败矣。三切逼上体之险难，故云灾在外也。灾，患难之通称，对眚而言，则分也。三之致寇，由己进而迫之，故云‘自我寇’。自己致，若能敬慎量宜而进，则无丧败也。需之时，须而后进也，其义在相时而动，非戒其不得进也。直使敬慎毋失其宜耳。”

需卦君主的待财之意，早在待时让民先自养时已明确——顾民私而重民本，这是“取”财为政的重要思想和前提，也是民众志心向邦的重要依据。这正是需卦君主以待时义和待财意之“须待”思想，呈现的顾民私而重民本的取财为政思想。当君主和取财为政确立了待财的意图，所以有“进动之象”的致寇就在为政者内部。因财而成“寇”，“群行功劫曰寇”，此寇为占财、贪财、或夺财者，且不在少数。

夺财者为寇，这是取财为政过程中的紧急状态，是危险的。需卦君主和先进党群应该及时发现这种紧急且危险的夺财状态，并推行应对之策——行敬民之政。取财之政，是关乎邦国经济基础的大政，在经济基础决定上层建筑的情况下，“利涉大川”要及时行敬民之慎政，唯恐有失。

为何要敬之呢？要明白财的来源为民，现阶段邦所取之财为民自愿以供的，若不敬、不慎，则会引起民众的刚反之心，而没有了“活水”的源头，有效的为政只能更加激励和带动民众，而不能失政伤民。

从初九的安民之政到九三的敬民之政，围绕民财的“取”，根据位域阶段的临时情况，不断调整为政策略和思路，这是走向秩序的正确路径。敬民之政同安民之政一样，也是德政。敬民心，畏民言，并对政策深思熟虑，唯恐有不周到的地方，这是君和邦立德政的重要时机，也是以“取”财走向民心并得民心的重要关口。

取之于民用之于民

六四：需于血，出自穴。

象曰：需于血，顺以听也。

六四以阴柔处上体坎险之初，下有三阳之进，坎体云象从下体际出而聚于天，喻邦取民财已成。经过安民之政与敬民之政，取财通道以有效的为政确保，渐成税收制度。“税收”之所以成“税”，以先固民本再图润利之养需思想养之，它取于“云上于天”自然法象，重在“蒸润”。只取“润”利的固民养需思想是养邦并养民的需之道，强调“润”利为保民自养为先，把大部分利益留给民，是固其民本，为先于邦养民；强调“云”为聚润成云，为邦聚财之象，这皆是“云上于天”所表达的自然法则。取润称税，成为需卦最显著的养需财政思想。

“需于血”，为民本气血和邦体气血之言。《说卦》曰：“坎为水……为血卦。”聚润于财，谓之气，用财于邦，谓之血。“坎为血卦，周流而劳，血之象也。”以坎水喻财，取财用之恰当，且周流于邦体所需，故有血象，取血周流身体之象。

从民本气血而言，取财于民，虽为润，但从民私根本利益上说，任何从下而上的润，皆为基层民众之血汗，以“血”言民体之重，民聚财不易，故取财要慎重，财政政策必顾民私、重民本。

从邦体气血而言，财政必须取之有名和用之有效，不能积成病业，更不能消耗殆光，且要用恰当的为政确保取与用的过程——输布要畅达，预算要准，核算要精，建立监督机制严防夺财之寇。之所以要取之有名和用之有效，因为于邦于民的公共事情，都要有正当且合法的名义且做有效的用途，这是政策形成，秩序发生的必要条件。

“出自穴”，云从地出，上升于天，自地出者，莫不由穴，以“穴”的“自地出”言邦财的来源，为邦财取之于民之说。又有“出自穴”，既伤于险难，则不能安处，必失其居，为财必用之，所取民财不能久放，久放则险，此险有“血”象，不用则招凶，此凶并非劫财之凶，而是引发取财制度与待财意图的刚反，志心于邦的民众肯定不愿意。取财后用财是常道逻辑，顺之则成用道，逆之则有反祸。故以“穴”的“失其居”言用财之象，出自穴，取财必用之，为邦用财谋养需为政之说。

《程传》曰：“穴，物之所安也。顺以从时，不竞于险难，所以不至于凶也。以柔居阴，非能竞者也，若阳居之，则必凶矣。盖无中正之德，徒以刚竞于险，适足以致凶耳。”又《周易本义》曰：“血者杀伤之地，穴者险陷之所。四交坎体，入乎险矣，故为需于血之象。然柔得其正，需而不进，故又为出自穴之象。占者如是，则虽在伤地而终得出也。”

邦用财谋养需之为政。如何用财呢？从“顺以听”确立用财于民的思想。顺以听，为听顺众志——听取公共意愿。之于邦体而言，最大的公共体系就是民众，那么用财的对象就是民众。民众志愿、意愿如何上达天听，是需卦“云上于天”另一法象，意喻为政者，或政策制定者，要广泛听取公共意愿，谋求众志。

听民需，把财用于民；听民志，把用财建立制度，用之有效。从需于血来言顺以听，强调制定取财与用财策略时既要明白财的来源，又要规范气血畅达的财政制度，同时，又强调财政制度要建立公共监督机制。

综述之，何为“需于血，出自穴”？以取之于民用之于民来言，在此推出财政用于民的用财思想。

精气化神的养需之道

九五：需于酒食，贞吉。

象曰：酒食，贞吉，以中正也。

需卦九五以刚健中正居尊位，有坎险而不陷，为需卦之主。此爻为确君之爻，因邦、民、君皆在此尽需，故九五秉德政成为需卦君主。需卦君主在九五位，有精气化神之意蕴，实则推举君主德政，养需之道确立。

精气化神，以“财”的取、用之道养邦、养民，使邦和民皆精气充足，能量充沛，此为养需之功，再以养需之治道，让邦民之精气，进而化为养需政治之“神”。“神”在何处呢？为政治治理在需卦因君主当位扬升了政治意识。神则明也，以君主神明支配众“识”，确立君主地位，且被万“识”（民）拥戴，呈现众志，此乃君主为治信之功和德政之功，是九五配位之德政。

为何曰“位乎天位”？为需卦君主在需卦九五之当位，此位当中且正，又配养需众治道之德，故以君主称位；需卦君主以九五之当位、政德之配位，君主尊贵之称位，以德位内涵，言位乎天位。之所以曰“天”，为以“天”言德位属性和德性法则。纵观需卦，在《象》以“位乎天位”当象辞之义，实则以德位内涵特举此爻；同时，在《大象》又以“饮食、宴乐”特取此爻辞来概括整个需卦大义，所以，在需卦言养需，立邦体言政治，必懂需卦九五爻。

以精气化神喻需卦九五之象，“需之为义最广，其大者莫如王道之以久而成化，而不急于浅近之功。圣学之以宽而居德，而不入于正助之弊”。为立于邦、民、政的养需之道，使邦、民、政皆得精气所养，来强调以此带动的邦、民的政治意识之扬升。

“需于酒食”，为养需治道已成。“酒食，宴乐之具，言安以待之。”以酒食宴乐场景，言养需之道的“器”与“具”皆备。“器”者，国器也，在酒食宴乐场景里为容酒食宴乐之所和盛酒食之器具，在需卦为取、用的税收策略和财政制度，为养邦、民之国器；同时，持具和操具之人，喻为政者和施政之人才；需于酒食者，为酒食所养之人，指邦、民、政三者。

需于酒食，养需治道的条件逐渐成熟，养需之主体财政制度确立，施政人才以及民心众志，在安民之政与敬民之政中皆得到锻炼和提升，况且君主能顺听民需、民志。这也是为何九五居坎体之众，险而不陷，为皆得其“食”，得食所养，得其中、正。

食者，为养需之政食和养“精神”之德食。政为取、用的财政制度之为政；德为需卦九五所配的中德与正德。得食所养，为从养需之为政，通养“精神”之德，何以贞吉？为治理在此进步，政治意识在此扬升，以此需卦之德，有精气化神之大象。

民食，以自养为先而足食，以邦用财于民而福食；邦食，以取民润而有邦的财食，以建财政制度养邦、养民而有邦的秩序之食；君食，以九五之当位和政德之配位而有位食，以保民自养为先的安民之政、防夺财之寇的敬民之政、广取民志的顺听之政的诸多养需之政食。构成民、邦、君的养需之共体，从而养需治道确立。

以财生财之道

上六：入于穴，有不速之客三人来，敬之，终吉。

象曰：不速之客来，敬之终吉，虽不当位，未大失也。

上六以阴居坎体之上，为阴居险极。下应九三，九三与下二阳，需极并进，成不速客三人之象。《程传》曰：“需以险在前，需时而后进。上六居险之终，终则变矣。在需之极，久而得矣。阴止于六，乃安其处，故为入于穴。穴，所安也。安而既止，后者必至。不速之客三人，谓下之三阳。干之三阳，非在下之物，需时而进者也。需既极矣，故皆上进，不速不促之而自来也。上六既需得其安处，群刚之来，苟不起忌疾忿竞之心，至诚尽敬以待之，虽甚刚暴，岂有侵陵之理？故终吉也。或疑以阴居三阳之上，得为安乎？曰：三阳干体，志在上进，六阴位，非所止之正，故无争夺之意，敬之则吉也。”

在养需的逻辑里，上六之所以居险之终，为民财不能养之，故险在前，在需卦前五爻，皆是民自养和取民润以养，而上六处需之极，不能效前五爻位的养需之道，是养需的根本变化——出现以财生财。何为上六的以财生财呢？就在于“入于穴”，有财入库穴，这正是以财生财之象。前者“财”为取民财聚于邦，再用于邦、民之需，以此用道所生之财，而成后者“财”。以出自穴用财和入于穴生财，区分“财”的来源和性质的不同。

如何确定这是以财生财，而不是将取民之财入于库穴呢？这就要弄清“出自穴”中“穴”的“失其居”言用财之象，取民财的“财”，久放则险，此险有血象，会引起民众刚反，发生血光之灾祸。取的民财必用之，没有入库之言说，反而，以财生财的“财”成为邦体能入库穴的积蓄。此生财行为产生的积蓄，被制度允许，民众也高兴，故言“所安也”。以财生财的逻辑，确定了之于邦体大好的现象发生——财政活力初现，说明经济架构之基础已基本完成。

以财生财，言说的非生意之道，而是邦体取财用于民后的经济红利，他是另一种膏润，但这里非言经营，而是言养需经济的为政，他是有效的为政所确保出来的——民富与国富。取财用于民，民直接获福食，故民在自养的基础上又有后福，故言民富；取财用于民，民为邦之大体，民富则国富，同时，又有用于民后的经济红利产生，有财入库，故言国富。

入于穴从邦体秩序来说，为以财政制度为主体的经济秩序确立，制度条文以“入于穴”被讨论和实践验证后最终确定。以财生财，赋予了邦体经济新的活力，必将走向新的经济秩序，意味着要建立新的经济制度予以匹配，这就需求贤士以治。

上六联系六爻卦体，出现了“有不速之客三人来”之象，为下三阳并进，有精英进化和贤士来投之义。这是面对财政制度带来的国富与民富的经济红利以及经济秩序的大进步，精英和贤士得到激励，奋而上进。

下三阳之进，是志进，非“夺”进，故他们不夺财，不夺政，不争利。虽上进之士非夺进，但言不速之客，意味着取贤通道不通畅，取贤之法不确立或未被认可，有“不速”之来的唐突、冒失，此非进之过，而是取贤的政之误，故要健全和更新取贤之法，既防不速之失，又激励贤士与精英上进。贤士与精英上进，邦和君如何待之？“柔不能御而能顺之，有敬之之象。”为礼敬贤士并养贤。

养贤以礼，邦和君对待贤士、精英以礼敬之，这是以柔御进之思维，也是邦体的养贤思维——怀柔贤士。礼敬的目的在于求治。同时，新财入库穴，前有九三夺财之寇，上六养贤为养净，为养性，不速之客为妄，祛妄则是新秩序的治蒙任务，妄由性显，识得本性而无畏为敬。故，九五君主懂得礼敬的本原。

何以养贤呢？以需卦确立的经济秩序和财政制度养贤，为以序养贤；用入于穴的新财经济红利养贤，为以财养贤；用安民之政、敬民之政、顺听之政养贤，为以政养贤；用中正之道、治信之道、养性之道等尊礼崇德养贤，为以德养贤。有此四养，确立养贤之道，贤必为所纳、所养，精英阶层必重君、重邦。

讼卦：治讼之道

乾上坎下

治争讼必限夺讼

在需卦，值九五当位，配中正、治信、养性之德，从而秉德称位需卦君主。君主尊礼而崇德，围绕“财”的取、用，通过行之有效的安民之政、敬民之政、顺听之政，建立财政制度，确立了养信、养税、养民、养贤、养性为内容的养需之道，不仅为邦体奠定了经济基础，且在为政治理上，有精气化神之“精神”扬升，使邦、民、政皆得所养。

饮食者，为养需之政食和养“精神”之德食，民、邦、君皆必需其食。《序卦》曰：“饮食必有讼，故受之以讼。”讼，犹争也，因争辩而有讼。争辩之因起初埋在需卦“饮食”之须中，从因起争，开始纠纷，到九二兴讼，并见证因兴讼“入于渊”的艰难过程，从“利见大人”引入第三方裁决机制，到九五以中、正之德治讼，健全包括防当权者夺讼在内的诉讼机制。讼体从争辩之因到兴讼之起，最终完成治讼，从讼的内在逻辑和外在兴讼与治讼过程，透析“食旧德”知因果而安的讼道本理，树立以作事谋始的道德自觉，并以此知因果的德教，把争讼的危险与弊病带入礼制、德教的元吉状态，从而确立治讼之道。

《程传》曰：“人之所需者饮食，既有所须，争讼所由起也，讼所以次需也。为卦乾上坎下，以二象言之，天阳上行，水性就下，其行相违，所以成讼也。以二体言之，上刚下险，刚险相接，能无讼乎？又人内险阻而外刚强，所以讼也。”

讼卦，上乾下坎，乾刚坎险，“上刚以制其下，下险以伺其上”，为天与水违行之争讼之象。为何有争呢？其争辩之因埋在需卦“饮食”之须中，讼体延续需体的养需政策，继而出现上体凭借制度和经济政策，以强硬取下润，下体渐陷坎险又不得不随顺秩序来应其上，出现了下体民众对讼体现状不解、不平之争，尤其是民众处于无比特殊的窒犹状态，成为争讼之诱因，继而九二与五两刚不相与，纠纷已起，兴讼当时，走入争讼之当体。

何谓窒犹状态？窒，塞也，为阻塞、不通的状态；犹，为兽酝酿进退的多疑状态，是犹之范式，为犹疑不决；窒犹状态为对民众因窒塞不通而犹疑不决的思维状态的描述。出现窒犹状态的原因为在讼体新局面时还依然用需体经济政策，导致秩序发生变化而应对策略过时，出现窒塞不通，民众对此无比犹疑，既不理解邦体面对新局面为何不更新经济政策，又痛苦于过时经济政策而继续取润之自我压力。

从邦之大体而言，民众不得不伺其上而渐陷坎体之难，从民之小体而言，“人内险阻而外刚强”为政者及民众自己不改习性，不察妄己，皆自以为私，以己私而争。进退犹疑不决又护己私，从而呈现天与水违行争讼之象。

窒塞在哪里呢？为政者政策应对不及时之塞，天与水违行，处新局面民不尊旧政令，取民财不畅之塞，民众对陷坎险新局面困难现状的反应言路不通之塞等，从而引起诸多不对等和对现状不平之纠纷，争讼正当其时。

窒犹状态是讼体存在的另外一种蒙昧状态——窒蒙，它既脱离于童蒙、昏蒙，又区别于开明，是内外交困阻塞不通而不知所措，但又夹杂个人意见的蒙昧状态，是从进退犹疑思维状态来对人性之私与妄的描述。内，呈现个人意见——己私的表达；外，邦体面对公众的政策不得不遵从，再加上各种窒塞的实际状况，窒蒙逐渐达到极致，矛盾开始冲击，下体坎陷情况加重，要化解矛盾并走出窒蒙状态，“夹杂个人意见”的表达，首要的就是发生争辩行为。

兴讼，发起以“讼”的方式解决纠纷问题。兴，发动、发起，有提倡和推举之义。兴讼是化解矛盾纠纷的进步状态。兴讼方式的确立，既是化解争辩矛盾的解决办法，又是对引导民众走出窒蒙状态的一种启蒙；之所以言“进步”，为解决矛盾争端的方式变得文明，可避免发生不可预测且恶化的野蛮式的冲突；同时，良性的兴讼机制是邦体的政治需要，它以顾民私、保民权等特征成为邦体秩序的基石。兴讼，所谓打官司，广泛依赖官吏和官府，是寻求开明“孚信”的化解和公正的裁决的表现，以“利见大人”而引入第三方裁决机制。

治讼，有讼当体域、讼因域、讼本理域之治讼三位域，根据三种不同位域把治讼赋予三种内容层次。讼当体域，为“讼”发生的当体本身。要建立便于兴讼的渠道，成为解决纠纷争讼的途径。同时，秉持“尚中、正”思想，有公正且公开的裁决机制，有公共广依的健全讼法内容和司法程序，来保障讼行为。第三方裁决机制的制度设计和防夺讼的顶层设计，是治讼成败之关键。讼因域，为“讼”发生的诸多外诱因，多为施政环境因和个体私因，要从讼“因”上广施为政。在邦体上，进行系统性理论创新和政策调整，以应对新当体的局面和新问题，谓施政应当，且宣政、释政到位；从个体角度，针对特殊的窒蒙状态，进行从惕惧教育到法制启蒙，对讼法系统进行普法教育。讼本理域，为讼发生的内在本因。当邦和政皆无大过，讼之内因皆为宿业所存，乃个人福祸，从知因果而安的讼道本理进行因果教育，除了法律约束外，还要对因果有惕惧之心，对神明有敬畏之心。秉持治于“精神”，依讼道本理，从邦、君、政作讼道顶层设计，树立以作事谋始的道德自觉，广宣养性驱欲之德教，并以此德教作德制。

讼：有孚，窒。惕，中，吉，终凶。利见大人，不利涉大川。

彖曰：讼，上刚下险，险而健，讼。讼有孚窒惕中吉，刚来而得中也。终凶，讼不可成也。利见大人，尚中，正也。不利涉大川，入于渊也。

象曰：天与水违行，讼。君子以作事谋始。

卦辞：从讼体的诸多状态确立讼道原则。

彖辞：言讼之过程与“讼”发生当体的治理之道。

象辞：从讼之象到治讼，以讼制言知因果德教。

讼卦，乾上坎下。为天与水违行之象。下险上健。《程传》曰：“讼之为卦，上刚下险，险而又健也，又为险健相接，内险外健，皆所以为讼也。若健而不险，不生讼也；险而不健，不能讼也；险而又健，是以讼也。”险又健，争讼必不可免，进入讼体，如何兴讼并治讼是为政之关键。从下险可知，争讼成为下层政体之所需，争讼也多发生在民众内部；上健且阳，上层政体却以争讼发生之时而广为治讼，健全讼法，乾之金体生水，为所建之讼政，可广为民用。

天与水违行而成讼，正是兴讼之时；天阳健治讼可救坎险，正是治讼之机。

“有孚”。讼道首先确认有孚原则，为兴讼过程中所表达争讼诉求必要有其孚实——有事实根据并能够采信，这成为起讼的前提。孚者，信也。“讼之道必有其孚实，中无其实，乃是诬妄，凶之道也。”然而，下卦之中为九二，为阳，乃实，为有孚之象。有孚，成为兴讼的先提条件或讼道原则。

“窒”。在讼之当体，有阻塞不通之象，正因为窒犹状态下的不通，而有兴讼之实。“不窒则已明，无讼矣。”之所以说有窒蒙的状态，就是因为无已明。在兴讼起因里，又有各种阻塞，如孚信不通，其已有的信实又为他人窒塞，从而出现恐惧而不敢自安的状态。

“惕”。惧也，有戒怕、谨慎之义，就是恐惧而不能自安的讼时状态。“讼非善事，不得已也。”从当讼之人来说，忧心能否胜诉，怎样胜诉，如若败诉，又将如何安处等。正所谓纠而渊，纠纷本身就是深渊，起因之渊、孚信之渊、争辩之渊、得利之渊、裁决之渊……错综复杂。以起讼来解决纠纷，就如同有“入于渊”的艰难过程，它所牵扯的精力、花费的钱财，所牵动和发生的讼伤害，都是灾难性的。正所谓打过官司的人，恐怕一生再也不想打官司。正因为“入于渊”的艰难过程区别于正常的生活状态，所以要兴讼——发展并健全讼道机制，为有讼求之人，提供诉讼的条件。

正因如此，建立讼道机制的初衷实为从惧惕的谨慎、敬畏之义而避免发生争讼，就如上医治未病一样，一切为防患于未然，才是于邦于民最大的益处。惕者，对讼法既要有惕惧之怕，又要有敬畏之心；同时，邦体兴讼之道，对邦对民又有教化之敬惕，同蒙卦的刑蒙一样，这是产生于讼体的讼蒙，所谓的普法教育也好，法制宣传也罢，皆是以讼道启蒙来提升邦、民素养和扬升精神之必须。兴讼之道是解决讼发生当前的具体问题，而讼蒙，则是改变窒蒙——讼体窒犹蒙昧状态的有效方式。能够以兴讼和治道产生的讼蒙，解决讼当前不自安的讼时状态，既避免了不自安则凶的“终凶”问题，又因对“讼”的理解而降低“终极其事”的纠缠，所以这是发生在治讼阶段趋吉避凶的安民之策。

“中”为中道；尚中，为尊崇中道。中，在讼之初，为孚者由中之信——有其孚实之信之中；在兴讼之时，为“利见大人”不偏不倚、无畏无私的讼体裁决之中；在讼体裁决当前，有普遍于邦、民共尊的讼律且有约束当权者防夺讼之中。尚中正，为讼道思想。以“利见大人”引入第三方裁决机制，为治中的讼道治则，也是解决言“终凶”的治讼方法，这是讼道思想与讼道治则呈现在讼体的德位。

只有秉持尚中，才是治讼之道，也是治讼成败的关键，只有做到了不偏不倚、无畏无私之“中”，才能完成讼道之取信。讼道取信，为既利见大人，又防“大人”夺讼，利见大人为引入第三方裁决机制。如何裁决？广依讼律而裁。如何定讼律？九五统领并依“大人”共建讼制，这就是“大人”的用处，而非唯上、唯官的谋求私利。“利见大人”第三方裁决机制是治讼围绕“讼”本身的取“中”之法，“大人”在讼制里，不能既当裁判又当运动员，当“大人”处讼之时，必和众民一样共尊讼制，维护讼信。

唯上、唯官的“大人”思维，是治讼之陋习，更是“讼”文明已久的顽疾，是造成“终凶”这种霉病的繁衍所。“终凶”的讼道裁决之终，就须防当权者夺讼。何为夺讼？就是以权凌驾于讼律而谋私利，是导致兴讼而“入于渊”的灾难制造者，这就是卦中有中正险陷之象的所在。这种“入于渊”的灾难远胜于诉讼者牵扯精力、花费钱财，所牵动和发生的讼伤害，它是邦体讼信蒙羞之难，也是讼体结构瘫痪之难，它直接夺取了讼道之信则，更败坏了整个邦体的中正、治信、养性之德位。

所谓“中正大人，九五是也”。言九五，为寄予九五之大开明来作讼道体制，明讼体、定讼律、取讼信，来完成讼道之治理，同需卦君主秉中正、治信、养性之德称位邦体之主一样，讼卦九五尤要配位“尚中正”之德，这是讼体阶段赋予九五的德位使命。故而，防夺讼要更改唯上、唯官的皇权与官本位思想。“君不争，则百姓无害也”，君与“大人”，不能以位和私权，侵害讼体，发生夺讼等讼伤害事件。

尚中正的讼道思想与“利见大人”的讼道治则，正是讼体呈现的理与法的关系。尚中正，为讼存在的道之本理，而“利见大人”的第三方裁决机制是依讼本理而产生的讼之法，且此法非律。以讼道本理，才定讼法，依讼法才定讼律，才是适之众人的法律规范，才是讼的治理逻辑。所以不能只见讼律，而忘却讼道本理与讼法的源流关系，也正因为讼道本理和讼法的理与法关系存在，才能依不同的域体来调整讼律，如在讼体没能制定适合讼体位域的讼政策，而延续需体的政策，出现民众对现状不解、不平的窒犹状态，造成制度弊病。

凡人之智，能见已然，不能见将然。夫礼者禁于将然之前，而法者禁于已然之后，是故法之所用易见，而礼之所为生难知也。若夫庆赏以劝善，刑罚以惩恶，先王执此之政，坚如金石，行此之令，信如四时，据此之公，无私如天地耳，岂顾不用哉？然而曰礼云礼云者，贵绝恶于未萌，而起教于微眇，使民日迁善远罪而不自知也。孔子曰："听讼，吾犹人也，必也使毋讼乎！"为人主计者，莫如先审取舍，取舍之极定于内，而安危之萌应于外矣。安者非一日而安也，危者非一日而危也，皆以积渐然，不可不察也。人主之所积，在其取舍，以礼义治之者，积礼义；以刑罚治之者，积刑罚。刑罚积而民怨背，礼义积而民和亲。故世主欲民之善同，而所以使民善者或异。或道之以德教，或殴之以法令。道之以德教者，德教洽而民气乐；殴之以法令者，法令极而民风哀。哀乐之感，祸福之应也。

——贾谊《治安策》

明了讼道的理与法关系，就可根据不同的域体阶段或邦体新问题进行讼律的调整与健全。这是先有理才有法的逻辑，皆围绕讼道本理来治讼，才合乎天运自然之法度，才是合理的，故而在讼律之"用"上，才能适时而变，应对新局面与新问题。

在"利见大人"的讼道治则里，既用"利见大人"来建讼制之公与裁决公正之中，又防"大人"夺讼，便是以"大人"行讼制而作民体的治讼思路，以"大人"不同的位域作用，形成不同的治讼之法。"利见大人"的着眼点是大众民体而非官体，重点强调第三方裁决机制的中正作用。

第三方裁决机制和防夺讼需要治讼时以制度设计形成讼制，它需要九五君主对讼道理与法的开明认知，同时统领“大人”群体来完成讼制之建设。尤其是讼律之制定，要立于整个邦体与全体民众。此处言说的“大人”强调开明，并非言“官”，就因为要回避“官”以私权干预讼律，侵害讼体事件，故而脱离官体言引入第三方裁决机制，故，第三方裁决机制成为防夺讼的一种形式，尤作用于官员群体，回避普遍存在的官“大人”的私权。

从邦体进步来说，防夺讼的重点在于上体，尤其是“君”位域体。九五作为开明君子，从屯卦草昧出开明君子始，就是先进性的代表和典范。以九五建中正之德为典范，防夺讼则必限君权，君主及君群体若不夺讼，且自作表率防私权夺讼，此君才是众民拥护与信赖之君，才是讼制的进步思维，这是治讼的顶层设计。

在讼卦，上体为乾，下体为坎，上体强健，下体涉险。在讼体言讼为下层政体之所需，为邦体内部结构和纠纷矛盾的治理，故言“不利涉大川”。讼之治在内，在下。从争辩之因起争，到纠纷兴讼，再到以制度设计形成讼制来治讼，是讼卦的解决纠纷之道，此纠纷从民之小争，到邦之讼治，虽事小却关乎邦之大体而需谋大，为政治治理安邦与安民之必须，言讼伤害最终是讼制弊病的大伤害，并非发起诉讼的纠纷伤害，纠纷伤害只发生于纠纷双方，而讼制弊病的伤害就是所有民众的灾难，言治讼，实际为安民，民心向邦，建立尚中正之德政，才能民心齐邦，而利涉大川。

在讼卦，从争辩到兴讼再到裁决，皆是讼的过程，治讼是解决“讼”本身的实际情况，且以制度设计的有效为政建立讼制，用兴讼和治讼完整过程，告诉大众，纠纷是“入于渊”的艰难过程，而且是终凶之道，讼不可成，赢了官司也是小格局的赢。

为何言讼不可成呢？为何言“讼”不能宣扬和推举呢？那是因为违背礼制和德教初衷，不是和善之术， 从讼道本理与讼法关系而言，依居于末端的讼律让你赢了官司，那是纠纷对抗状态下不得已的裁决，并不明白讼本身告诉我们的大道理，所谓“天与水违行”，小“聪明”的坎水，与讼之道、法的天道规则相违背。从纠纷双方而言，皆不过是你盈则他损的阴阳盈虚关系，这是民众的刚性对抗，是违背礼制与德教的。故兴讼是解决纠纷问题的途径，是手段，不是目的。目的是通过兴讼过程以及邦体的讼制，明了基于讼道本理而产生的知因果之德教，所谓上医治未病，讼体因窒犹状态阻塞不通而纠纷的病，就须树立以作事谋始的道德自觉来治于精神。

以作事谋始，从讼而言，“能见已然，不能见将然”，不能只见讼律，不见讼法与讼本理。同“夫礼者禁于将然之前，而法者禁于已然之后，是故法之所用易见，而礼之所为生难知也”一样，从讼言作事谋始，就是明了知因果而安的讼道本理，讼状态和行为的发生，为业之所存，制度设计和法制是基于讼状态产生和讼行为发生后而言，这就是理先于法的逻辑关系，从讼道本理、讼法与居于末端的讼律关系而言，再严格和健全的法制管理也是有业态，也只能是讼道末端之用。

从讼蒙而言，以讼来治蒙，改变讼体窒蒙的蒙昧状态，为作事谋始的因果教育，正因为因果之客观存在，故言“食旧德”，一切为德性所系，纠纷与兴讼皆是先天因与后天果形成后的外在表现，故而在人性上出现不改习性，不察妄已，自以为私，以己私而争的现象。透析“食旧德”的因果观，并以此知因果的德教，把争讼的危险与弊病带入礼制、德教的元吉状态，树立以作事谋始的道德自觉，从而确立治讼之道的核心思想。

以言辩理之明

初六：不永所事，小有言，终吉。

象曰：不永所事，讼不可长也，虽小有言，其辩明也。

讼卦初六处下体坎之初，以柔弱居下，不能终极其讼，曰“不永所事”。从柔弱卑下之初六可知，自己不能长久处于纠纷之中，坎陷且弱，陷则其讼事会拖累自己陷入纠纷之中，弱小又不足以去长久支撑纠纷，讼不可终在于无法预期与估算成本，何况其纠纷事小，又不能大行其讼，“非可长之事，以阴柔之才而讼于下，难以吉矣”。这就是小民对于讼事的处境。

王弼曰：“处讼之始，讼不可终，故不永所事，然后乃吉。凡阳唱而阴和，阴非先唱者也。四召而应，见犯乃讼。处讼之始，不为讼先，虽不能不讼而了，讼必辩明也。”

“四召而应”，为初六与九四相应，九四处上体，意味着有其基本的讼制（无论是官衙还是法庭）可供民诉讼，所以言“见犯乃讼”，有讼制的诉讼之便是民之福事，这是邦体作讼制在先，为“阳唱而阴和”，无论是我讼他还是他事纠我，都可以因讼制在前，而兴诉讼。“阴非先唱者也”，其纠纷诉讼，民永远不能自作主张，因为自陷其中，若见犯乃讼，变成常事，才能为民处理纠纷。

何为“小有言”？言者，处于纠纷之中为辩明之言，需要自辩其理。所以说讼强调言理，这是讼之幸事，也是讼道法则。言在于如何明理，只有身、心、事皆顺理，才能辨妄。有九四阳刚之应，意味着上体支持辩理。“在讼之义，同位而相应相与者也，故初于四为获其辩明，同位而不相得，相讼者也，故二与五为对敌也。”

为何二与五成对敌呢？在于九五是开明君主，他非常明白初六上求九二，为下求官也，非长久讼制，说明讼不能成为官为民做主之地，而是要立讼制为民做主，正是因为九五看出体制弊端或漏洞，才有治讼之决心。

处纠纷之中的言为辩理之言，未处纠纷之中的“言”，为作讼制表达民意之言，民根据自身充分表达民意，以供立法参考，这是卦体依讼道本理赋予的民权。故，小有言的“终吉”在于民参与立法建言，也表明言是卦体赋予民权的重要内容，在于能言、可言。言有建言和怨言，建言为初六主动应四，或四召初六而言，这是民的开明现象；怨言为对讼制尚不完善，对讼律不健全，无法完成辩理之明，以此察觉之抱怨而言，这种察觉比建言表达民意更难得，它是民的自然觉醒之难得。无论是建言还是怨言，都是对讼制健全与进步的大促进。故，终得吉。这个“终吉”的落处，是需要为政者深入的思考，且能给人带来开明的远见。

小有言之“小”，在于初六为阴，其地位卑下，故曰小。居下体讼初之小，而自言其理，是为争讼而言，立场并非国之大事。关于言之利害，小言要有由中之孚信，立于德方可不败；若不遇开明君主，大言则自招祸事。

民避强权之害

九二：不克讼，归而逋其邑，人三百户，无眚。

象曰：不克讼，归逋，窜也。自下讼上，患至掇也。

《程传》认为九二为讼之主，在下体，二为主体，实际上成为邦体的讼之主体——为讼之主——言为官者集讼权为一身，这是古代讼制真实写照。联系上下卦体，二、五相刚反，在讼制上，实为为官者自治，不上通九五，为讼之治理在此窒塞。

王弼曰：“以刚处讼，不能下物，自下讼上，宜其不克。若能以惧，归窜其邑，乃可以免灾。邑过三百，非为窜也，窜而据强，灾未免也。”

以二之下讼五上，为自下讼上，此处的“五”并非指君，而是以“五”言上体，实际为讼制不健全，民对纠纷处理不满，继而向上寻求帮助，但被上体看作以下犯上，动用强权以刚应对，下体只能逋窜。上体刚硬，有“君”之强，君之强，君不会直接对民，皆通过二呈现其强，为官者自治强权已现。民认为官、君一体，故二、五同心，实为二刚窒塞，成弊病。弊病在哪呢？二刚，不会为下作建制，不会为民言实情，且集讼权在自身。

二阶层比初下的民强，强在既有三百户封邑（三百户者，“小国下大夫之制”——郑注《礼记》），且又有“下大夫”之身份，二讼五，尚不克讼，何况民乎。以“二”的不克讼，言民难，言祸患。

邑，以自己家的封地言自体，讼制不完善时，不可冒进，且是犯上之进，要退而回到“邑”。实则言“二”的为官之道，当讼制违背理、法而无用武之地时，如何退归，如何寡约自处，不托大，不越制，不贪讼制弊端之利，更不助贼成贼，且如何保护使邑中三百户不受牵连。保邑，纷乱世事，看待之前的进步以稳固信心，这是给邑中之民以信心。

归，为自认清现状者退而避之；逋，为刚反遇强权逼而逃亡。无论是“归”还是“逋”，皆是讼制强权之害，更是治讼为政者失德之政。从归和逋事件看出，呈现的虽然是官不与制斗、民不与官斗，但根本原因在于讼制弊病，讼制弊病，通过讼卦体之二不可讼来反映，为此弊病必祸患到为官者自身。其讼之主体也难免遭受讼之弊病的危害，只有九二经历不可讼归逋，方能见危难而起励精图治之心。

知因果而守其素分

六三：食旧德，贞厉，终吉，或从王事，无成。

象曰：食旧德，从上吉也。

六三阴柔，居下险之极又近上体，应上九，有柔从刚、下从上者之象。

王弼曰："体夫柔弱，以顺于上，不为九二，自下讼上。不见侵夺，保全其有，故得食其旧德而不失也。居争讼之时，处两刚之间，而皆近不相得，故曰贞厉。柔体不争，系应在上，众莫能倾，故曰终吉。上壮争胜，难可忤也。故或从王事，不敢成也。"

六三之位，为从诉讼和兴讼转变到为政的讨论，故六三是特殊的阶层，既可为下体代言，又可顺上参政，对比九二揽讼政于己身的"官"层而言，六三洞若观火，既察政弊，又懂世情，既不参与九二强权压民，又与上体上层互通有无。这在于六三所当位之德，懂因果、信因果、值因果，故而福慧双至，爵禄傍身。

何为"食旧德"？"食"字言果，且是修德之因而顺得之果食，修德之因在前，在往昔，食为顺因果自然而食。"旧"字言因，德者，六三当位且称位之德，配位显于爵禄。《程传》曰："禄者称德而受食，旧德谓处其素分。贞谓坚固自守，厉终吉，谓虽处危地，能知危惧，则终必获吉也。守素分而无求则不讼矣。"一个"旧"字，便是往昔福慧资粮的写照，言德，必能察妄己，修身又修政。

《中庸》曰："君子素其位而行，不愿乎其外。素富贵，行乎富贵；素贫贱，行乎贫贱；素夷狄，行乎夷狄；素患难，行乎患难。君子无入而不自得焉。在上位，不陵下；在下位，不援上；正己而不求于人则无怨。上不怨天，下不尤人。故君子居易以俟命，小人行险以徼幸。"

为何能处其素分？便是洞悉因果定律，如六三一样有爵禄在身的非官身，在上而不凌下，不怨天尤人，以"正己"而知一切修持在于己身。正如孔子言："射有似乎君子。失诸正鹄，反求诸其身。"射箭不中，不是靶子不正，而是要从自身找原因，这正是君子修持的目光所在。

正因为明了有修德之因才有爵禄为果的懂因果，以此爵禄傍身的因果，又能做到处其素分的处世修为，这就是值因果，并在懂因果和值因果的过程中深信因果。所以它无比的贞正，故言“贞”。

能依爵禄的来由，依福慧懂因果、信因果、值因果，并做到处其素分，自然懂得因果报应之危厉——惧因果，在因果面前，一切皆是自作自受。眼前的爵禄就是旧德而来，就因为以超远的智慧，行常人不能理解的处世方式，保持时刻的惧惕之心，故言“厉”。

有此贞、厉哲学，处世便可不争，更无心去讼，也不会招事来讼，德教、礼教的功能逐渐大于为政。六三阶层得以自持并自净，这种道德自觉成为讼制的最佳状态，作事谋始，既见已然又见将然，素富贵、素贫贱、素夷狄、素患难……时时、处处值因果，从因果修持，让生活中的点滴真正成为身德，以配六三之位。故言“终吉”。高风亮节，美其所哉。

作事谋始的因果哲学，这是从六三之位言个人道德修为、处世方式，但它总是个人化的，这叫六三确私。可如何从个人修为到德教、礼教，从邦体来行之与共呢？正因为六三有当位、配位之德，懂因果、信因果、值因果的修为处世，自然明晰道法原则，也自然洞悉讼道本理，依本理而识讼制弊病。这是否意味着六三能大行确私与共之道而“或从王事”呢？

“或从王事”，并非可从王事，首先，六三并不当权，无施展之地，当权者九二并不认为自己以官为讼的讼制有错，且他们只是九五讼制思想的执行者，爪牙充当者。其次，因六三并不应九五，并不明白九五之志，六三看在眼中的当前的讼制正是九五许可的，哪怕是下层执行有误，制问题的最终解释权终在九五。再次，九五并未主动商讨讼制，六三为政的思想阻塞、不通，沟通不便，旧制与新思想，尚未逢其时。在旧讼制弊病之前，明讼道本理的清醒者最无助，六三进入六三阶层的窒犹状态，既阻塞不通，又对是否上进而犹疑不决。所以六三想从王事，但不能从王事，故曰“无成”。此种无成，是六三志心与共的悲哀和邦体的灾难。要想有所作为，与共建讼制谋邦体之兴，必待其时，故曰“从上”，只有从上才不能因冒进刚反而招身祸，先明哲保身，再图时机。

从正理言讼制本理

九四：不克讼，复即命渝，安贞，吉。

象曰：复即命，渝，安贞，不失也。

九四从正理、天命言讼道本理，渝，即变，变即是改变不克讼的“宿命”，为何会有不克讼的“宿命”呢？为讼制弊端导致九二、九四均不克讼。渝安，改变弊端并建全讼制，则贞正。

《程传》曰：“四以阳刚而居健体，不得中正，本为讼者也。承五履三而应初。五，君也，义不克讼，三居下而柔，不与之讼，初正应而顺从，非与讼者也。四虽刚健欲讼，无与对敌，其讼无由而兴，故不克讼也。又居柔以应柔，亦为能止之义，既义不克讼，若能克其刚忿欲讼之心，复即就于命。”

“命”，宿命与天命也。以宿命言讼制陈规陋习，九二、九四群体均不克讼的现状，恰恰不是九二、九四等自我宿命，而是讼制弊端，一成不变不说还顽固不化，只能以众群体之宿命遭遇言说厉害。“命谓正理，失正理为方命，故以即命为复也。”天命为本理，就是因为有本理在，有讼制本来该有的样子在，才知弊病在哪？恰恰是因宿命照见了天命，邦体完备的讼制总是要经过血泪，总是用无数的宿命者才走到正途上来，可见知天命的“知”字并非一件易事，所谓五十而知天命，要用五十岁的宿命，去知天命如何。

“渝”者变也。改变、调整、变法是也。王弼曰：“若能反从本理，变前之命，安贞不犯，不失其道，为仁由已，故吉从之。”如何变呢？“革其心，平其气，变而为安贞，则吉矣。”革心，就要从本理作制，要彻底；平气，平息旧制拥趸者，他们是旧制受益者，也是新政阻碍者或破坏者。从“不失其道”的“道”字，既要认识本理，又要有合适、合理的途径和方法，安贞就是讼制内容、结构等多方面均平等对人，大众皆服，众民才可安。从“复”和“不失”可知，不能以变法式彻底改革讼制，但可根据时机和具体情况，有机会逐步修正、修改某些讼律，在不可从王事的不可为境地，行一些有为法尚为不失之政。

讼者，必争；争者，言得；求得者，为欲；多欲者，种因；种因者，宿业不消，果则多难。宿业所存，争讼难免。从宿命照天命，恰恰是言宿业态的因果教育，而真天命为知欲见性。从作事谋始言道德自觉，并非单指个人道德修养，从邦国大计，则是通过定讼制的治讼之法，让讼制成德教、成礼教，有讼需求者，有健全的讼制可依法诉求；无讼需求者，则可安居乐业、知命而安。再以讼德、讼礼教化邦民，成为独特的讼蒙形态，扬升邦、民精神。正所谓：“夫唯不争，故天下莫能与之争。”

以尚中正治讼而扬升讼术

九五：讼，元吉。

象曰：讼元吉，以中正也。

九五处得尊位，既得中，又得正，成讼卦之主。得中、得正是九五之位，而中正则是九五配位之德，以其当位之位，又值配位之德，且治讼有“讼元吉”之功，故可称位讼卦君主。

九五如何治讼呢？以“尚中正”之德，行中、正之法，“用其中正，以断枉直。中则不过，正则不邪，刚无所溺，公无所偏”，且九五有“大人”

之象，以此“利见大人”，引入第三方裁决而应其中，有普遍于所有邦民的讼律可依而应其正。可以看出，诉讼裁决是第三方依讼律而裁，九五自己并不充当裁决人，且也不干预讼事裁决。不干预讼事裁决的绝对当权人，谓不夺讼，不夺讼方为讼制最中正之德。我们说在诉讼中唯上、唯官谋私，就是夺讼之行为。九五治讼且建防夺讼之制。有效防止不夺讼的方法便是第三方独立裁决，不唯上，不唯官，而唯讼之律法。这是第三方独立裁决的唯一依凭。第三方的身份是必须依讼制本理，在九五作制的蓝图里就授权出来。

九五定讼律，需初六所在的广大邦民群体“小有言”的立法建言，需九二所在的“大人”有识群体的立法贡献，需六三、九四所在的“爵禄”群体的讼律修订，更需九五讼主以中正之德教化感召，以身作则。

面对“天与水违行”的卦体宿命，九五作新讼制来治讼，定要广开言路以供立法，同时监督为官者以权谋私干预夺讼，再以配位中正之德感召上下，治讼加以治民、治吏，方可改变历史宿命。

若九五讼主以尚中正之德作防夺讼之讼制，可当“圣主”之誉。贯穿在讼制的中、正之道即是教化邦民的中正德教，这是从治讼之术到德教精神之扬升，可谓元吉。《程传》曰：“治讼得其中正，所以元吉也。元吉，大吉而尽善也。吉大而不尽善者有矣。”

以讼设教

上九：或锡之鞶带，终朝三褫之。

象曰：以讼受服，亦不足敬也。

上九以阳居上，刚健之极，又处讼之终。处讼之终，言明独立裁决已成讼制，且讼制依律而享自由，可供自由诉讼。《程传》曰：“人之肆其刚强，穷极于讼，取祸丧身，固其理也。设或使之善讼能胜，穷极不已，至于受服命之赏，是亦与人仇争所获，其能安保之乎？故终一朝而三见褫夺也。”

如何理解“终一朝而三见褫夺”？为讼制确立了复审制度，使被剥夺的爵禄又因上诉复审被重新夺回。何以有三？为确立了三复审制度。鞶带，命服之饰。褫，夺也。以讼受锡，是邦国讼制赋予的裁决人，锡是他的爵禄，是身份和荣誉的象征。当裁决人的权益被用诉讼的方式剥夺了，如何办？为必限最上层当权者夺讼权，也就意味着裁决人的权益只能被讼制本身保护，而不是臣服于政治权力。可当裁决人出现失误、徇私等问题，可依讼制予以上诉、审判。从裁决权益到复审制度，这是从人好争夺之性言讼服问题。从诉讼本身来说，一个完善的讼制，是可以讼作教，起到立法、立礼、立德等教化功能，可是在如诉讼与裁决的具体问题面前，不要过于信任道德与礼教，要知人性贪欲之恶，有争夺之利必然弃道德于不顾。这并非道德与礼教本身不合时宜，出了问题，而是人的理悟能力总参差不齐，行为总有偏差。况且九二强权到处皆是，六三看透世事又遁世避养，民有怨而不言……这些现状皆难以短时间治理，故而要严格且严谨立法。

我们言以讼设教，是在讼制基础上以讼言教，它是讼制的升华，如果没有合乎本理且完善的讼制为基础，言观礼设教就是空中楼阁。故深以为戒的就是制度设计要依讼制本理又讲术用，具体问题上依法不依人。

师卦：军政之道

坤上坎下

从军事到军政的治师之道

在讼卦，九五以尚中正之德言讼，从争辩之因开始纠纷，到九二兴讼，历经不克讼、入于渊等艰难过程，从“利见大人”引入第三方裁决机制到防当权者夺讼的诉讼机制确立，从“讼”的内在本理和外在逻辑，透析“食旧德”知因果而安的讼道本理，树立以作事谋始的道德自觉，并以此知因果的德教，把争讼的危险与弊病带入礼制、德教的元吉状态，从而确立治讼之道。

讼者，以争言中、正；以夺言权害。夺讼之贪欲，强权与已私皆破坏常规制度，谓之战。《序卦》曰：“讼必有众起，故受之以师。”夺讼之强损民权、民利，不治讼则会引起对夺讼制度的刚反，当关系群体重大而动众，动众则会聚而兴师。

李道平曰：“师起于讼者，因微而至于著也。”师之因在讼，为讼制中放任微妄而至大习气。从个体而言，无法察妄或不知妄习过错，放任微妄而成大习气，纵是个人不知礼，不修德，但责任在邦对民的礼教、德化的教化之失，未修德政。从邦的为政而言，由于民众之多，涉民的小问题，不加治理，也会酿成国祸，历史经验告诉我们，朝代更迭往往充斥着官逼民反，原因不外乎君主不治政，官不为善政的结果。

纵观讼卦过程，九五建讼制治讼，“尚中正”思想下的防夺讼之讼制就算建制得体，但还得治吏。动众而兴师起，无外乎如下几个问题：小民小言，不加以广开言路且未采言立法；上九权贵脱制问题——“然一日‘三褫’，辱亦甚矣，讼制胜者，何足敬乎？”限权但未限上九权贵；对九二自治讼权，不以夺讼限权，且吏治松散；再加上想有所作为开明的六三或从王事而无成；以此终惹祸事。

当争有众起，则必失政，失政者必失德。故，师之所起，必是正义之师。师卦贞正也，从而确立正义之师。师卦，从兴师到正义之师，再到“丈人”统领正师成王师，治师以军律，让军队产生王与霸的区别；后治师以德政，把军治带到为政之治理，让军队以开承之重，行邦、民之政，成就从王师到王政转变。师以军、政、王的配位之德，而成师之德。

《周易本义》曰：“师，兵众也。下坎上坤，坎险坤顺，坎水坤地，古者寓兵于农，伏至险于大顺，藏不测于至静之中。又卦惟九二一阳居下卦之中，为将之象。上下五阴顺而从之，为众之象。九二以刚居下而用事，六五以柔居上而任之，为人君命将出师之象，故其卦之名曰师。”

师卦，上坤下坎，为地中聚水之象，意为众者聚。坎居下体，为险在下；坤在外，坤者顺也，外顺皆顺，内险也成顺。“内险外顺，险道而以顺行，师之义也。”众聚者志同，志同之顺而利于行，故聚众势而成师——为聚众志行险而成兴师。在师卦，九二阳爻为众阴之主，为统帅“师”之“丈人”在九二确立，师之王丈被早确立，是师之大幸，既是保持师的正义之路，又是兴师者之众志。故师卦中避免了夺师之害。兴师之众志于（臣服）九二，众志所向，既是推举，又是九二有配位之德与可统师之能。九二能以“众正”，这是关乎决定军队的性质和方向的重大德位。故而，正义之师而成王师，九二以此成王丈。王丈决定了军队在开承后行治师以政的思想。

正义之师。这是聚众者基于“讼”之弊病——损众权与众利，而兴师之源。民事纠纷上升到以武力付诸诉求的现象，这不是普通的刚反。聚众兴师的刚反，必须确保正义，方不违背天道法理，否则天时不予，也不会为众人响应，更不会出现有大能与大德者统领，而终成流寇暴徒，成不了气候。兴师之名要名正言顺，师者众要治之以严，暴力手段更要行之有法，以有序有章制暴、制霸，方构成正义之全部。以兴师而成师卦，故卦义只言正义之性质，并不鼓励无知躁动的刚反，不能兴师以毒天下。

王师。行王道之师。何为王道？“能以众正，可以王矣。”为兴师之由要名正言顺，统师之法要严师正律，所到之处要众心归正而言信服。以此行师，通过军事的手段，以诉求众者利，来谋后世福祉；在行师过程中，不仅战之能胜，更要做到以战言正，以刑（律）为礼，以伐代教的目的。故，王道，终是仁义之道、礼制之道、德化之道。

从兴师动众，集众志行师，为众谋福以确仁义； 统率军队齐众以律，管理有章有序、法度森严建之以礼，以确礼制；以仁义之师、确礼之治，做到众心归正，不战而胜，并以此容民蓄众，言德以教，以确德化。在师卦中，以九二“丈人”之当位，配“中”德，称位九二王丈，以此成为军中统帅，以德、以能、以“怀万邦”定性众师为王师。

治师。治师者，从军治到政治，后引军治入为政体，再以军事宪政而制师。军治者，军队依九二统率，齐众以律，建军律而治。此军律可建成礼，是军队德化的初始，虽兴兵问罪，但行的是以战止战，以大战止无休止的小战的仁义之举。九二居统帅位，为九二德位赋予。九二有统帅之能，统兵能胜则居功，“兴兵动众无功，罪也”。此能者，性之使然，为德之外化，众人可见，故受众人拥戴，将士信服，为以德、以能治信。有信服才能行号令，才能定军律以相应。齐众以律，在军律面前无徇私，九二统帅也不例外。

以治军齐律之典范，行王丈之德范。王丈之德是军队乃至政治的走向。要明确军队自始至终的与共属性。治军信，除了齐律，更要分清众主与共之权和统帅专制之权。这更是从军到政的政治逻辑，军与政的本质转变，就在于继续是否遵循德位法则，如王丈者是否丈王？将帅之道是否能依位进阶？军功与德位的位域不能逾越，否则自招其祸。从位而言，军队有开承治理之功，故要封建功臣，能使其承家，承其军治已启蒙和教化之德范，从而带动家德，这是确私与共的个体呈现。

以军事宪制来制师，为以政治军，以法制军，为军队定性良性走向，这是政治与军事“修思永”的长久意识。

师：贞，丈人，吉，无咎。

彖曰：师，众也。贞，正也，能以众正，可以王矣。刚中而应，行险而顺。以此毒天下。而民从之，吉，又何咎矣。

象曰：地中有水，师。君子以容民蓄众。

卦辞：行正义之师，更要确保有丈人统领。

彖辞：从王者之师言治师之道。

象辞：治师者终以德治，从军治到立德范。

师卦，坤上坎下。为地中有水而众聚之象。内险而外顺，虽聚众涉险，但众人皆顺以响应，成聚众之师。《程传》曰：“师之兴，由有争也，所以次讼也。为卦坤上坎下，以二体言之，地中有水，为众聚之象。以二卦之义言之，内险外顺，险道而以顺行，师之义也。以爻言之，一阳而为众阴之王，统众之象也。比以一阳为众阴之主而在上，君之象也。师以一阳为众阴之主而在下，将帅之象也。”

众。无众不成师，成师先是“众”象，地中聚水象。成师的前提便是有众，众者如水聚而成师，故“聚”是使众成师的关键。何以能聚呢？为众志相同，众志顺而有聚之势，才能成聚。是什么原因导致聚势呢？这便是众聚之因——危讼（不健全的讼制）之害。“师之兴，由有争也。”从“争”说起于纠纷，但民与民之间的小纠纷不会引起众聚，故纠纷不是众聚之因；众聚之因在于讼制不全之害，害在危制，也就是危讼之害。正因为害在“制”，故而受害者为众民，不再限于纠纷之表面和纠纷之事实。

众者聚而成师。聚，要有理众之章法，否则聚众无章法且无统领之核心，则乱，以乱言“毒”，则是聚众毒天下。若没有理众之聚，被危讼所害之民众，大多是气愤、悲愤之众，情绪是首要的，自然会对平民的生命与财产安全产生伤害，这更是对初师秩序的冲击。这种冲击与伤害，便是初师时聚众毒天下的伤师事件。这也是师卦言内险之所在。

避免出现聚众毒天下之乱，故理众要立聚之名由，后由众志自发相应而聚，以产生顺聚，并及时商定自束和共束契约。顺聚就是志同者先聚，这是成师之必须。志同者聚而有聚势，聚势成，则师成。

《《《程传》》》曰：“师之道，以正为本，兴师动众以毒天下而不以正，民弗从也，强驱之耳。故师以贞为主，其动虽正也，帅之者，必丈人，则吉而无咎也。盖有吉而有咎者，有无咎而不吉者，吉且无咎，乃尽善也。”

师卦内险居下，此险有初师聚众之乱险和行师“舆尸”之暴险，这也是“毒天下”以乱险和暴险而险民之所在。干宝曰：“兵革刑狱，所以险民也。毒民于险中，而得顺道者，圣王之所难也。毒，荼苦也。五刑之用，斩刺肌体；六军之锋，残破城邑，皆所以荼毒奸凶之人，使服王法者也。”初师之乱险在于统领无序，行师之暴险在于无正师之名。

避险必行正。初师之正，必先正名和正乱。志同者先聚，成聚势，并以其开明而明了乱险和暴险之毒，而形成自束和共束契约，既可正聚师之名，又可约众之散乱。朱熹曰：“古者寓兵于农，伏至险于大顺，藏不测于至静之中。”以正名和正乱控乱险，此乱险得控，民则顺。民顺虽然是志应而顺，但更重要的是见因控险成效而出现的“正”势，自古能志应而聚的毕竟是少数，多数是看势。

“刚中而应，行险而顺。”刚中，谓九二；应，谓六五应之。在初师时，以正名和正乱控聚险，民顺而众聚成势；师成时，九二与六五应，外坤而顺内坎，“师”象大成。朱熹曰：“行险，谓行危道；顺，谓顺人心。此非有老成之德者不能也。师旅之兴，不无害于天下，然以其有是才德，是以民悦而从之也。”行险，行师之险。如何避行师之险呢？为名正，律正，行正。名正，为“民心从之，以其义动”。是为众民正义而行；律正，齐众以律，军纪严明，秋毫无犯；行正，为征讨得法，专营兵道。有此名正、律正、行正避行险，则可避兴师毒天下。

“贞，正也”。当“正”得其法，称其位，则有“贞”德。以师卦“贞”德，而行正之法，为以正名、正乱避聚险，和以名正、律正、行正避行险。故，配位与称位贞德之师曰正师。所谓“顺人心”，则必以正顺，以德感。

“丈人”。丈人者，尊严之称，在师卦对九二之称谓，为九二有配位之德与可统帅之能，故称位“丈人”。“丈人”的出现，是师卦从兵道到政道的关键所在，也是以师言兵的长久思维。

丈，有丈功。从师言兵道，为九二有统帅之能，兴师动众有功，懂兵道才能获取胜利，可左右攻城略地胜利之后的“兵”的走向，是要以兴“政”的目的来统兵，否则大行暴力下贪婪本质，以既得利益行师道，终是穷途末路，这是必须从九二就要明确的师之道，必须是一条明确的众人拥戴且光明的道路。丈，有尺度。兵者，凶器也，故暴力团体必需有大德者统帅，没有“德”为舵手，哪怕背负正义之名，以兵言兵，也会导致最终无法把握其发展方向。故，丈人明了兵与政的尺度，能在统率中或兵、或政收放自如，尺度有方。丈，有德范。德者，性也。无论是统兵之能，还是兵、政之尺度，皆是德之外化。若无开明王丈之德范，无法分清私与共，共权与专权更无法剥离，是师之害，最终荼毒民众，伤财害人。也只有王丈之德范，以兵、政、德、宪来制师，才能明了“顺”之至理，并根除以暴制暴的刚反习性。

以有丈功、有尺度、有德范之丈人，配位师之贞德，行仁义、礼制、德化之王道，则曰王师。唯王道，能以众正。以贞德行正法，顺人心并使人心顺正。所谓“正”为法，王师为体，以体行法，更能言“顺”。这便是王与霸的区别，非以兵锋屈人，以强战害人之霸。有此王师，则无咎。

“吉”。何吉之有？为以师之贞德，行名正、律正、行正之“正”法，“能以众正”，故正则吉。有丈人统兵之能，御兵有方，王师必攻无不克，故克则吉。有上下顺归，“民从之”而顺人心，故顺则吉。在师卦言吉，乃兵道之吉，正义之吉，健德之吉。

“容民蓄众”。为容保其民和建含容之大德两者。李道平曰：“坤之众，以散为众者也；水之众，以聚为众者也。水聚于地中而为众，犹兵聚于民中而为师，此‘地中有水’所以取象于‘师’也。坤二变坎为师，坤广故‘容’，坤养故‘蓄’。外坤阴为‘民’，内坎水为‘众’，故为师也。民则宽以养之，众则聚以蓄之，故曰‘容民蓄众’。”容保其民，常时兵即民，变时民即兵，以水养之；建含容之德，变时行师有正义，常时健德有德化，以坤载之。

齐众以律严明治军

初六：师出以律，否，臧，凶。

象曰：师出以律，失律，凶也。

师卦初六处下体坎之初，有水下之象，水润下，虽聚，但易散，故根基柔弱。

处师之初始，有涣散而不束之象，易“齐师以律”，律不可失，失律则散。

《程传》曰：“初，师之始也。故言出师之义及行师之道在邦国。兴师而言合义理则是以律法也。谓以禁乱诛暴而动，苟动不以义，则虽善亦凶道也。善，谓克胜，凶，谓殃民害义也。在行师而言，律谓号令节制，行师之道以号令节制为本，所以统制于众不以律，则虽善亦凶。虽使胜，犹凶道也。制师无法，幸而不败且胜者，时有之矣。圣人之所戒也。”

师出以律。为成师前聚众状态的束众之律和成师后以律治军。前者束众之律是后者成师的基础与关键。若无束众之律则难以成师，尤其是正义之师。成师的众聚之因是因危讼之害，害在“制”上，虽说不完善、不健全，但也是一种长期且既定的秩序。聚众者脱离秩序后聚成师，最容易蔑视秩序，而且志在打破秩序，所以对管束最易反感，尤其是暴怒般的情绪会激发嗜血的兽性，这也是他们求诸于“师”之暴力所在，从而形成更大的破坏与摧毁力。故，能否顺利聚众成师，就在于对普通聚众者的约束上，这种约束在“丈人”尚未居其位之前，是很难的，所以强调需要开明者，尤其是在混沌、蒙昧、杂乱状态下，开明者以历史责任感既会被选择，又会自我承担。

开明者的自束和契约式的共束非常关键，让聚众之初就有明确的目的性和积极的带动性。这种确私与共性质的“律”性，将逐渐演变成聚众之律。这时成师的良性发展才会出现。如果没有“律”在聚众者中间发挥作用，只会诞生一堆暴徒，而这群嗜血且散乱的暴徒的命运可想而知，等待他们的就是遭血洗。聚众成师后，便是对众的节制与号令。这两者会逐渐形成在军队中的律法。

“否”，恶也。反之于泰，为人失去泰然之否性，和事态失去管控之否势，这两者皆是凶事。而恰恰事态之否势往往都建立在人性之否性上，故而成恶。人性之否，在失去了德与礼的准则弹压后，习性（兽性）具大破坏性，而成显而易见的否势。

面对否性与否势，最好的办法便是受之以戒。这并非宗教般的思维与论述，而是根于人性的否性本理，从德化教之，而言戒。律者，公共属性；戒者，个体属性。言共先确私，故戒者先，律者后。开明君子与暴徒的区别就是开明君子有戒在先，明了秩序的尺度。

失律则凶。凶在何处？行师的目的是打破旧制度，建立新秩序，从师之初便确立的长久意识，若失律脱离管控，一支散乱的军队，便无法成为新秩序的基石，则会失人心。若以胜利与否的成败论，以暴言暴，破坏力更强大。故，要想走得远，走得长久，就更应该重视基础和基石。

邦万怀得众服

九二：在师，中，吉，无咎，王三锡命。

象曰：在师中吉，承天宠也；王三锡命，怀万邦也。

九二为师卦唯一之阳爻，以刚居下卦之中，又应于五，有以阳中统众阴之象，实为统兵之主，曰“在师”。在师且得其中，又应于上五，故九二为师卦之主。师卦之主，专制其师。

《程传》曰：“自古命将阃外之事，得专制之在师，专制而得中道，故吉而无咎。盖恃专则失为下之道，不专则无成功之理，故得中为吉。凡师之道，威和并至则吉也。既处之尽其善，则能成功而安天下，故王锡宠命至于三也。凡事至于三者，极也。六五在上，既专意任，复厚其宠数，盖礼不称，则威不重，而下不信也。他卦九二为六五所任者有矣，唯师专主其事，而为众阴所归，故其义最大。人臣之道，于事无所敢专，唯阃外之事则专制之。虽制之在己，然因师之力而能致者，皆君所与而职当为也。”

"王三锡命"。为"王"再三（多次）策命——授权——九二专制其师，九二以尊君臣之道而享专权。这里以师之专权——权利来源言明君臣之道。换句话说，当九二已有制师之专权，是否还有敬畏的事物在制约他，或者说他受什么牵制？从"王"策命的过程而言，这是君臣的礼仪，在外人眼里，这种策命的重大礼仪，可谓"承天宠也"，极度殊荣。其实这个礼仪呈现的正是君臣之纲常。

从师的长久思维——最终宿命而言，九二受制，则师才能言控制；除了更上的权利外，九二是否还有敬畏的东西？只是"王"的权力来源么？如果"王"自己是师之主呢？那他最终又被什么节制？

从阴阳、动静属性来说，九二为师卦之真阳，真阳最不被习气所误导，阳足则静，静则专，专则可制胜，九二配师卦"中"德，又应五而当其位，故九二可称位"中"德。刚中之九二在师卦，以九二之位，行"正"法，使整个师卦配位"贞"德。我们从自然之法序言德位，言本理，就是从要从根本上言明德教、礼制它是如何从自然法则中诞生，只有遵循事物本来的规律，才能恰当地解释其象。

将和帅，君和臣，这是"位"的自然呈现。每个"位"都有其独特的当位、配位之德。只有洞悉它、尊重它，且遵循法度应用它，才能被称位。所以在师卦言纲常，尤要重视，它是"位"所决定的，做好了才有德，才有其位该有的一切，如专权制师之权力，策命等重大礼仪的殊荣。做不好，一切完蛋，无非是趁人性之私的暴徒、流寇，哪有被讨论的资格呢？所以政治伦理，也要尊其"位"的逻辑。

"怀万邦"。九二真阳最不被习气所误导，故趁人性之私的暴徒、流寇的习性都被九二以"德"克制。有了怀万邦之公共意识，就因为这个"公"克己私，所以被德感化，众拥之。众拥之，拥的是德，是王道。

从师卦次讼来说成师之因，因危讼之害而聚众成师，聚众成师的目的就是打破危讼之害，建立治讼该有的讼制秩序，从讼体而言为自发的刚反事件，发展到师体，成师众群体与上体属于对抗状态。此处的“天”和“王”非上体的六五君主，六五君主等上体尚与聚众师成对抗的状态，言得天宠，并非得“君”宠，而是指成师之众——军众之宠；在师之初，普通民众尚未归附顺应，故非普通大众。九二制师之权来源于此阶段军众，这才是九二之“天”。当九二“丈人”身份确立，若从整个卦体言顺应，九二应六五，六五积极支持师众的诉求，为开明之君。以此而言，讼卦之六五也当开明，他有治讼之理想和健全讼制之设计，却无治世与吏治之能，造成强权夺讼，继而引发成“师”之继续发展。由此可见，志应九二的开明之君，并非贪图和在意到手的至高权利，而是践行秩序的良性发展，同九二刚中一样，以涓流之阳膏济万邦。

失位又激进之凶事

六三：师或舆尸，凶。

象曰：师或舆尸，大无功也。

六三阴柔，居下卦之上，上无应与，下又乘刚。行师战败且伤亡惨重，出现“舆尸”——以车载尸的场景，可谓凶事。

《程传》曰：“三居下卦之上，居位当任者也。不唯其才阴柔不中正，师旅之事，任当专一，二既以刚中之才为上信倚，必专其事，乃有成功，若或更使众人主之，凶之道也。舆尸，众主也，盖指三也，以三居下之上，故发此义。军旅之事，任不专一，覆败必矣。”

为何会有战败之凶事呢？六三以阴处阳，才弱志刚，失位。失位则失当位之“位”德。同时，六三在下卦之上，不中不正，其刚中之德又被九二占据，且“王三锡命”事件和“承天宠”的殊荣都与六三无关，失去上体尤其是六五之信赖，故又缺乏“信”德。

在失位德和缺信德的现实状况下，六三又激进用兵，兵道与谋略全无。故，六三以此用师，宜获舆尸之凶。战败如此，不自知且又不懂兵道，“大无功”在所难免，而且还搭上了众多将士的性命。这就意味着六三在六三之位也无称位之德，在六三失位又缺信的情况下，若能自知，不去激进用兵，在军事上懂得依附于二，依赖九二的“丈人”之能去行师，则有可称位之举，可六三并未如此，还刚愎自大，以至于悲惨事件发生。

六三“师或舆尸”之象，为以此爻发出“位”德与“丈”能之警示。言明行师无幻想成分存在，六三在失位又缺信情况下，一旦做出不明智或错误决策，则会带来灾难性的后果。不当位不谋其政，且还要有“王丈”之能，在以胜仗和军功言“能”的军事现实中，“德”才是重中之重，它决定着是否居其位，有当位之殊荣。正是因为看不见的“位”德与“信”德，决定且左右着一切，关乎着有没有“位”让你发挥其“丈”能。所以，六三就是典型的无德又无术，不仅大无功，还败相很惨，且有以战伤命之罪。

决策与定夺之道

六四：师左次，无咎。

象曰：左次无咎，未失常也。

六四居上体之下，以阴居阴位，柔而得正；虽居阴位但不中，无应，无应不可行师，但得位可以在师暂处。爻象出现知难而退之象。“左此”——后退而暂处也，在军事中为右进左退（“军事出则尚右，故旋反为左次”）之常识。为何退舍呢？为六四以位、以能审时度势，做出知进退之断，从而利于“师”之现状，故“无咎”。对比失位德、缺信德又激进用兵的六三而言，六四“能全师而退，贤于六三远矣。”（朱熹语）。

《程传》曰：“师之进，以强勇也，四以柔居阴，非能进而克捷者也。知不能进而退，故左次。左次，退舍也。量宜进退，乃所当也，故无咎。见可而进，知难而退，师之常也。唯取其退之得，宜不论其才之能否也。度不能进而完师以退，愈于覆败远矣。可进而退，乃为咎也，易之发此义以示后世，其仁深矣。”

六四以师的“左次”进退事件和“无咎”利害关系来言师之常道。何为师之常道呢？为军事决策之公共性和定夺之确私性。决策之公共性，为“师”的公共属性所决定。首先，师的组成成员为众聚而成师，“众”的公众性让师的公共性成为首要的性质；其次，行师之目的为达众人建新秩序之志愿，有众志之诉求；再次，集众成师之整体，这个整体就有了如邦体一样的当体之大，大体者，共也。所以公共性为决策提供了各种条件下的参谋——参谋众多——集体参与决策，这就是审时度势所呈现的公共决策。

为何六四柔得位，又能做出知进退之断呢？其爻象背后隐藏着非军人身份的文官参与参谋，文官无师之强勇，故呈现“柔”性，其柔性也正体现了非直接做决策与判断的刚用，为进言。进言者，众人意愿之表达或众多意见的集中采取，都充分表达了决策公共性的属性。

定夺之确私性。当军事决策之公共性被充分表达，就涉及决策的最终定夺，师卦里的定夺权并非在“君主”手里，且君主授权给九二“丈人”作为在师的绝对统帅，定夺权早已在九二明确。九二以“位”德和“丈”能决定了定夺之权不会旁落，哪怕是君主。故，王丈之德决定定夺与否以及军事延续性——拍板的能力，这指向了军队掌控者的个体行为——确私性。但这个定夺的确私事件是以“位”德和“丈”能所衡量的，虽然具有确私性质，但九二之“位”又是被公众所推举和决定的——公共赋予。这也是为什么在九二爻言“天”和“王”非上体的六五君主，而是指成师之军众。

师之常道——军事决策之公共性和定夺之确私性。明确决策之公共性和定夺之确私性，就逐渐能脱离媚上思维和权力被“上”所确的常规意识，也自然领会了这个公共赋予的核心在“下”之大众，也不难理解六四以阴居位，却进退有度，因为他践行其师之常道，谋略得当。

以礼代伐又以伐为教

六五：田有禽，利执言，无咎。长子帅师，弟子舆尸，贞凶。

象曰：长子帅师，以中行也；弟子舆尸，使不当也。

六五柔中，得尊位，有“田有禽”之象——田中有禽来犯，可猎禽以保苗，此为理直之举，如王弼所说：“阴不先唱，柔不犯物，犯而后应，往必得直。”六五无意兴兵征伐，但又有来犯者，则有“田猎”之举措。

《程传》曰：“五，君位，兴师之主也，故言兴师任将之道。师之兴，必以蛮夷猾夏寇贼奸宄为生民之害，不可怀来，然后奉辞以诛之。若禽兽入于田中，侵害稼穑，于义宜猎取则猎取之。如此而动，乃得无咎。若轻动以毒天下，其咎大矣。执言，奉辞也，明其罪而讨之也。若秦皇汉武皆穷山林以索禽兽者也，非田有禽也。任将授师之道，当以长子帅师，二在下而为师之主，长子也。若以弟子众主之，则所为虽正亦凶也。弟子凡非长者也，自古任将不专而致覆败者，如晋荀林父邲之战，唐郭子仪相州之败是也。”

“利执言”。为六五君主所施“执言”礼教。所谓正义先行，讨伐在后。如何界定其“正义”呢？为是否破礼或谁率先破礼。六五柔性，无强勇之志，且非军帅，以守柔、中之德，而无意进犯。尽管六五尚德如此，还是面临“有禽”被犯之象。“有禽”破礼在先，六五执此破礼之举而言个中厉害，此谓以言代礼，以礼代伐，以伐为教，同时也给行师一个正义之名。

为何“利”呢？依共礼而言，会有理有据，名正而言顺。何为共礼呢？从自然秩序走出的大家共同认同的礼教，非某方强为之礼。共礼秩序，规范着包括战争在内的一切社会秩序的正当性，战争更是共礼当中的一种独特形式，它特别讲究是否“正义”，一个“正”字就言明了大家共同遵守的规范性。利执言的厉害就是礼大于伐，有不战而诛之效果，因为礼亏的那方便会失人心，失众，会左右战争的平衡，关乎战局的胜败。众者，兵也，容民蓄众之礼教功能在此刻凸显。所以六五君主在此时掌握了真正的国家语调——以言代礼，以礼代伐，以伐为教。

以伐为教。当“言”的正义性被确定，对方破共礼行为已到严重失德的地步，必须以兵来示惩罚，故“礼”崩后，才言兵。并不是以礼代伐起不了任何作用，“礼”的功能失效，而是继“礼”伐之后的兵法，叫确礼继兵，这是非常高超的谋略，而非守“酸”礼的迂腐者，也是对对方从德、从礼、从兵各方面的战争，形成政治围攻，只是选择恰当的时机来定出招的策略，所以以伐为教便是以政治攻势包含军事斗争，把纯粹的兵道思维转到政治视野上，形成军与政的结合。

任用之道。当该行师讨伐时，六五并非自己统帅军队躬行，而是以恰当的任用之道授权行之。如何任用呢？为分清“长子”与“弟子”。“长子”，在师卦指九二，刚正长者，既有位德又有统帅之丈能，被众人尊称为丈人，又被君主视为长子，二中应五，治信得体，故被受任帅师，还有“王三锡命”的策命礼仪。“弟子”，在师卦指六三，三失位又无众人信从，在失位德和缺信德的状况下，激进用兵招致兵败，且败相惨烈，舆尸而还，是非常典型的无德又无术的小子，常称之为“弟”。

长子与弟子若使用不当，则有任用之失误，失误则凶。此“凶”非六三战争失败，将士牺牲之凶，而是六五用人不当之“王”凶，若出现“王”凶，既会影响局部战争之胜败，还关乎着六五柔、中之德，更延伸到国之礼教、德治之国策，若战争平衡被打破，甚至有亡国之祸。所以，六五君王的任用之道必定要以德为本，对比“长子”当位且健德与“弟子”失位且无德而言，若无位德、信德之前提，更无“丈人”之能。且“丈”的统兵之能，以及兵道、为政之尺度，皆是德性之外化。若以“能”而忽略德，来言任用，大多如言过其实之马谡者。

“以中行也”——大行中道。此“中”言德之高尚，为行九二之刚中与六五之柔中之德。刚中者，九二，得位，治信，是帅师之“丈人”，行仁义、礼制、德化王丈之德。柔中者，六五，得位，治礼，以“德”之利与失，治其任用之道，从兵道谋略到政治攻势，坐享任用九二得体之军功和治德之成效，用有效的为政践行礼制、德教之王道。

开承与封建

上六：大君有命，开国承家，小人勿用。

象曰：大君有命，以正功也；小人勿用，必乱邦也。

上六以阴居上，处师之极。有兵道之功，师道之成，正是怀柔天下之时，故可论功行赏，行开国承家之事宜。《程传》曰：“上，师之终也，功之成也，大君以爵命，赏有功也。开国，封之为诸侯也；承家，以为卿大夫也。承，受也。小人者虽有功不可用也，故戒使勿用。师旅之兴，成功非一道，不必皆君子也，故戒以小人有功不可用也，赏之以金帛禄位可也，不可使有国家而为政也。小人平时易致骄盈，况挟其功乎？汉之英彭所以亡也，圣人之深虑远戒也。此专言师终之义，不取爻义，盖以其大者。若以爻言，则六以柔居顺之极，师既终而在无位之地，善处而无咎者也。”

何为“大君”？王夫之曰：“大君，谓六五也。上六居事外，不与师旅之事，师旋而论功，六五命之以定爵行赏。”以“大”言六五之德，任用九二统帅治兵成功，授权九二独享专权，且不干预军事，为治任用之德和信德；功成后，以论功过来定行赏，为治怀柔之德和公正之德。“命”，锡命。大君持恩赏之权柄，以“锡”言恩赏礼仪之庄重和荣耀至上。

开国承家，以论功行分封之道。开国者，封之为诸侯；承家者，封为卿、大夫；小人者，赏之以金帛，虽有功但不能用而为政，小人无德则会乱邦。由此可见，分封的原则为任用君子，其衡量标准为以德为凭。“正功”者，功虽有功论与德论，但赏却无滥予。

以德为凭的开承之重，便是立德治之风向，这是从军队开承到政治治理之重要转变。从开承的层次而言，其国家治理的核心为诸侯、卿、大夫等当位者，他们所被分封的当位，首先是依“德”为凭，其次才是军功、政功，而军功与政功又是德修的必然反映。国家治理的基本单位为家，开国承家最终的落点为承家的“家”，其最终的目的为让有德者居家，以德范带动家风，这才能实现国家德治的构想。开承之重，除了治理结构的合理化外，更重要的是立家德之重，而这个家德的带动者，就是从“师”中熏陶、践行而来的有德之人。也映衬出“德”在“师”中不可替代之作用，无论是大的政治战略还是小的战略战术，无不贯穿“德”之内涵，哪怕是在以成败论英雄的师道与兵道中，都是开国承家之重器。

比卦：确制之道

坎上坤下

治理共同体形成

在师卦，大众因危讼之害聚而成师。六五君主以“德”凭行任用之道，对比“长子”当位且健德以及“弟子”失位且无德的现状，锡命九二为帅师；同时，九二以“位”德和“丈”能成军队统帅，以治军齐律之典范，行王丈之德范；六五又以以言代礼、以礼代伐、以伐为教之策略，形成政治攻势，形成军政融合之大“师”势。在历经成师、出师、将将、将兵、伐罪、兵败、退舍、得师、赏功等过程后，从而开国承家，并以开承之重立德治风向。

师者，众也；众者相亲辅，则比。《序卦》曰：“众必有所比，故受之以比”，比，亲辅也。众人亲辅之比，要如地上之水亲密无间，必作无害、无争、无危之体制，以供共享其亲，任何害、争、危之制皆自害于天下。

《程传》曰：“比，亲辅也，人之类必相亲辅，然后能安。故既有众则必有所比，比所以次师也。为卦上坎下坤，以二体言之：水在地上，物之相切比无间，莫如水之在地上，故为比也。又众爻皆阴，独五以阳刚居君位，众所亲附，而上亦亲下，故为比也。”

比卦，上坎下坤，为地上有水之象，意为地载永、众者亲，若“载”不永久，则涉坎险。坤居下体，坤者，地也，纳邦、众与共且同体承载；坎居上体，坎者，水也，以浸润之性，表亲密无间，心之所向，无有隔阂。地水者，相载相融也；载者，言邦国体制；融者，存已而亲他，言确私与共。故，比卦，言确制之道。

面对如何让大众融润且亲比的“众必有所比”的现状，以及讼卦危讼失众、师卦容民得众、比卦润融承众的三“众”现状，旧制显得只能共一时，不能共长久，在不同的卦制阶段无法适应新环境，且漏洞百出，国与民灾难重重。卦制为政思想不同不说，民苦却显而易见。如何解不同卦制下的不同民苦？无非确民私以自养，有与世无争及无他争的养需之道，民富则国富；民虽有纠纷却有解决纠纷的争讼之道，有法序供公正裁决且无强权夺讼，免于陷危讼之祸；有合理取用之道利民，又有法制保民，而无暴众刚反伤民，更无涉兵、师之难，能去师养民而利安居；国、民依礼顺养，崇德能启昏蒙以教，民健德而可得其位，有施政为民之所……让大众融润且亲比，必作制以定其国序。

比卦之精神为“元永贞”，为作国家体制“修思永”的长久意识。如何长久呢？以“元”言体制哲学当出于自然法序，符合道法本理；以“永”言同体与位域秩序分明，“系统”稳固，经得起“软件”更新充实其血肉，能随时代循环往复而不伤国害民；以“贞”言天下正道，配位“正”德，既顾人性之私，却不徇私与偏私，又确邦国与共，能安众志与众需，以其贞正行礼制与德教天下。

比卦言体制。比卦确立确私与共体制以及以德位分封而自治域体。确私与共为邦体体制，以德位分封而自治域体为治国之法。“比”之制，贯穿着道统本体精神，德位思想治则，同体位域方法论，以“元永贞”式的哲学程式，言明定邦安民之术和为政治理之法。

比卦言君位逻辑，为先确制再确君，并非先依君确制，这是比卦确制的王道，也是此“君”崇高德养的体现。确制事件归功于大开明且大公无私之“君”，在君尚未被确君主位（九五位）之前，他是大开明且大公无私之“君”（在野为圣人，在位为圣君），是他深谙道法之序，继而又体察民苦，秉“元永贞”之精神，以定邦安民之志，依中正、治信、养性之德，向天地问卜而决礼，确比卦确私与共之制。此制能合乎共礼，合乎德位，各域体结构合理，当位又健德，为政治理有定邦安民之共美。

确众与确君。比卦确制的王道为先确众，再来让众来确君。确众之制与确君事件是发生在比卦里的大事，而且是真正的定邦安民之重器，无可超越。比卦言大众融润且亲比，它的视野在众和众与众的相互关系，而确私与共体制的确立，就是以制来确众。此制之功，归功于大开明且大公无私之君，此君后经大众确君事件后，就九五位。确制事件在前，以制确众，比制言明“众”的地位，在制中“众”是重中之重，这又是以制去“君”、去“上”的优先思维，此时的“君”未就君位，但有确制之功。后，再由众来确君，这种德高且无私之君，必得大众拥戴，“下顺从”由众来确君，这样才亲辅，一个“辅”字才落位。确众私之制，有制确民，民则上下应君，九五得位才是大吉。故君位在后，这便是“君”的角色逻辑。

比卦言君道。从师卦的象征之君到比卦的实位之君，让君道成为“君”范，这既得益于比卦君主的确制之圣功，又显著于他崇高之君德，让其成为比卦五明圣君。志明，以元永贞之精神，思天下不再受危制之害之志；法明，既确确立确私与共体制，又立以德位分封而自治域体之法，定邦安民之术和为政治理之法，皆合道法本理；为明，作长久安邦之制、定为政治理之法、确众私而解民苦，让大众融润且亲比之大有为。“显”明，以显比之道而无私于物，大公无私先确众再后确君位，就九五位后，又治九五位；德明，以无私而立公德，倡孚信而治信德，提众润亲比而显诸比德，九五刚中具足中正之德等，以众德而立德范，且产生“上下应”之德服。

比卦言“比”道。内比而不失，外比而亲贤，私比而亲润，显比而无私，体比而容众，位比而纲常，德比而大化。通过行之有效的“比”法之教，确私以教君子，与共而行礼制，以其比道，德化天下。

比卦言天下。比卦之天下，通过确制、言众、定邦、就君、封诸侯、亲贤等，呈现邦国共同体，以制定架构，以德治精神，以为政充血肉，既发乎精神，又启蒙意识，还修于为政；崇德又治于德，君既立德范，又生德服，从而出现天下归德润融之大象。

比：吉；原筮：元，永，贞，无咎；不宁方来，后夫凶。

彖曰：比，吉也。比，辅也，下顺从也。“原筮元永贞无咎”，以刚中也。不宁方来，上下应也。后夫凶，其道穷也。

象曰：地上有水，比。先王以建万国，亲诸侯。

卦辞：以“元永贞”之精神作比制，言天下归德。

彖辞：先作比制确众，众再确君而上下亲辅。

象辞：相载相融之比道，正是定邦安民治国之时。

比卦，坎上坤下。为地上有水而相载相融之象。对比讼卦危讼失众，师卦新师以正义得众而旧体则必失众的现状而言，比卦有难得的承众之象，如何让这种润融亲比之象稳定长久，必作能长治久安之制，而定邦安民。《程传》曰：“比，吉道也。人相亲比，自为吉道，故杂卦云‘比乐师忧’。人相亲比，必有其道，苟非其道，则有悔咎，故必推原占，决其可比者。而比之筮谓，占决卜度，非谓以蓍龟也。所比得元永贞，则无咎。元谓有君长之道，永谓可以常久，贞谓得正道。上之比下，必有此三者，下之从上，必求此三者，则无咎也。”

“吉”。大吉之道，为比道恒久且固守正道之吉。吉之有四：为有体承载、有众应辅、有共志邦、有私亲比。易言吉凶，非福祸之言，而是是否合乎正道，是否合乎德位，非正道者必不长久，德不配位者，灾祸自至，如师之六三，失位且无德，自然有舆尸之凶事。

比卦吉之四象，吉在当体稳固，更吉在长治久安。有体承载在于所做之制，合理且共美，国体健，在民安稳，“水”众无险而不失，则自然自思亲比相融。有众应辅在于以制确众，众重于君且先于君，故而有众应辅君，当有“圣君”在时，为拥君，不在时，实为拥制，圣君不常有，而美制常在。有共志邦，有邦制确民保民，民自然志心向邦，且国以其比道，行德化天下之教，健德向上，故而民众进取，志心与邦，则治心强大，为政治理自然强健有序，励精图治。有私亲比，这是比卦最当体之象，作制思长久也好，言安民为政也罢，都是围绕如何让众润融亲比来作思考，有私亲比，是制之美，非民之尚；同时，有制供民、倡民健德，民自然和美。

“原筮”。筮者，卜也，《周礼》三卜中有一兆象曰“原兆”，为考之以筮，以供决断卜度。程颐曰：“卦辞谓，当推原筮决相比之道，得元永贞而后可以无咎，而彖辞则以九五阳刚中正，尽比道之善者也，有元永贞之德也。”原者，先也；有“先王”之义；又再也，有重再之义；重再者，必再筮，而自审是否有元善长永正固之德。

依“原筮”决断而告之，是一种显比，求问筮占，却不行巫通作弊，而诈谋骗国，且光明正大而无隐伏，以显对隐，而有显德。以强调“原”——先王原筮之占来启发“显”的无私，原筮之信可查可究，非自作“事故”。同时，以“筮”的形式向天地决礼，为礼显；既言明“礼”者自然之道，又通过“礼”道，而定安邦之术和治理之法。在蒙卦有“初筮，告”之言，为开明君子发蒙求学而决疑巫、卜的神明之启，以神明之启发乎精神，是源于道法的教礼，更是以天地之正途，而行谱施教化之正源。“原筮”的意义，就是以向天地决礼的庄严，以其天地道法礼序，而求贞正长久之道，故有比卦“元永贞”之精神。程颐曰：“元，谓有君长之道；永，谓可以长久；贞，谓得其正道。”

元者，始也，首也。元始者，道法之源，以元言天地秩序之本理，达乎根本者，必然为天地之正道；从比卦地水之象而言君臣的自然关系，为众先于君，继而作制先确众，故始者，始于众。从始于众的元序，作制必先确众，这是基于“元”的优先思维。

首，此首为国之首脑机制——体制，非言君主，以及君主之位首。比卦言制不能以君位转移，且君位是由制确定在后，虽制为君作（仅限于比卦之君，并非他君也能作制），但君不能居首，居首的是以制所确之众。所以这里要区分“九五”的最高“位”和体制（法序）所确立的国之最重者——众的关系，“位”高是德决定的，德高者会被众确君事件中推举到九五位，而非君自己就九五位，当比卦圣君在时，大众会形成君就是位的错觉，一旦圣君不在，体制就要分清就“位”者的程序，因为在政治逻辑上有先后和轻重之分。从“首”去君之先，又要避免走入君不重要的误区，而产生轻君之念。之所以言去“上”意识，是通过君的逻辑来强调“制”。

永者，为作制以谋长治久安的长久之道。从需、讼、师、比的相互发展关系，不难看出，某卦体之制皆只能应对本卦之事，一旦卦体发生变化，则出现显著的体制弊端，如需卦不能处理因饮食之道的争讼问题，故而有讼；而讼的危讼之害又不能自治，只能聚众求之于师，行师之暴力又会打破之前的民生基础……虽卦体之君和为政者们想有所大作为，如讼卦之主的治讼之心，可没有健全的体制供其发挥，反而在矛盾体中处处受限，讼之君也无能为力，而导致发展到以行“师”来暴力打破旧制，建立在暴力更迭下的“暂时国”，只会变成施暴者的利益抢夺地，循环往复的体制弊端，和暴力强权展现出来的利益现实，正是国灾民难不止的现状。所以比卦以如何承载和维持亲比现状，来言“永”的迫切性。如何“永”呢？必思“元”，从道法本理处而定法序，有天地人之共礼，而众所维护；必言“正”，无徇私、无偏私，而上下信服；必无咎，体制合理且共美，在“亲比”中各归其位。

贞者；天地之正道。言道，必有“元”之本源，继而有自然法度之礼序；言正，则不作偏私，无有以制谋特权。比君作制，以思元、思永、思贞之法，为众谋福祉，却不以制谋私欲，而且是先作制，后以己德和位德，被众拥戴就九五位，正大光明且以身作则，就是贞正的化身。

无咎。无咎的元吉状态，就是比制恰当与否的衡量标准，也是“元永贞”法则下的社会安宁状态。“使永贞而无咎者，其唯九五乎？”这里言的九五，只限于比卦九五君，并非其他的“九五”君也有其能居“圣”的功德，其他的九五君，若能遵循比制，广修君德，广施德政，已难能可贵，大多皆是德贫欲满，擅自撰制以诈私、谋国。

如何从“元永贞”看比君之君德呢？言元而能达其根本者，必是大开明君子，悟其道，明其性，尊其法，演其度，使比制之“精神”无有偏离，治有开明之德。言永必然谋众与共，且与他无侵害才能长久，从而上下信服，治有信德。言贞，承乾之命，各正性命，不以时代更迭、不以君主更替而乱其正途，皆能行其正道，以阳刚居中正，治有刚、中之德。

“上下应也”。为应道、应德、应圣君之应。应道，比卦之君作比制以思“元”而发乎道，既是宇宙道体德性之大道，又是天地人之正道；应德，治其比卦如开明之德、信德、中正之德、显比之德等诸德，又以身作则，以身倡德，并以“位”立德范，从而治其德服，被众所应。应圣君，比卦君主治道表于法，以开明求“制”，设制以求“永”，以比制有安邦、安民、安位、安服、安德之五安之功，又有以身作则的诸德范的教化之德，当得一个“圣”字，“夫群党相比，而不以‘元永贞’，则凶邪之道也，若不遇其主，则虽永贞而犹未足免于咎也。使永贞而无咎者，其唯九五乎？”故而有天下归德润融之大象，此为圣君之大治，更是以德感召的吉祥盛景。从道而言，“应”的本理为见性之应，不应则不明其性，不知道“元”，更无从依其法序治其久，故需圣君。王弼曰：“上下无阳以分其民，五独处尊，莫不归之。上下应之，既亲且安。”

“其道穷也”。以其末路穷道比其比制“元永贞”亲比之道，比卦九五君主治其“宁”，呈现的比制治理共同体，应该天下大同而趋同之，正是天下归德之时，不再是偏居一“方”，各自为政。比制亲比之道与天下归德之德范，不用此制者的后服之夫，必灾其身。不服者，国不宁；后服者，道有凶，故曰“后夫凶”。

何为“先王”？为倡德风治世且立德范之主，以德凭而行任用君子者，思以德而求教天下者。既为“师”之“大君”，又为齐军以律明法、明礼之“丈人”……总之，并非一个君“位”所限，反而以开明而显著，无论是明刑、明法、明讼、明礼、明德等，皆可当一个“先”字。先者先知也，王者王道也。刑可以为王道，法可以为王道，讼亦可以为王道，乃至礼、德等一切有利于邦、民安宁，亲比之道，众多治国之法，皆可以为王道。所谓确制、建国、封诸侯、言私众、就君位等，皆是制的一部分；自治域体，非疆土、物质分封，而是礼制与德位分封。

地水之比道。相比地水险而不流的得众成师之象，水地有流而不险的融与润之象，正是言亲比之当时。从师卦的象征之君到比卦的实位之君，从六五到九五有“阳”质之转变，使其君“角色”出现重大变化。比卦九五君以阳刚之志当尊位，以承乾之命而治于精神。比卦呈现的亲比而融润之大象，必依九五“圣功”般之大作为。以邦民亲比之重，作定邦长久之制，又以众“比”法，作安民之德教，治有安邦确制、安民求亲比、安位限王权不徇私、安服含容不杀、安德以德化天下之五安，有此五安之君，故五阴皆顺，众阴皆服。

治信德

初六：有孚，比之，无咎。有孚盈缶，终来，有它吉。

象曰：比之初六，有它吉也。

比卦初六处比之始，言比之首。王弼曰：“处比之始，为比之首者也。夫以不信为比之首，则祸莫大焉，故必‘有孚盈缶’，然后乃得免比之咎，故曰‘有孚比之，无咎’也。处比之首，应不在一，心无私吝，则莫不比之。着信立诚，盈溢乎质素之器，则物终来无衰竭也。亲乎天下，着信盈缶，应者岂一道而来？故必有他吉也。”

“有孚”。孚者，信也；有孚，为有诚信之信德且受人信服。故，信为亲比之基。这个基既为比卦初六位，处比之始，从比道而言，始为基；又是个人立身之基。亲比之道，立于人私而言人与人以及人与社会的关系，若人无诚信，则无法走进社会，融入大众，邦与社会是有众多元素复杂交织的，也只有确立了个人之孚信，才能言邦之大体亲比润融，所谓“九层之台，始于垒土”，也才能实现为政治理的理想。这也是为何比制言确私，只有私众——个人，自信饱满，真诚其内，才有亲比之实。

“有孚盈缶”，为诚信充盈于内，而显信德之显比。刘沅曰：“缶，土器，中虚。坤土中虚，坎水下流于土，坤虚能受，故有‘盈缶’之象。”中虚之缶，充盈更看不见的诚信，并非务虚，反而是治其德实，为自建信德和外修比德。

自建信德为“有孚”，再以自信饱满之信德，外修比德，故而能“比之”。从自天秉性治信德，诚而少欲，充盈自信，才有亲比之实，否则言比道，皆虚。个人有信实，才有比之实，这是外比之基。作为比之首来说，它是重中之重。

以缶之土器，言治信德之大器。德教有此利器，何愁德化不行，而民众以此为基，治其显比，一心向共，终归附于德。“终来”，人来比我也，由此私众向邦众的结构就发生了变化，孚信之德被公众相互认同，此看不见的“虚”逐渐有实。“有它吉”——“他非此也，外也，若诚实充于内，物无不信，岂用饰外以求比乎？诚信中实，虽他外，皆当感而来。”

从初六言治信德。从个人自建信德，到人来比我之实，信德之器已成，有信才能有应。有此利器（不可示人），才是比卦言亲比润融之基，否则皆是结党而行诡诈之术，与人害与己更害，邦体言比道便荡然无存。

孚信之基，重中之重。治德信不能速成，也无法速成，因为它是一种特殊的教育和启蒙，是基于共礼的价值认同，是德教和礼制的一部分，故其德化不是一天两天就能完成的，它需要一个漫长的浸润时期，这也是为何提“先王”，因为比卦亲比之貌，建立在“先王”德化之基上，这个基础就是他倡德风、立德凭已久，尤其是倡家德之风貌，行德化风尚多时，才有人人懂孚信之重要，也才明白亲比之窍门。以德凭行任用之道和以德位行分封之道，便是把“德”作为道德标尺，更是丈量利益的标准，从而大行其德教之道，邦民自然从善如流，而治之有成效。

健中正德

六二：比之自内，贞，吉。

象曰：比之自内，不自失也。

六二为比卦下体之中，得中，又与上体之五应，又得正。六二虽阴柔，却以健中正德而自健君子之德。《程传》曰：“二与五为正应，皆得中正，以中正之道相比者也。二处于内，自内谓由己也。择才而用，虽在乎上，而以身许国，必由于己。己以得君道合而进，乃得正而吉也。以中正之道应上之求，乃自内也，不自失也。汲汲以求比者，非君子自重之道，乃自失也。守己中正之道，以待上之求，乃不自失也。《易》之为戒严密。二虽中正，质柔体顺，故有贞吉自失之戒，戒之自守以待上之求，无乃涉后凶乎。曰：士之修己，乃求上之道，降志辱身，非自重之道也。故伊尹、武侯救天下之心非不切，必待礼至然后出也。”

“比之自内”。为开明君子内证德性，众人自修身德，从而建比道之内比之德。我们说亲比之基为治信德，而亲比之固则为建中正德，得中正而不自失。亲比之道若能都如六二般能健中正德，有奋图君子之志，则亲比之道会更加稳固，长久。

内证德性者必有其开明之实，证德性，必先从道、从法理上见性，也就是所谓明心见性，见道、见性者，必是开明之人，他所自证之德性非身德、外德、显德可比，属于内证的范畴。

如何保“不自失”呢？为戒之自守。《易》之为戒严密，之所以言“戒”，为六二虽有自奋之志，但毕竟不是阳刚君子，质柔体顺，有陷之忧，故而要强调“自失之戒”。

比之自内，从邦、民之比道则言大众自修身德。同德教之教化和启蒙对比，六二有自健之自觉，行中正之道，这是自奋君子之振。二与五应，这得益于九五德范之楷模，健德以身作则，众人信服，又以上下顺应之位，召示健德者之尊。所以德范风尚，以一君之力，而示范天下，这种无比贞、吉的自健之道，自然得其正应和响应。

特殊的匪人群体

六三：比之匪人。

象曰：比之匪人，不亦伤乎？

六三阴柔，居下卦之上，上比六四，阴柔不中正，既为非亲近之人，也为不可亲比之人。对比初六治信德而立比道之始，到六二与五正应，从内健德且戒之自守，有振君子之奋，正是比道贞、吉之位。反观六三，不中也不正，又不与九五比邻，故而孤独不与人亲比。不是亲近之人为不邻九五，不可亲比之人为六三无中正之比德，已陷孤独无亲之地，所谓“六三近不相得，远则无应，所与比者皆非己亲”，故曰“比之匪人”。

《程传》曰:“三不中正,而所比皆不中正。四阴柔而不中,二存应而比初,皆不中正，匪人也。比于匪人，其失可知，悔吝不假言也，故可伤。二之中正，而谓之匪人，随时取义，各不同也。人之相比，求安吉也。乃比于匪人，必将反得悔吝，其亦可伤矣。深戒失所比也。”

在比卦大行亲比之道时，六三群体却出现合群问题，从六三的状态来看，意味着每一个体制下都会有其懒制者，就连在最佳的比制也不例外。“比于匪人，其失可知”，失在哪儿呢？为失在失位，继而失德，再而失亲。对于失位、失德、失亲的六三群体，在比卦的众亲比之道盛行的氛围中，显得格格不入，既不立孚信，又无正德之健。故而言“伤”，伤，为自伤和伤他。自伤者，无正德之健，品性柔弱，阴柔再陷，不正更卑，故伤；伤他者，六三群体在亲比的社会秩序中成为不自健也无德之丑态，无积极上进之心，更不求与人融洽，为不合群之丑伤，非直接以利器伤人。

面对六三“匪人”群体的思考是什么呢？首先六三是需要启蒙与教化之群体，这就是比道启蒙，任何润融亲比之大繁荣背后，都有需要被启蒙的阶层和人，所谓德化天下，必然要有系统且可实施的启蒙教化之举，成为得力且有效的为政。其次，允许个性之“比”的另一境界，便是与匪人融洽，而不能以亲比之标准，认为六三为懒制者，去认定为反社会者。邦体不能只有一个“比”道思维，继而形成衡量之标准，要有不同的比道思想和言论，这也是六三位所决定的，六三有其本位，就不能被排斥或消亡。再次，以六三群体反而衬托出，邦、民以及各德位阶层的人如何同六三相处并融洽，才是深刻而能践行的比道，含容也好，相融相载也罢，皆要有含容之智慧，和融、载之气量。六三失位、失德、失亲的现状，正是需要在位者、居德者、众亲者践行比道精神，予以亲比。

比贤之道

六四：外比之，贞，吉。

象曰：外比于贤，以从上也。

外比，谓从五。六四柔顺而上承九五，有自外体率下体三阴归从九五，此乃柔顺贞正之道，“六四外比于九五，履得其位，比不失贤，处不失位”，是比卦大吉。

《程传》曰：“四与初不相应，而五比之，外比于五，乃得贞正而吉也。君臣相比正也，相比相与宜也。五刚阳中正，贤也，居尊位在上也。亲贤从上，比之正也，故为贞吉。以六居四，亦为得正之义。又阴柔不中之人，能比于刚明中正之贤，乃得正而吉也。又比贤从上，必以正道，则吉也。数说相须其义始备。外比，谓从五也。五刚明中正之贤，又居君位，四比之，是比贤且从上，所以吉也。”

相比六四近邻九五，六二应九五之志，为远亲。远亲与进邻是以“位”言位与位的关系，就如内与外，就是下三爻内卦和上三爻外卦之内外。从而构成社会结构的内外，以及社会结构众的远亲与进邻之位。言内外必强调“位”，只有当位才能比较其内外。

在比卦有“比之自内”和“外比之”之内外，为内健其德，外治其序，内健外治之为政，有立于“君子”而谈治理之象，虽除九五外诸爻皆阴，但志应九五健中正德，正是治君子之象，位虽柔，但志刚，正有君子自强之精神。言治理，便是各归其位，治其位序，位序正，则社会结构合理且优化；再各位配德，治其德序，各德序有诸比道之德，柔其顺，上下同志，皆能应序，重点要治其六三德位，使其有亲比之能，从下三阴皆顺上可知，对六三有教化之功。当位序和德序皆正，正是亲比之时。

远亲应志，近邻顺从，正是比道应位、应德的大贞吉之状态。六四自体同下三阴顺从九五，故而有“从上”之象，从为从贤，上为上位。在比卦，正好贤居上位，正是居九五位之大贤。

比贤之道。为认贤而从之和亲贤之法。认贤而从之，在比卦为从九五之大贤，比卦九五之贤不言而喻，且有至贤入圣之当，在于诸德之崇高。从“位”而言，九五有阳、正、中之特性，且有诸比之德。

其德与位，皆是显而易见之显比，故而可认，也容易辨认。当“贤”者并不居位，且无诸显比之德，其德证与德修皆不在明处，普通人无法辨别并从之，则需要邦国有定唯贤与亲贤之法，更应有畅通的举贤之路，九五大贤更要亲贤。

贤者，德与能也。故邦国在比道精神上要唯德，在为政治理上要唯能，这就是唯贤。唯贤必亲贤，只有唯贤是用，才能带来唯德与唯能之风尚，邦与民则自健向上。

大公无私的显比王道

九五：显比：王用三驱失前禽，邑人不诫，吉。

象曰：显比之吉，位正中也。舍逆取顺，失前禽也。邑人不诫，上使中也。

九五为比卦之主，以阳居中，当位又有称位之德，正是比君就九五位之当时。《程传》曰：“五居君位，处中得正，尽比道之善者也。人君比天下之道，当显明其比道而已。如诚意以待物，恕己以及人，发政施仁，使天下蒙其惠泽，是人君亲比天下之道也。如是天下孰不亲比于上？若乃暴其小仁，违道干誉，欲以求下之比，其道亦狭矣。其能得天下之比乎？”

比卦九五爻有两大象，为比君确位事件——比君就九五位，以及九五定安位之法。在两者之间，九五君更以诸显比之德，以“王用三驱失前禽”之帝王围场游戏，讲述杀与不杀之道，从而映射服与不服。比君之大公无私与寻常帝王的险诈谋私之对比，以王设三驱之礼，而显比出比卦君主之德服。

确位事件。比卦九五位有四阴从上之势和上下应之象，这两象实为众推之且众服之，让比君就九五尊位，从而出现的确位事件。此确位事件的发生，为比君以其位德和己德，被众所确。众推之，推其确制之功与众多治国之法，其功于社稷，为推其圣功；众服之，服其诸显比之德，更服先确制，再以制确众，不恋最高权位之尚，为服其圣德。在确位事件的关系里，有“众”为主体，有“君”为当体，有九五“位”之大体，此三者，众为先，位为大，君为后。众者邦之基，位者邦之制，君者邦之华。正是因为众为先，故众的推举与众服才为重中之重，也正是因为邦众有应道、应德、应圣君之应，才能识得比君之大贤，且肯定其确制与治国之功。能使元永贞而无咎者，正是比之九五也。

九五安位之法，为德政施仁之术，治有安邦确制、安民求亲比、安位限王权不徇私、安服含容设礼、安德以德化天下之五安之术。此五者，正是九五显比之德，显者，光明正大之意；显对隐而无私于物。林希元曰：“显与隐对。光明正大，而无隐伏、回曲、暗昧、褊窄者，显也。隐伏、回曲、暗昧、褊窄，而不光明正大者，隐也。王者以父母天下为职，生养教诲，但知吾分所当为，尽其道而为之，至于民之感恩与否，则听其在彼，初不屑屑焉暴其私恩小惠，违道干誉，以求百姓之我亲。此其施为举措，何等光明正大，而岂有隐伏、回曲、暗昧、褊窄之病，故谓之显比。”

“王用三驱失前禽”，为天子不合围的含容之德。古有祝网置四面，欲四面合围尽捕之，而汤收其三面，置其一面。《程传》曰：“故圣人以九五尽比道之正，取三驱为喻曰：王用三驱，失前禽，邑人不诫，吉。先王以四时之畋不可废也，故推其仁心为三驱之礼，乃礼所谓天子不合围也。成汤祝网是其义也。天子之畋，围合其三面，前开一路使之可去，不忍尽物，好生之仁也。只取其不用命者，不出而反入者也，禽兽前去者皆免矣，故曰‘失前禽’也。王者显明其比道，天下自然来比。来者抚之，固不煦煦然。求比于物，若田之三驱，禽之去者从而不追，来者则取之也。此王道之大，所以其民皞皞而莫知为之者也。”

所谓网开一面，正是以杀与不杀，言含容之德；当有其含容之德的仁政时，自然有其德服。“譬如王者，解一面之网，用三驱之田，禽兽向我而入者取之，背我而前去者则失之，初不求于必得。至于私属亦喻上意，不相警备以求必得焉。夫王用三驱失前禽者，王道之得，邑人不诫者，王化之行，凡此皆吉之道也。王者能如九五之显比，则亦王道得而王化行矣。”朱子认为这正是王的“王用三驱”之礼，以此礼制，而言亲比之自由。亲比之自由正是德化的表现，而非术化，术化则会以术用而行强人之难。“舍逆取顺”正是言亲比的自由，既然无“顺”之德化感应，自然就有“逆”的原因，正如六三群体处于不合群的状态一样，也并非有意逆之，而是位与德皆不正所致。“失前禽也”看似是言“失”，却是以“失”言得，失了所谓“前禽”之逆，却得了含容之德服，既有王的显比自由之礼，又有王的含容之德与仁恕之道。故，夫“王用三驱失前禽”者，为有德者王道之得。

“邑人不诫”为九五显比中的九五安位之法，以位限王权，从而不徇私。邑者，居邑，为王者所居之邑或所受封之邑，“易中所言邑，皆同王者所都诸侯国中也”。从王邑而言，指王对比邦国的私有财产与私人身份。九五居君位，故而是邦、民共同所在的天下之主，这是公共身份。同时，王也有众的私有身份，确私也当确“王”私，故王必有邑，不能把王想象成既然大公无私就要一无所有的君，这是极端的，也违背亲比自由以及人伦的。所以这是“王”身上的两个位域，一个与共的君王和邦制下的私众，这两个身份是同时存在的。在前者与共的君王身份里，王有诸多比德，包括大公无私，不私于物之德；但在私众身份里，王有邑，有自己的私有财产以及邑人。

王如何安位呢？便是诫于居邑，为不会针对自己的居邑，而下达区别于大众所遵守之命，即居邑与邑人无特权。安位无特权，就是从九五独尊之位权考虑，九五之权位，因为至高无上，最容易谋求私利或享受特权，从而盗国，欺民。当有德之君在位时，会诫训得有条有理，当无德之君在位时，就会以私欲和贪念乱其位，祸其国。所以，安位无特权就是限君权。为何言安位，不是言限君呢？因为“位”，就可以把“位”写进制里，以制来确位权，当圣君自己不例外时，任何王、诸侯等都不能例外，若言限君则会显得针对君之个体，当有不同的君就会出现不同的对待，这种变化当然没有安位之制好。

诫，并非一般的警戒、劝告，而是如制度、法序一样的期约来制约。当有显比安位时，其安德之德服已然大告天下，以此大公无私德化天下，正是天下归德亲比润融之时。

后服之凶

上六：比之无首，凶。

象曰：比之无首，无所终也。

上六以阴居上，处比之终；阴柔不中，处险之极。王弼曰："无首，后也。处卦之终，是后夫也。亲道已成，无所于终，为时所弃，宜其'凶'也。"

《程传》曰："六居上，比之终也。首谓始也，凡比之道，其始善，则其终善矣。有其始而无其终者，或有矣，未有无其始而有终者也。故'比之无首'，至终则'凶'也。此据比终而言，然上六阴柔不中，处险之极，固非克终者也。始比不以道，隙于终者，天下多矣。"

在比卦，九五以阳、中、正统领众阴，以诸比德和治比之法，而有比道之大成。且邦、民皆在比制下团结一体，出现民亲比、国繁荣之大象，而上六却例外，成为游离比制之外的"后夫"。夫者，服也，对比制之服和以及对九五君德之服；后服，则是对比制当前未服，未服则不采用比制。后服之夫，违天失人，故凶。上六比之无首。首者，精神也。比卦之"精神"为元永贞，九五君以大开明求"制"，设制以思"永"，并以诸多德治和治比之法，才出现比卦亲比繁荣之大象。而上六无首，他们并不治于精神。同时，首，始也，为行比道之始与德治之始，无首，则不行比道，更不行德治。再者无首为无"首"之核心，这个核心在比卦就是九五君，他们并不臣服或认同德治之九五。对比比君不据上、不唯权之德而言，上六为据上与唯权之群体。上六这个群体，比起六三不合群但顺从上而言，他们看不懂德化"精神"的用途与作用，他们是一群现实的盲目主义者，且会谤其德治，蔑视比法。从德证的本理而言，未修出"正果"者不可据上作态，这是无德又无能之凶事，因为邦国不能空谈，天地正道更不能半途而废。

小畜卦：德礼之道

巽上乾下

礼序政治联合

在比卦，历经确制、确君、确位等政治事件后，九五以阳、中、正统领众阴，秉“元永贞”之精神，悟其道，明其性，尊其法，演其度，有安邦确制、安民求亲比、安位限王权不徇私、安服含容设礼、安德以德化天下之五安之术，又以内比而自健，外比而亲贤，私比而亲润，显比而无私，体比而容众，位比而纲常，德比而大化等诸比之法，治有比道之大成；崇德又治于德，君既立德范，又生德服，从而出现天下归德润融之大象。

比者，润融亲比，其比相聚，其志相蓄，故而有蓄。《序卦》曰：“比必有所蓄，故受之以小畜”，蓄者，蓄聚、蓄止、定序之义；阳大，阴小，柔得位而有小畜，为以小畜大，且蓄者小势。

《程传》曰：“物相比附则为聚，聚，蓄也。又相亲比，则志相蓄，小畜所以次比也。蓄，止也，止则聚矣。为卦巽上干下，干在上之物，乃居巽下，夫蓄止刚健，莫如巽顺，为巽所蓄，故为蓄也。然巽阴也，其体柔顺，唯能以巽顺柔其刚健，非能力止之也，蓄道之小者也。又四以一阴得位，为五阳所说。得位，得柔巽之道也。能蓄群阳之志，是以为蓄也。小畜谓以小畜大，所蓄聚者小，所蓄之事小，以阴故也。”

小畜卦，巽上乾下，为风行天上以文德——礼序微入邦、民而怀柔之象。风行天上而不雨，为德泽未能下行普施，邦、民正处休养与蕴蓄之时，但邦制共同体已成，君子心志上升，国之生机日成，正是以礼定序之机。小畜者，邦、民蓄聚势小，不利行大事、涉大川，而正当以礼定政治联合之序，而行德礼之道。

巽者，入也。在小畜卦，以风入之象，而有德入为核，志入而聚，礼入定序。德入为核，从比制延续崇德而治于德之邦制，既发乎精神，又治于为政，形成精神→意识→行为之内核，以天下润融亲比之大治，使“德”深入人心，其“德”核既在邦之大体，以制崇尚，又在众私个体，以正德而自健，故而才有德化的显著成效。志入而聚，邦、民志心向邦，尤以乾体下三阳之健，志行向上，而有“志行”，其志感德而入，必然依附于德，故有聚势。礼入定序，志行向上，必然会交通其志，而大志——德尚相同，小志——为政、施政不同，志向差异，其气则乱，乱则无序，急需在其内部蓄止其乱势，而以礼定序。

蓄者，蓄聚、蓄止、定序。依德入为核、志入而聚、礼入定序的“风”入法则，邦、民志行向上，更以亲比之比附，而蓄聚其德势。蓄者，必先有聚象；如何能聚呢？为有润融之核——德为核；说明邦制实体已成，其价值之“核”广为认同，且有大治之成效，有治世盛景风貌在前，大众向邦之志日盛，其“志”势带来聚势——“其志相蓄”。故先有聚象，再有蓄之实，此为小畜卦聚蓄之义。

先有聚象，再有蓄之实，当邦众志行相蓄，故而阴阳——不同志趣来发生交通，而成密云之蓄，此密云之蓄有政治联合之象，为不同的为政思想和施政之术汇聚，政治联合形态初成。在政治联合势态之初，为政思想的交通或交锋有乱象隐藏，此时需要解除其乱象，而走政治协商并联合的通畅之路，故需要商定其政治规矩。此时就引入了礼，或发生了“礼”行为，因为前来商讨为政策略的皆是志心向邦的众君子（乾三阳之刚健君子），“礼”行为是基于德为核的自发认同，也是德化天下的成效显现。礼入定序，以一阴蓄止了众阳，为以柔蓄止刚健，而蓄聚群阳之志。此蓄止非为以刚强阻止、废止、停止其“志”向行为，而是以阴——定礼怀柔之。因众阳志心向邦为正道，必须定其礼序以激励之。在定礼事件中，初始为政治规矩，后以初浅之“规矩”而成礼，此礼又逐渐升级为制度和法序，故而演变为蕴蓄之文德——礼序，而微入邦、民之间。此为小畜卦既蓄止，又定序之义。

以礼怀柔。德化在于发散，使君德可以感召天下，而有德之核，这是聚蓄之本；而聚蓄在于聚合，众志聚合，出“密云”之象，虽政治信念相同，但定有为政之差异或意见分歧，有发生“血”象之乱的隐患。六四蓄卦之主，以定“礼”——初始规矩，而行怀柔之方，“唯能以巽顺柔其刚健”而蓄止诸阳之志，出现“血去”之文明状态，故有定礼止血事件。此为“礼”基于“密云”与“血”象的现实用途，在紧急状况里，采用了以礼止乱的策略，且卓有成效。从“礼”在止血事件里现实用途，以“礼”怀柔其刚健，而蓄止阳健之刚，避免众“刚”冲突，而成怀柔之术。

以礼定序。从“密云不雨”之象可知，“密云”为政治联合已成，“不雨”为政治协商未成，故而不能“雨”德泽普施而降为政之甘霖。从众阳之刚可知，大家不仅未协商成功，还均未妥协。此时蓄礼之主以“礼”之策略怀柔之，成效显著。六四为何能蓄止诸阳之志呢？首先是定“礼”的谋略和举措得当，再基于德为核的蓄聚之本，众君子有对礼的共识，乾阳诸君子自明而安；其次为六四治其“有孚”之信德，在以礼定秩序避免其乱的过程中，其“规矩”言而有信，以止众疑；再次，以阴制阳的自然法则，合乎道法本理，能达其根本。当“不雨”的政治协商未成时，“礼”成了大家之共识，有共识则有妥协，大家共同治“礼”，经过朝堂论礼事件后，逐渐把礼的“规矩”发展成政治制度，从而为礼成序奠定基础。

以礼蓄大。礼成为政治制度，既蓄止了内部冲突，又促进了政治联合，邦体众志得到了修饬，志心向邦出现了“上合志”新局面。欲涉大川，必先强己身，虽所蓄者小，但足以以小畜大，修饬秩序，以蓄大能，邦体礼序共识已成，正是邦体行文德——礼序之时。为政治理蓄聚在礼的秩序下，从而带来“既雨、既处”的成效，这就是以礼蓄大之功。以礼蓄大，不仅是以礼之术，蓄聚其邦众向邦之大志，以及蓄聚利涉大川的大能量，更是以“文德”的属性和定位走向文明，“礼”成为德政的独特内容和形式，礼之大体者，便是小畜卦的德礼之道。

德礼之道。通过施礼成术，建礼成序，以礼序而微入邦、民，从未有德泽普施的“不雨”现象，到“既雨”的亨通状态，继而达到了“德载”的邦、民德政共识。德礼之道，其“礼”既合道法之本理，又有以礼怀柔、以礼定序、以礼蓄大等治国之术用，以政治联合之共体，行小畜德政之实，达礼以成大道。

小畜之道。小畜卦呈现出蓄聚之道、阴阳平衡之道、礼的法序之道、礼术启蒙之道以及德礼之道。蓄聚之道，从蓄养其志，到柔其志不变其志心，继而定礼成序，贯穿小畜卦以小畜大之实。阴阳平衡之道，六四以一阴蓄止众阳，并定“礼”以其共识柔其众阳亢之已见，出现志亨、礼亨、德施之亨等亨通状态，便是阴阳平衡之道。礼的法序之道，从“礼”的策略被托出化解冲突，再从有效之“用”到为政之“术”的发展过程，正是众人志行并以小畜大之能，而实现邦国礼序。礼术启蒙之道，礼术已被开明君子共识，可大行其为政，但非开明君子必行礼的启蒙之道，历经朝堂论礼事件开始礼术之启蒙，到怀礼未行，风亨普施成德礼的缓慢过程，皆是礼的新秩序重启过程。德礼之道，“礼”术展现的为政之德，而德礼则为邦体礼的秩序和法序。从“礼”的术、用到礼序，再升华到治于精神，正是德为礼载又以礼载德的德礼之道。

小畜：亨。密云不雨，自我西郊。

彖曰：小畜，柔得位而上下应之，曰小畜。健而巽，刚中而志行，乃亨。密云不雨，尚往也。自我西郊，施未行也。

象曰：风行天上，小畜。君子以懿文德。

卦辞：众志交通，从政治联合到政治协商。

彖辞：得其蓄主，施礼成怀柔之术，而以小畜大。

象辞：以文德蓄入邦民，大行德礼之道。

小畜卦，巽上乾下，内健外巽。为风行天上之象。风者，巽也，“一阴伏于二阳之下，故其德为巽为入”。巽“入”法则是成蓄之大义，其巽“入”有三，从而构成小畜卦德礼之道的三重位域。入志而成蓄，众乾阳向邦之志，依德核而聚，上升于天，成云，为其小畜卦蓄聚之实。入礼而怀柔之，面对“密云不雨”发生冲突并有其血象的隐患，六四治信德，并制定“礼”之策略，通过定礼止血事件，不仅化解矛盾，还达成“礼”为制度之共识，这个共识就是“入”法则发挥作用，也是六四为何能蓄止诸阳之志且化解冲突的原因，不仅“入”礼而难自解，且定礼而成国术；为小畜卦以阴柔之礼术蓄止刚强，以礼行怀柔之术的蓄止之义。入德礼之风尚，当“礼”序已成，为政治理蓄聚在礼的秩序下，以“风”入邦、民，出现“既雨、既处”的普施成效，从而有礼蓄之大功，入德礼之风尚，而定文德之正序，此为小畜卦的定序之义。

《程传》曰：“云，阴阳之气，二气交而和，则相蓄固而成雨。阳倡而阴和，顺也，故和。若阴先阳倡，不顺也，故不和。不和则不能成雨。云之蓄聚虽密，而不成雨者，自西郊故也。东北阳方，西南阴方，自阴倡，故不和而不能成雨。以人观之，云气之兴，皆自四远，故云郊。据西而言，故云‘自我’。蓄阳者四，蓄之主也。”

“密云”。志气上达于天，聚而成云，其志相蓄且刚健，故而有“密”。在为政上为政治联合之象，为下三阳向邦之志，聚成云势，势在有为，且各种为政治理的思想、策略等纷纷汇聚，政治联合之势已成。虽密云但却不雨，其“不雨”的原因为空有其为政之志，却未谋其治理之术，属于“蓄未极而施未行”。既在于志心向邦的志士为政治理的主体空乏，又在于其政见各异而政治协商未成，未能达成统一的治理思路和意见，尤其在国术或国策的制定上，众人皆言，等于主体未成。

“密云不雨”有政治联合与政治协商之象，其向邦之志聚而成势，为邦体小畜能量。虽有政治联合与政治协商，但因政见不和未达成共识，如《程传》所言“阳倡而阴和，顺也，故和。若阴先阳倡，不顺也，故不和。不和则不能成雨”。为协商未成。当政治协商未成，则有刚强相对之矛盾，众人皆能执其言又不肯让步，故而密云又成聚其乱象之所。其气交而和，皆刚、皆阳，则将战；若战之则有血象之乱，故而小畜卦言“血”，就是密云不雨，政治协商未成又各执其政见的血象之乱。

“自我西郊”。为云气起于西郊而往东行。西方，阴也，东方，阳也；故起于西郊之气为阴气，阴气先唱则不顺，故阴阳不和而不能成雨，但云自西往东，其气将产生交感、交汇。郊者，远也。远则不能知政之主体，闻政而不能达其自听，故而谋政未成实体。“自我西郊”，《周易本义》曰：“盖密云阴物，西郊阴方，我者，文王自我也，文王演易于羑里，视岐周为西方，正小畜之时也。筮者得之，则占亦如其象云。”

“亨”。亨者，通也，为交通其志、交通其气、交通其礼，聚而有固，固而成蓄。其三者交感并交通，而有亨通之状态。小畜卦“亨”者有三，为志亨向上而成云，礼亨血去定礼序，风亨普施成德礼。

其志亨向上成云之亨，除了乾三阳之众志向邦，上升于天成云象外，从整体看小畜卦，下体为乾，从邦的共同体而言，有利于邦的各种要素、资料、资源纷纷汇聚而来，从乾阳且健的性质可知，均是优质资源，更包括人才，是经过比制启蒙以及有德化基础的开明君子。云者，气汇聚也，得益于其志气交和；密而纷纷，有万众一心之举。

礼亨血去定礼序。当乾体刚健，阳而有亢时，各执政见者极其容易发生冲突，这从六四的“惕”惧担忧之心可以看出，带有血象的冲突会随时发生，此时的小畜体，以一阴蓄止了众阳之亢，归功于六四蓄主。如何蓄止呢？采用了以礼止乱的策略，礼“入”，乱象即止，血去即安，以卓有成效的定礼止血事件，而成蓄止亨通之实。既怀含了众人为邦体蓄能之心，又柔了众刚健之志，可谓将阴阳不和之气调和平衡，实为礼亨的特殊状态，当“礼”的策略成验，继而发展并升级为制度与秩序，其礼之用，使小畜卦体的内部到了交泰亨通的和气状态。此处正是“礼之用，和为贵”的落点，其“和”即是六四之阴蓄止众阳之亢之和，阴阳交泰之序和。

风亨普施成德礼。当邦体礼序已成，其邦体蓄能已到“雨”的时机，正是以“雨”行为政之实，此“雨”是政治协商至政见相合之雨，也是开明君子自我调整阳亢之争锋，乃至妥协已见之“雨”。雨既落，政见合，施政大有可为之机已到。此时，定“礼”成序的术、用价值已然显现，不仅有显而易见化解冲突的定礼止血事件之用，更有礼亨交泰致“雨”——政见合成功，而诞生上下皆共识的治国之术。可见“礼”经过了实践检验，既能以礼序成治国之术，又能有现实之效用。邦国因礼序之功得其大治，已不言而喻。风行天上，正是“风”亨之时，大行以“风”入，行德礼普施之当时。

小畜卦的亨通状态出于志，也成于志，其“志”贯穿整个小畜卦，而成“志行”亨通。其志有“健而巽”之性，健者阳也，其志便因阳而刚，不会轻易折其志心，变其方向。在历经小畜的蓄聚、蓄止、定序过程中，其“蓄”环境皆发生重大变化，还有可能因蓄止而出现伤志事件，但君子阳健之志不仅未减退，反而随其变化得以调整。再者，其“志”能得志，得志在于二、五皆得中位，且具“刚中”之德，为既得当位又有称位之德，故而其众志能通。志通则气通，且是阴阳交和之气，故而小畜卦阴阳平衡，邦体无失重之虑，且终其小畜之能，最终成就了礼通。《程传》曰：“以卦才言也。内健而外巽，健而能巽也。二五居中，刚中也。阳性上进，下复乾体，志在于行也。刚居中，为刚而得中，又为中刚。言蓄阳，则以柔巽；言能亨，则由刚中。以成卦之义言，则为阴蓄阳；以卦才言，则阳为刚中。才如是，故蓄虽小而能亨也。”

“志行”过程。以刚健之志，以及二、五刚中之德，入小畜之卦体，行不同位域状况下的“志”状态，而有志向、志亢、志柔、志雨、志尚的“志行”过程。志向，乾体三阳志心向邦，其志气上升于天而成云，为其向邦之志和向上之志。志亢，在“密云不雨”政治联合的势态里，志心向邦想有所作为的政见，无法正常协商达成共识，皆执己见无有妥协之阳亢状态。志柔，六四以阴蓄止众阳，既止了将乱，又安抚了众亢，以恰当的“礼”策略，渐成怀柔之术，使无法达成妥协的众阳之志，共识到“礼”上，其志心也自明其柔性，而有志柔之转变。志雨，经过多次朝堂论礼事件，各执己政见的刚性对抗被“礼”的共识化解，正是众君子有为之时，施礼政成国术，继而发展成礼序，“不雨”的施未行，被可“既雨”之政改变，故而志心向邦之士纷纷志雨，以谋其作为。志尚，施礼成术，建礼成序，正是众士以“风”入邦、民而普施德礼之道之时，以其“德载”之有为而有其志尚。

“柔得位”。为“柔”之功与“位”之德。“柔”之功为以柔蓄乱以及以柔蓄志之功，其“功”在于“礼”的策略得当——定礼成功。从阴阳法则来说，克阳刚者柔也，虽六四之位德为柔德，但以柔蓄乱之“柔”正是“礼”的柔性，以六四柔性之位德与“礼”策略的柔性，而成其柔功。从政治联合与协商未达成共识政见且有刚性之对抗，直到“礼”被托出，自明君子识礼成共识，既化解了“血象”矛盾，又再以其礼“入”其志，以恰如其分之共识怀柔其志。此“怀柔”并非是废止与阻止，而是以礼之共识，使众人专注到礼的为政上，这就是以柔蓄志，此“蓄”便是能使其达成共识而调整志趣，还以“蓄”来引导和蓄聚众人参政之志。

“得位”，首先是六四得位，这也是六四为蓄卦之主的原因，其六四之位及其柔性，是小畜卦之卦眼。使其小畜有各种亨通之能，便是以“位”定礼和以“位”蓄志。除了六四得位之柔功，必须依仗九五之位德，定序之事宜，必九五以其权位用其“礼”术，才能发展成国序。所以六四得位而成其“礼”术，提出了礼，并发展了礼，此时的“礼”只是一个为政的策略，被志士共识成术用；九五得位而成其礼序，使礼术能够在邦体序化，这是六四无法做到的，这便是从“术”和“序”来看“位”的区别，正所谓在其位谋其政正是如此，六四无法制定或取代九五的法令，这是九五的位德权威决定的。

《彖》曰“密云不雨”，有王弼以小畜之全貌得其精髓。王弼曰：“‘小畜’之势，足作‘密云’，乃‘自我西郊’，未足以为雨也。何由知未能为雨？夫能为雨者，阳上薄阴，阴能固之，然后烝而为雨。今不能制初九之‘复道’，固九二之‘牵复’，九三更以不能复为劣也。下方尚往，施岂得行？故密云而不能为雨，‘尚往’故也。何以明之？去阴能固之，然后乃雨乎。上九独能固九三之路，故九三不可以进而舆说辐也。能固其路而安于上，故得‘既雨既处’。若四、三皆能若上九之善蓄，则能雨明矣。故举一卦而论之，能为小畜密云而已。阴苟不足以固阳，则虽复至盛，密云自我西郊，故不能雨也。雨之未下，即施之未行也。《彖》全论一卦之体，故曰‘密云不雨’。《象》各言一爻之德，故曰‘既雨既处’也。”

“君子以懿文德”。小畜卦之“文德”，为德礼之礼序。文者，以文衬刚也，正是“礼”之柔性和“德”之善性，反衬其他国术的实用性。不强调其术用，而强调其治于“精神”之能事。懿者，专久而美也。为专用其“礼”之术用，继而又有升华之美，以德礼之道治之于精神，从而治有小畜之大成。刘沅曰：“懿，美也。道着躬行曰大德，道着仪文曰小德，曰文而必曰德者，见文乃德之华也。”

小畜之德。从志入德核而有蓄聚之实开始，小畜卦有尚德的德化之德，众君子志心向邦之志行之德，阴阳交感亨通之德，六四柔得位之位德以及以其“有孚”治其信德，共识其“礼”并发展成礼术而有“既雨”之政德以及“德积载”之载德，以德礼之序“风行天上”无所不入而有普施之德。

志心向邦固自道

初九：复自道，何其咎，吉。

象曰：复自道，其义吉也。

小畜卦初九阳刚得其正，故能志心向邦，又有其刚健之才，足以上进。初九“复自道”有复德、复志、复进之复。王夫之曰：“乾健受蓄，施不能行，非乾志也。初与四应，而受其蓄，咎将归之，然位在潜藏，则来复以养其微阳，固其道也。义正则咎有所不辞，君子秉义不回，以受天下之疑谤，其究也，吉必归之。”

复者，返也，还也，为复返且坚固之义。初九上应六四，虽有被柔蓄止而志不能达之象，但观其小畜，在“礼”策略未被共识前，众阳君子上进之志均不能达其所愿，初九向邦的为政之志，虽尚未走进政治联合的“密云”之象，但也正是由于其志心向上，才能云上于天，形成“云”象之联合，同时初九带着有利于邦发展进步的优质资源。故初九是小畜卦志行乃至亨通之基，离开复德、复志、复进之自道根基，便无从谈小畜之始终。

自道者，自我修持之正道和自省之道，自者，身也；其自道为君子之身德，只以自身之志和修证之心为转移，在初九位并不能被六四所干预，正所谓“以阳升阴，复自其道，顺而无违”。无违者，则不悖其自然之理，不被外境所干扰，仍然保持其自修、自省之身德，志心上进，故而为大吉之道。

复德。为崇德而治于德之德核，以及初九乾阳刚健之德。此德使其小畜卦有蓄聚之实，离开此核之作用，就无从谈志心相蓄。同时，初九阳、健之位德，决定了初九君子有其刚健之志，更以其阳升法则使其志气能上行于天。复德便是专注其德修，坚固其德核，以其小畜有其根基，君子有其阳刚之志。

复志。为坚固其志，不因环境变化而损其志心。小畜卦在不同位域状况下的志向、志亢、志柔、志雨、志尚等“志行”过程，一切“志”的基础就在于初九之志，千里之行，始于足下。当位域环境发生变化，若不坚固其志，就无从适应环境，而践行小畜之道。

复进。不被六四以柔克刚而蓄止，而是蓄聚其上进之心。无论是志心上行不能达其所愿，还是在政治联合中为政思想未能协商，哪怕有冲突的血象之乱，也不减其上进之心。其心曰正，其志曰正，其气曰正，故而“何其咎”。“何”，又通“荷”，为荷担与承受之意。荷担，为邦荷担其责，正所谓匹夫有责，这便是立君子之志，甘愿为邦国受责、受难而奋发图强。董仲舒曰：“鲁桓忘其忧，而祸逮其身；齐桓忧其忧，而立功名。推而散之，凡人有忧而不知忧者，凶；有忧而深忧之者，吉。《易》曰：‘复自道，何其咎’，此之谓也。”

复归本位

九二：牵复，吉。

象曰：牵复，在中，亦不自失也。

九二居下体之中，从其位而言，可与初九和九三上下兼顾，而曰“在中”。故，牵复，为九二牵连初九与九三，使其均复归本位。《程传》曰：“二以阳居下体之中，五以阳居上体之中，皆以阳刚居中，为阴所蓄，俱欲上复。五虽在四上而为其所蓄，则同是同志者也。夫同患相忧，二五同志，故相牵连而复。二阳并进，则阴不能胜，得遂其复矣，故‘吉’也。曰遂其复，则离蓄矣乎？曰：凡爻之辞，皆谓如是，则可以如是。若已然，则时已变矣，尚何教诫乎？五为巽体，巽蓄于干而反与二相牵，何也？曰：举二体而言，则巽蓄乎干；全卦而言，则一阴蓄五阳也。在易随时取义，皆如此也。”

在小畜卦中，六四以阴蓄止众阳，其重点在于对九二的蓄止作用，若能蓄止九二亢进，故能以九二在下体之中位，而对初九和九三发挥影响，这个影响就是发挥牵复之“牵的作用”。牵者，为九二以其中位牵连初九与九三，而复归其本位，归其乾三阳本位，而无亢进以及冒犯之势。此种亢进并冒犯之势，会发生“战”冲突的隐患，而且此“战”非与敌战，非与匪战，而是众君子政见不和之冲突，为同志间的内战。故六四一直怀有惕惧和恻隐之心，怕冲突引发血象，造成内乱与内伤，从而自损其阳刚，形成凶道。但小畜卦要能亨通，有以小畜大之实，则必牵复乾三阳亢进将失位的状态，因失位便会失位德，失德则会冲突，不仅其德之核荡然无存，还伤其心志。所以，牵复则吉；而能行其牵复之实的，便是九二“在中”之位，以及中位之德，正因为九二既位又既德，牵复之道能成。其牵复成，是发生在九二位的蓄止怀柔之道。朱熹曰：“三阳志同，而九二渐近于阴，以其刚中，故能与初九牵连而复，亦吉道也。”

“亦不自失也”，小畜卦的蓄止义，发生在六四蓄止众阳，是上体与下体整体关系的写照。虽言蓄止，实为怀柔，并非阻止、废止其刚健之志。正因为牵复是发生在九二位上另一种形式的蓄止怀柔之道，所以九二连同下三阳有蓄之实，而行止之名，且“止”是止其失位之位进，并非止其阳健之志。故还能如初九般复其自道，仍然可以复德、复志、复进，而“亦不自失也”，不自失，为不失德、不失志、不失位。杨万里曰：“初安于复，故为‘自复’；二勉于复，故曰‘牵复’，能勉于复，故亦许其‘不自失也’。”

不能正室的非正常关系

九三：舆说辐，夫妻反目。

象曰：夫妻反目，不能正室也。

九三阳刚，居位不中且阳亢躁动欲进，进则犯也。六四以阴居其阳上，而有夫妻之象。“舆说辐”，以轮轴脱损车不能前行，言夫妻关系“反目”不睦。舆者，车马之驾也；说者，同脱也；辐者，车轴转也。王弼曰：“上为蓄盛，不可牵征，以斯而进，故必说辐也。已为阳极，上为阴长，蓄于阴长，不能自复，方之夫妻反目之义也。”

《程传》曰：“三以阳爻居不得中，而密比于四，阴阳之情相求也。又昵比而不中，为阴蓄制者也。故不能前进，犹车舆说去轮辐，言不能行也。‘夫妻反目’，阴制于阳者也。今反制阳，如夫妻之反目也。‘反目’谓怒目相视，不顺其夫而反制之也。妇人为夫宠惑，既而遂反制其夫，未有夫不失道而妻能制之者也。故说辐、反目，三自为也。‘夫妻反目’，盖由不能正其室家也。三自处不以道，故四得制之不使进。犹夫不能正其室家，故致反目也。”

从九三位而言，进不利于行，退不能安其室。九三阳进之势被六四蓄止，故不能进，六四止九三则有阻止之实，不阻止冒进必乱，既乱位又失德。退不能安其室，为六四之室又以阴在其上，阴阳不正，则不能正室。从九三观其六四，为六四蓄止九三亢进之势，如同妇人误事，这是九三位的个体视野，可见其局限性和误导性，从小畜卦来看，六四是小畜卦之主，是其卦眼，其上体与下体之根本转变就在于六四位。之所以分位域言德位便是如此，从不同的“位”则见不同的象，都会产生先入为主的判断。

九三从自身来看，志心向邦，诚挚且热忱满满，其亢进有何不可？他既看不到六四对小畜之整体的怀柔之功，还觉得六四同妇人般误事。从整体来看，恰恰是九三需要正欲望，非己位域的不能有非分之想，必蓄止，哪怕名正言正，理由充分。这就是九三只基于自身而对整体无清晰认识，被蓄止其亢进之势后，产生无所适从之感，无所适从，故反目。

从初九复自道之“自”而言位，从九二以在中之位来牵复初九与九三归其本位，也言位，九三夫妻反目之象也言位。可见守“位”是小畜卦言政治联合的基本政治规矩，言位而守位，才能当位，当位才有位德，这就是位“礼”，也是礼的自然发生之所。位礼作为基本政治规矩在小畜卦，被六四识得，欲止乱则守位，继而成为小畜卦各种亨通的关键策略，以现实之用被大家共同认同。

以礼怀柔之道

六四：有孚，血去、惕出，无咎。

象曰：有孚惕出，上合志也。

六四以阴柔得位，成小畜卦之主。下蓄止乾三阳亢进之势，为蓄止有道；上蓄聚九五治邦所需的全邦民向上之心志，为蓄阳有道；当位施“礼”得当，在以礼止血化解政治协商未成之冲突事件中，得其柔功，从而正序其礼，成怀柔之术，为正序有道。

《程传》曰：“四于蓄时，处近君之位，蓄君者也。若内有孚诚，则五志信之，从其蓄也。卦独一阴，蓄众阳者也，诸阳之志系乎四。四苟欲以力蓄之，则一柔敌众刚，必见伤害，唯尽其孚诚以应之，则可以感之矣。故其伤害远，其危惧免也，如此则可以无咎，不然则不免乎害矣。此以柔蓄刚之道也。以人君之威严，而微细之臣有能蓄止其欲者，盖有孚信以感之也。四既有孚，则五信任之，与之合志，所以得惕出而无咎也。惕出则血去，可知举其轻者也。五既合志，众阳皆从之矣。”

“有孚”。孚者，信也。为六四治其信德，君臣皆信且意志相合，这得益于九五刚健且开明，以其开明识得六四之信德，继而合其六四向邦之志与治国之心。“礼”策略呼之欲出，因上下皆信，故而有发言且立言的机会，这是至关重要的。不仅能取信，而且能产生信服，若不治信德则完全做不到，因六四本位为柔性，言轻无发，言柔更不能立，而恰恰六四突破了这一屏障。当“礼”策略成功蓄止下三阳，在收获以礼止血的成效后，其立言的机会，就在于朝堂论礼事件，以自明君子之共识，被共识立言。

“血去”。发生在六四位的以礼止血事件。血，为其血象，非冲突发生的流血事实，为六四睹“密云不雨”且乾三阳上进之现状，而有的未雨绸缪之远见，虽未发生“血”的冲突，但乱象已成，其乱在于政治协商未成，众君子仍各执己见之刚强，刚强欲战。正是因六四以忧惧与恻隐之心，谋治国之术，在恰当的时机抛出“礼”，既化解矛盾，又蓄聚其志。这便是六四以柔蓄乱以及以柔蓄志之功，其“功”在于“礼”的策略得当——定礼成功。继而以礼之共识，再蓄其志，当亨通得体与志行得畅时，“惕出”而无惧。由此可见，六四既有忧国忧民之心，又有以礼治国之术。

“上合志也”，为合九五治邦之心以及小畜卦众君子向邦之志，既有九五位，又有邦之众者。当各种乱象欲生，亢进失位现象频出时，一切还有九五把控，这是九五刚健之德和九五位所决定的，在一个有“极好”邦制的小畜卦（延续比制），君德和君位再次会把握邦体进退的方向，虽有乱象隐患，而不至于出现如讼、师之苦难。通过以礼止血事件，表面上六四蓄止了众阳之志，其实以另一个智慧方式——定礼成功之策略，蓄聚其志，而最终，邦众之志，向邦之心，都蓄给了九五，邦体之进步并未出现九三眼里的“妇人”误事，反而亨通有序，志行得体，把诸多不顺理顺了，把众多阳亢化为可蓄聚的能量。

六四很好地展现了怀柔之道。从守“位”而有位礼开始，礼发生在自然法序下，我们言“位”必有其位德，而礼则包含在位德里，这是礼与德的道法本理。它如是存在，正是在小畜卦之当前，通过“密云不雨”等现象，被六四解悟而发现，定位策略，继而发展并延伸成治国之术。礼的怀柔之道，并非在于用它的怀柔的术、用的一面，而是在于它具足柔的本性，故而，“礼”有如此多的术、用。它既能亨通蓄聚之道，又以其阴阳属性而行阴阳平衡之道，当定礼为秩序又可成为邦体礼的法序之道，还可升华到治于精神，行德为礼载又以礼载德的德礼之道。

增富之道

九五：有孚挛如，富以其邻。

象曰：有孚挛如，不独富也。

九五刚健“有孚”，为九五君既治信德被他人所信，又能信其人；信邦众向邦之志，信诸君子为政治邦之热忱。此两者以孚交感，有“挛”之象，挛者，牵系、牵连、相系也。九五牵系下三阳以共信六四，而治其小畜“阴柔得正而上下相应”之核心要领，这就是九五增富其邻之六四之所在。这就是九五与众不同的格局，正是他抓住了小畜卦体当前的要领，并且以增富任用的方式，让六四成为治国功臣，既在于六四施礼术策略得当，又在于九五采用其治国方略，并将“礼”发展成邦体之序。

“富以其邻”。富，如阳大阴小般，六四为阴，为不富，九五为阳，刚健且实而称富。邻，九五与六四为邻，为九五以阳刚增富六四。面对小畜卦的亨通与志行，九五居其君位，最盼“雨”，它考验了治国之术是否恰当，为政与君德是否有失，齐聚的优质资源是否支配得当，而行富国富民之实。

增富之法。六四与九五之邻，九五如何完成为六四增富呢？从为政治理上，为进行精英构建，尽选下三阳之精英，且归六四统领，就如同师卦锡命九二为帅师统领军队样，六四为治国能臣，且能驾驭刚亢之众精英，以驾驭精英之能而止下体三阳之亢进。既实现诸君子的为政报国之志，又能治其内乱，调和矛盾。最大的好处就是以增富六四，而实现小畜卦体之蓄聚，实则为增富邦体也，在增富邦体的蓄聚里，以德礼之文德最值得称道，它既有现实之术、用，又能跃升邦体精神，这才走到小畜卦蓄聚的本质。“不独富”，以邦体蓄聚之实，再以增富之法，行风行天上之普施，广施邦、民，故“雨”下，再以其有效之为政，使其众民皆富。

《程传》曰：“小畜，众阳为阴所蓄之时也。五以中正居尊位而有孚信，则其类皆应之矣。故曰‘挛如’，谓牵连相从也。五必援挽与之相济，是富以其邻也。五以居尊位之势，如富者推其财力，与邻比共之也。君子为小人所困，正人为群邪所厄，则在下者必攀挽于上，期于同进。在上者必援引于下，与之戮力，非独推已力以及人也。固资在下之助以成其力耳。‘有孚挛如’，盖其邻类皆牵挛而从之。与众同欲不独有其富也。君子之处难厄，唯其至诚，故得众力之助而能济其众也。”

尚德与成序之道

上九：既雨，既处，尚德载；妇贞厉，月几望；君子征凶。

象曰：既雨，既处，德积载也。君子征凶，有所疑也。

上九以其阳刚处小畜之极。以“积载”且满盈而有蓄道之大成。六四蓄止众阳既阴阳相合，又“密云不雨”的政治协商政见已和，故能“既雨”。既雨之象，既是为政得当，又是德普施之成效。“既处”，“处”者，止也；王弼曰：“刚不能侵，故‘既处’也。体巽处上，刚不敢犯，‘尚德’者也。”

蓄道已成。从“雨”象说明阴阳已和且政见亦和。和则又止，这是“既处”之象，以阴蓄阳，不和则不能止。“既和而止，蓄之道成矣。”这是蓄道成的标志。阴阳和才能实现蓄，小畜卦的各种亨通和志行，必然能蓄成；止则为和之极而止，为上九爻小畜之极。阴柔之蓄刚，非一朝一夕能成，由六四用柔巽之德，不断积累乃至积满而成。载，积满也；满则溢也，小畜满至极则必反溢。

虽蓄道小成，但秩序未建，谨防危道。危在何处？“妇贞厉，妇谓阴，以阴而蓄阳，以柔而制刚，妇若贞固守，此危厉之道也。安有妇制其夫，臣制其君，而能安者乎？”在小畜卦体时，六四以阴蓄阳，有其成效，当不在小畜卦体时，君子之阳不当被小人之阴而蓄止，当阳德处尽时便为阴气所积载，这是凶灾之兆。防在何处？为戒阴不可盛满与戒阳不可被阴蓄尽。如月圆月亏要有其规则，并循其规则而成为邦国之法度，而不能任其一极做大失衡而极反。刘沅曰：“阴德正盛之时，既戒阴以尚德，又戒阳之妄动。”

急待成序。首先要建立阴阳平衡机制，阳盛时，阴制；阴亏时，阳增富之，能使其阴与阳在卦体中依位与位德自然转换，不求处处得益，如九三，但求大体亨通。其次要建立政治联合与政治协商制度，联合者，群策群力，协商者，共识其政见，这两者处理不好，极易窒塞，而引发其乱。建立政治构架与其制度，从小畜卦定礼成术而言，下体制礼用，上君制礼序，位域清楚，治则明晰，继续守其位礼，修位德，则是贞正之道。

履卦：德位之道

乾上兑下

礼制与德位之道

在小畜卦，众乾阳君子志心向邦，政治联合“密云”已成，但政见协商未成而“不雨”，六四以一阴蓄止众阳，通过以柔蓄乱以及以柔蓄志化解矛盾，继而以礼怀柔、以礼定序、以礼蓄大等术用，以政治联合之共体，行小畜德政之实，再以礼序而微入邦、民，出现“既雨”的亨通状态。小畜卦虽蓄之微小，但从“礼”的术、用到礼序，再升华到治于精神，皆行德为礼载、又以礼载德的德礼之道。

蓄者，蓄聚、蓄止、定序也；物蓄而言履，故有履。《序卦》曰：“物蓄，然后有礼，故受之以履。”履者，践履也，人所履之道也；履者，礼也，以履言进，依礼、依位才能践履，为建礼成制并循礼、循位而慎行。

《程传》曰：“履夫物之聚，则有大小之别，高下之等，美恶之分，是‘物蓄然后有礼’，履所以继蓄也。履，礼也。礼，人之所履也。为卦天上泽下，天而在上，泽而处下，上下之分，尊卑之义，理之当也，礼之本也。常履之道也，故为履。履，践也，藉也。履物为践，履于物为藉。以柔藉刚，故为履也。不曰刚履柔，而曰柔履刚者，刚乘柔，常理不足道。故易中唯言柔乘刚，不言刚乘柔也。言履藉于刚，乃见卑顺说应之义。”

履卦，乾上兑下，为上天下泽之尊卑有位而言德位正理之象。以上天下泽之尊卑言德位，处“位”之当位则言位礼，万物皆有其序位，是“礼”出乎自然法象之所在；而德位正是以履定礼之法则。履卦，以柔藉刚，履礼为常，以礼言德位，定民志，治邦国，而行礼制与德位之道。

在小畜卦，以“礼”术怀柔通导其不通，才有志行而内亨的以小畜大之象，虽蓄道小成，但礼序待成，礼制待建，其阴盛满至阴阳失衡之危道，君子之阳被小人之阴尽蓄之凶灾，都在处之极而极反的边缘。邦体必当睹危道与凶灾而有所作为，邦、民志心未减，志心向邦依然热忱其事，且九五依然开明，对优质资源调度有序，任用六四治国有功。正礼之序因六四以阴蓄阳和九五增福六四，其为政忙于治其礼术，以礼正序的德礼之道，变成尚未施行的政治远见，而只能行小畜的蓄聚之实，其正礼成序而富其邦制的礼制，正是在履卦之时大行其道。履者，礼也，践履必然言位，且依位言礼；邦国礼制，礼术大成也，礼制成，则可定民志而治邦国。

履卦上体为乾，下体为兑，天、泽各安其位，各归其德，各演位礼，邦之共体如根在其泽而参天挺拔，谓邦树已成，且秩序稳定，正是安位，归德，定礼之时。观其履卦，六三爻以柔悦之姿，行于乾健之下，有“遇虎”履危而不见被伤害，且行能亨通之象，这便是履卦的“遇虎”事件。在履卦，取虎喻欲，再以虎言慎。欲者，言克也，有共礼可依则可克；慎者，若无礼序以供其行大度，故只能践蹑慎行；践蹑慎行，不利邦、民涉大川，大畜其力。

何为虎？在邦体言位，若不安其位，且其位无礼，便会失位德继而各失位序，谓“乱”虎；在众言欲，众欲若不疏导或正确引导，将人人为已私，不仅不择手段，且丧心病狂，继而失向邦与共之志，成邦之负累；同时为政之欲将出食肉之贪政，食人之恶政，谓“饿”虎。遇虎，需有所践蹑而慎行，实则以“虎”警示，既当“化虎”有所作为，又不能懒政，使得邦位皆有猛虎，邦民皆成欲虎与饿虎。

如何化解“遇虎”之危呢？为以“柔履刚”——依位定礼，而确德位与确礼制。“化虎”的目的为使邦、民皆能行而亨通，才能蓄聚其力，刚健向上。所以，履卦以践履之象与遇虎事件，如小畜卦引“礼”术怀柔通导其不通一样，履卦急需以“礼”建邦制，必行其邦制平衡的亨通之道——礼制与德位之道。

履光明象。为履卦依“位”而行礼制之道，把在小畜卦有治国之效用的“礼”术发展成邦国礼制，尤其是建立君王礼制之道，九五王者制礼，让王位再制于礼，并大行监察与弹劾之能事，而出现如位光明、志光明、显光明、礼制光明、亨通光明、德树光明等众多“光明”之象，而成就“履”之治。从“辨上下”之尊卑有序的“位”光明，到依“位”行以履定礼之法则，正式确立邦、民的礼制之道，以德位思想治则和同体位域方法论，构建法→礼→德三者一体的履之德树，从而有礼制光明与亨通光明的履之大治。

履：履虎尾，不咥人，亨。

彖曰：履，柔履刚也。说而应乎乾，是以履虎尾，不咥人，亨。刚、中、正，履帝位而不疚，光明也。

象曰：上天下泽，履。君子以辩上下，定民志。

卦辞：遇虎言危象，行“化虎”之履政而致亨通。

彖辞：以柔履刚而定礼，履礼大治而履光明。

象辞：德位与礼制之道。

履卦，乾上兑下，内悦外健，为上天下泽尊卑其位之象。履卦以和悦应合刚健，邦体秩序刚健稳固，且民和悦，有履光明的大治之象，人所履道，其遇虎危地甚多，履卦化“虎”险而行亨通，实则以礼安虎也。以礼安虎，为履礼成制，邦体以礼制建序，使其能循礼法而各安其位。程颐曰：“履，人所履之道也。天在上而泽处下，以柔履藉于刚，上下各得其宜，事之至顺，理之至当也。”当礼制已建，礼法已全，必当履礼而行——慎行思危，若触反礼法而行危道，则必然被履正——履危行正。

《程传》曰：“履，人所履之道也。天在上而泽处下，以柔履藉于刚，上下各得其义，事之至顺，理之至当也。人之履行如此，虽履至危之地，亦无所害。故履虎尾而不见咥啮，所以能‘亨’也。兑以阴柔履藉干之阳刚，柔履刚也。兑以说顺应乎干刚而履藉之，下顺乎上，阴承乎阳，天下之至理也。所履如此，至顺至当，虽履虎尾亦不见伤害。以此履行，其亨可知。九五以阳光中正尊履帝位，苟无疚病，得履道之至善光明者也。疚谓疵病，夬履是也，光明德盛而辉光也。”

遇虎事件。“虎”，乾三阳为虎象，上六为虎首，九四为虎尾。以遇虎“履虎尾”在于言其危，在定礼为序前，取虎之危象。虎为刚强之兽，性凶且能伤人，故人皆惧虎。邦体大而庞杂如虎，经小畜卦多种优质资源的“密云”汇聚，邦的共同体不仅庞大且极其复杂，杂乱无序则危如乱虎；同时志心向邦有为政之志的乾阳君子，志心如虎，谓气势如虹，但若不加以约束、管束，多如小畜卦之九三，不居其位反而进位，则如凶虎。乱虎、凶虎者，乱邦伤人，其乱邦伤人之祸，重在失序、无序导致的“欲”望横行，不加管束与教化，进而失已位进他人位，成凶害之险。《折中》梁寅曰：“夫虎，刚猛之兽。乾三阳，虎之象也。上为虎之首，则四为虎之尾。兑履乾之后，履虎尾之象也。虎咥人者也，然以和说履之，则不见咥而反至亨。以是观之，人之践履卑逊，何往而不亨乎？然和非阿容也，说非佞媚也，亦恭顺而不失其正耳。”有凶害之险，故而蹑足而进，乃“履”的践蹑之义，重在小心、惧怕，蹑足而不安。

取虎喻欲，必须建序以克欲。此欲者，非说人应无欲，而是基于人性之私失去礼、德教化而滋生的多欲。遇虎事件，首先是遇欲，这是一个可自见的危事件，因邦体蓄聚之杂乱的凶象显而易见。遇欲，君子当自省，为政者当有所作为，据“虎”之危象而思安虎之法——当建序克欲。建序克欲便是克其多欲，克其失位之欲与无德之欲，使其归其位序，继而守其位礼与位德，使邦体刚健而有序。

触“礼”事件。遇虎，有所蹑而进，为邦行而无其大度，而慎行，慎行之因在于“怕”，无所应对而不安。遇虎事件之警示，若不有所作为，治其有为，则会因肆欲横行而到处皆虎，不仅邦位失序而有虎，邦民皆成欲虎与饿虎，邦之倾、颓之大危则来。蹑足而进，是触礼之始，从怕惊虎的小心、谨慎，以其谨慎而专注其危在何处，而有发礼之始，此始是一种“明”，源于心地意识；不然欲多则胆大，多大的风险都敢尝试，自然也是失礼之所。当触礼之始发生后，继而会发生“礼”行为，行其虎尾之礼，这是非常重要的转变，故而卦辞强调“履虎尾”，履虎尾则为安其分。以履虎尾而安其分，且安守虎尾之位。

“履虎尾”。以安分其欲与安位其序而确礼序。发生遇虎事件和触礼事件后，确“礼”序行为在“履”中因遇险而自然发生，这是基于比卦与小畜卦德教后的一种开明，这种开明经过德与礼的教化积累后，在履卦发生，是启蒙与教化的自发意识，这种意识被开明人士识得，见其危象而治其自发，这就是有为的共体政治之初始，邦体的政治是综合体，为各种治道之为政，非单纯为官治，以全民皆政而成为政的主人公。以履虎尾而安其分，为安分其欲；安守虎尾之位为安位其序。虎有虎序，虎尾有其虎尾序，各安其分则能组建其邦体共序。各安其分、各守其位的邦体共序，自然是处处亨通的，不仅危象自消，且因位序通达，而发生“不咥人”的位果和序果。孔颖达曰：“履卦之义，以六三为主，六三在兑体，兑为和说，以应乾刚，虽履其危而不见害，故得亨通，犹若履虎尾不见咥啮于人。”

“柔履刚”。为定“位”而履位，履位而定礼，更履其道。六三履其九四之位尾，六三阴柔，九四乃至上乾体皆阳刚，为“柔履刚”之象，本有“履虎尾”且履者危之虑，但终未发生咥人事件，为“说而应乎乾”，以六三阴柔之性应乎乾阳之志，从而以六三与九四两者之“位”，发乎于礼。介于六三与九四两者而言“位”，此为以辨上下之明——“位”出，以此定“位”，则出位礼与位德。位礼，发乎其天理自然之端，为“位”的道法之序德，呈现出“礼”。王弼曰：“三为履主，以柔履刚，履危者也。履虎尾有不见咥者，以其说而应乎乾也。乾，刚正之德者也。不以说行乎佞邪，而以说应乎乾，宜其‘履虎尾，不见咥而亨’。”

《易》系辞曰：“天尊地卑，乾坤定矣，卑高以陈，贵贱位矣”以乾坤天地定尊卑，按体性来说，天地指道体域，则乾坤指道性域，这个“定”是大道体性圆融一体同体承载，同时又体性各域——同体位域。“尊卑”何位呢？为德位。德为道性，故为道性作用的道体的内容与阶段不同，而有尊卑，乾作用天，显圣德，坤作用地，显用德，圣德为体，用德为用，坤为乾化，用为体出，故乾天圣德显尊位，坤地用德显卑位。立于体用法则和体用相上，便能将性体之位界定，又能定尊卑之位。

“位”光明。德位是定礼之法则，离开德位则无从言礼制。六三之柔履九四之刚，以此两者“辨上下”而有尊卑“位礼”之实，使“履虎尾”之危象，转为安象。故而，“履虎尾”以安分其欲与安位其序而确礼序。履位而定礼，为应乎乾性，更是德之本性，德位自身展现出的秩序就是礼。从小畜卦六四以一阴蓄止众阳而现怀柔之礼对比，小畜卦施礼“术”，为谋求为政之利，以解其“密云不雨”且政见不和之将乱。履卦的六三以柔性履九四之刚尾，从履位的内部结构而言爻“位”的自然秩序，以及发生“礼”的内在道法本理，履卦通过德位言礼，着眼于“道”。所以说“柔履刚”履位而定礼，更履其道。以辨六三与九四两者上下而见位，当履位而定礼，则六爻位位清晰，礼礼分明，德位尊卑有序，同体承载又体性各域，而有“位”光明象。位光明象是礼制成邦序的标志，位位是邦体共同体的描述，而位位光明则是从邦体的整体言礼制之共序，从而呈现邦体结构稳固，政治稳定。

“履帝”光明。履卦九五得刚、中、正之位，是邦体礼制秩序里，最有德盛而辉光的光明位，也是最开明之位。六三虽为成卦之眼，但自比卦始，以其开明之德和诸显德的九五一直是最开明之君。是谁以辨上下来定位，继而发现位“礼”的自然秩序呢？为乾三阳开明君子，尤其是九五君主。悟其道，明其性，尊其法，演其度，是对九五开明最直观的描述，也只有达乎道体德性之本质，才能演其位与礼的法度。从小畜卦之六四只能施术治国一样，履卦六三虽为卦眼，但正礼以健邦序，还要依靠九五，这就是九五决礼之权位与权威。

在履卦言遇虎事件，取虎喻欲，以虎言危，其实最大、最危险的“虎”，为九五的食国之虎与乱权之虎，九五若多欲则贪而食国，至高权力无有节制则乱权祸国……但履卦九五自正其德，自修其性，以九五决礼的关键性建礼行为，将九五位放在邦序礼制秩序里，以礼法和位德加以约束和节制，当九五能约礼时，权位至高与权威无上之“危”迎刃而解。君王礼制之道在履卦被九五构建，其终极权力的去向，以“礼”法约制，其解决的并非单纯一个“权”的问题，是位、礼、德等元素在九五位的综合属性，“权”只是这些综合属性的表象，但世人皆只看权和只看到了权。所以九五约礼，并非只为约权，而是行权在其中的君王礼制之道，如比制君主一样，开明之君并不常有，而礼制常在，君王礼制之道可规范其非开明的“愚”行为以及发生危虎事件，只要各建位序，则不会以王权乱其他位序。它更利“元永贞”。

帝虎。对比建比制之比君，治礼术之小畜君，全礼制之履君，皆开明且德位高尚，而且有其“圣功”之为，但只有履卦在九五处言“帝”，完全区别于比卦、小畜卦之九五。履君通过健全礼制与德位之道，尤其是建立君王礼制之道。履卦九五王者制礼，让王位再制于礼。“虎”能制礼再制于礼，克己为公，王也，治显德而无私。此建序为政之功，以“履帝位而不疚”，而有“履帝”光明象。《程传》曰：“九五以阳刚中正尊履帝位，苟无疚病，得履道之至善光明者也。疚谓疵病，夬履是也，光明德盛而辉光也。”以毫无瑕疵弊病之大为政，健全礼制之圣功，当得上一个“帝”字之殊荣。以“帝”言德高，而且是无比殊荣之崇高，非古代帝制之“帝”。

礼虎。当礼制已成，“履虎尾”之危象已除，呈现的便是礼制后的虎象，为礼序之虎，取虎之“王”象，言礼法为王。君王之位，以礼序约之，且以礼“位”建君位，以德确“帝”，以邦体的位序确帝，君位合法性备具。履卦九五王者制礼，让王位再制于礼，而防其以权夺礼。同时，除了君位，邦序之其他诸位，也在礼序中以礼约之，其邦序阴阳不平衡之危象已除，“戒阴不可盛满与戒阳不可被阴蓄尽”成功被礼制制约，阴与阳不再也不可越位而侵犯他位，若侵犯不仅法不容情，众阳也会依礼而阻之。君与君位，邦体与邦的诸位，皆因礼制而呈现高度秩序化，邦体乱象和危象已除，且政治结构稳定，故呈现履卦的“履帝”光明象。

“亨”通光明。履卦之亨为位亨与序亨。以“位”确礼，建礼制要依照德位法则，德位同体承载又体性各域，它必然位位清晰，礼礼分明。当礼制已成，则以礼制约其位，此时之当“位”行为，要遵守礼法约束，邦体政治结构中的所有“位”均在礼制结构中，各安其位，无比亨通，不乱己位，不侵他位，井然有序，不仅各为其政，且各守其位的邦体共序，邦体之共体以及各位域，自然是处处亨通的。礼制通，则邦民自通，由此德位明晰，邦制结构也通畅无比。

“定民志”志光明。在履卦，从“履虎尾”的危象到“不咥人”之结果，皆是民众关心的大事，若到处皆是虎的危险，民则大乱，向邦之步必然徘徊不前，向邦之心也渐颓废。故而履体诸君子与履君大有作为，以振履序，从遇虎有危的事发之因，到寻求解决之道，从“礼”行为发生到建礼成序，最终有礼制健全之果，此“果”从民看来，就是“不咥人”——无殃民之乱和食民之实，没有凶虎、饿虎、贪虎当道。故民“说而应乎乾”，此悦为心悦诚服之悦，民心安且富足，故而言“定”。这个“定”，是激励民的向邦之志，在履卦为以礼制序定，以“位”定，以德定，非强权弹压，或行诈谋之术而骗之。邦序定则民安，建礼制正邦序实为安民之上策。民向邦之志，此“向”要在礼制结构里依位、依礼进志，非乱争，而不会出现小畜卦“密云”汇聚且各执其政见之象，且民见诸“位”的视野，也因以礼约之，而不会出现小畜九三的自我视野——小畜卦六四是小畜卦之主，是九五信赖的治国之能人，在九三视野里却有妇人误事之嫌。“说而应乎乾”之“应”，为民皆向君，君德崇高可望，治国众君子德正可学。其为政，以“位”之己身份而大有可为，当为政之德满时，又会依礼而牵位或上位，所以德通则位通。

礼序德树光明。德树，以众位有序如树陈列，根、干、枝、叶位域分明，各舒其礼，各正其德，实为已构建法→礼→德三者一体的履之德树，位礼清晰且约礼显光明，君制礼再制于礼，民制于法，君民相等，在位上显礼，在礼上崇德，故而邦体亨通，民志安定，而有光明和悦之声，以“乐”之。

礼的自然起源

初九：素履，往，无咎。

象曰：素履之往，独行愿也。

履卦初九为履始，无应无比，阳刚且安于卑下，朴素无饰而专注生活，直到“触”礼，从而践礼而行之，且专注奉行其礼。王弼曰：“处履之初，为履之始，履道恶华，故素乃无咎。处履以素，何往不从，必能独行其愿，物无犯也。”

《程传》曰：“履，不处者，行之义。初处至下，素在下者也，而阳刚之才可以上进，若安其卑下之素而往，则‘无咎’矣。夫人不能自安于贫贱之素，则其进也乃贪躁，而动求去乎贫贱耳，非欲有为也。既得其进，骄溢必矣，故往则有咎。贤者则安履其素其处也，乐其进也，将有为也。故得其进则有为，而无不善，乃守其素履者也。安履其素而往者，非苟利也，独行其志，愿耳独专也。若欲贵之心与行道之心交战于中，岂能安履其素也。”

素者，朴实无华也，以素言其本质也。胡炳文曰：“履初九言‘素’，礼以质为本也。贲上九言‘白’，文之极反而质也。”以“素履”非常郑重地强调：礼非人为发明创制而强加于人，而是道之所呈，法之所显，开明君子从自然法序中获取，利于人类文明进化和邦民治理，故而建礼。初九位无应无比，可知自行其礼为无人强加，礼者师法自然，故人人可见礼，只要具阳刚之德，哪怕是卑下之位。

往者，践行不处也。人生存则必履，履为人的基本习惯，“生”为人的基本欲望。在基本习惯和基本欲望面前，如何践履前往而求生，则为礼。礼立于民而普世，制法保其民本，民则有生。

“礼”的发生乃至制礼，不是自开始便自上而下被灌输的，它的发生过程在小畜卦和履卦都已清晰，礼发端于自然秩序，发生在自然事件中，且皆因有化解矛盾与危险的实际效用，而被发现，继而采用发展。

从小畜卦的六四以柔止乱，化解“血象”矛盾而托出“礼”，到履卦化解六三与九四两者“履虎尾”之危象，因定位而显礼，皆是发生在自然事件中，因“礼”其当下之用，继而识礼成共识，再发展成治国之术。它有礼的发生过程以及从用到术的发展过程这两者。

正因为礼法是好东西，故而君子皆愿专心维护于它，君主也采用它。后被开明君主，从术定制，这才有自上而下的普施，此自上而下实为定邦序而安国安民，而事实证明，邦序定则民安，建礼制正邦序实为安民之上策。从比君、小畜之君到履君，均以崇高的显比之德，制约其权私和位私。

觉礼而见礼的平易特性

九二：履道坦坦，幽人贞吉。

象曰：幽人贞吉，中不自乱也。

九二阳刚居下体之中，其履道平坦顺畅，其“履道坦坦”象征着更多的“礼”被发现，为无处不见礼，如同“道”无处不在一样。见礼如悟道一样，需静而生慧，故性情安静恬淡之人有其觉礼的正道。王弼曰：“履道尚谦，不喜处盈，务在致诚，恶夫外饰者也。九二以阳处阴，履于谦也，居内履中，隐显同也，履道之美，于斯为盛，故履道坦坦，无险厄也。在幽而贞，宜其吉也。”

“履道坦坦”之象，为随处可见礼，礼无处不在，这是礼发乎自然而有的平易之特性。如道一样，既高深莫测，又平常如是，只是日用而不知。见礼，通过礼发生的自然状态和礼处的自然法象，随时随地可根据万事万物来发现礼，利用礼，接受礼的指引，便是履之礼道。

何人能见礼道呢？如证大道一样，其方法便是“幽人”的“归根曰静”，以九二幽蔽之象，以柔静心，以幽闭躁，使其静而生慧，便能觉礼。正所谓正礼修德，以“中不自乱”制于心。

不要忘记舍身喂虎之人

六三：眇能视，跛能履，履虎尾，咥人，凶；武人为于大君。

象曰：眇能视，不足以有明也。跛能履，不足以与行也。咥人之凶，位不当也。武人为于大君，志刚也。

六三居下体之上，履上体之尾，阴居阳位，不中不正，正是履虎尾之象。六三虽有眼疾但能视，虽脚跛但能行，履其虎尾被虎咬，是凶险之象。尽管如此，六三又以九五之阳刚之志，行此凶险之“履”途。王弼曰：“居履之时，以阳处阳，犹曰不谦，而况六三以阴居阳，以柔居刚者乎？故以此为明，眇目者也，以此为行，跛足者也，以此履危，见咥者也。六三志在刚健，不修所履，欲陵武于人，自为于大君，行未能免于凶也。而志存于五，顽之甚也。”

“眇”，目盲也，为眼有疾；跛为脚有疾。“眇”和“跛”均是礼制未建时的制度弊陋，眼有疾虽能视，但不能正视；脚有疾虽能行，但不能正行，不能正视和不能正行之人，为何还要履虎尾呢？为邦制弊病。弊病在何处呢？无礼来制虎，使虎伤人；无法来约人，使行而无位。

虎伤人事件。居六三位先言履虎尾而咥人的凶象，以身喂虎之象，被六三见得，见到了多少呢？不止一次，至少有眼不好和脚跛的人为代表。面对虎伤人现象的思考，六三虽“不足以有明也”以及“不足以与行也”，但六三有以武人之质而欲履九五之尊位之大志（武人，指六三。大君，指九五），以其刚强之志，窃据众阳，而有大觉。六三虽位不中正，但可窃据众阳，动而有应，意思就是起初不明，但虎吃人的现象被看到，再以此现象借众阳之开明，明白了根本原因在于邦之弊病，无礼法制“虎”且约人。

在遇虎而触礼事件中，我们知道遇虎事件之警示，若不有所作为，治其有为，则会因肆欲横行而到处皆虎，不仅邦位失序而有虎，邦民皆成欲虎与饿虎，邦之倾、颓之大危则来。

以身试法之大无畏。面对虎伤人现象，若不从虎伤人事件中觉礼，这种牺牲会无止境发展下去，而且还会进一步恶化，弄得凶虎与饿虎比比皆是。六三虽位不正，且质弱，但她有治国大志，以“武人为于大君”之志，敢于舍身喂虎。这并非窃位与僭君，而是立志要像九五一样英明治国，六三就是那个舍身喂虎的人，以身试法，终证就礼法。

多难兴邦。六三先言凶象，再言进取象，后言志向。终究以“柔履刚”之实质成为卦之大吉，并且以此大无畏之精神成为履卦卦主。总有被弊制祸害的人，被凶虎和饿虎吃掉的人，六三质柔，位不正，屡屡受制虎伤害，如同广大百姓，在寻常事件中只能白白牺牲，可终能以“武人”壮其身、胆，以大无畏之精神，从苦难中觉醒，实为多难兴邦。不要忘记舍身喂虎之人，如商鞅、康有为、李大钊等，那些成仁取义之明士，证就礼法，成就身德，带来觉醒之光明。

以礼怀柔之道

九四：履虎尾，愬愬，终吉。

象曰：愬愬终吉，志行也。

九四阳刚居乾体之下，近九五，以阳承阳，为履九五之君之后的“履虎尾”象，九四的处位之道为畏而敬之而志行，既无虎咥人之忧，又无近君有险之虑。王弼曰：“九四逼近至尊，以阳承阳，处多惧之地，故曰‘履虎尾，愬愬’也。然其以阳居阴，以谦为本，虽处危惧，终获其志，故‘终吉’也。”

“愬愬”，为既戒慎恐惧，又谦而敬人。九五为何有戒慎恐惧之心呢？为九四近君有伴君之忧，以及九四居六三之上，目睹六三被虎伤之实，有惧怕邦体漏制祸人之虑。九四谦而敬人，为九四觉礼而知礼，以礼事人，更以礼事君，故而有“谦”。

为何言“终吉”呢？在伴君之忧里，九四以礼事君，故而进退有度；同时，九五以己贤知礼，以礼约位，以法制权，既无以权术弄人之戏，更无为谋私利而与九四合污之嫌，虽履九五虎尾，却发现九五是礼虎，制礼法之王虎，其忧尽除不说，还被礼制安其心志，伴君作谋，为邦国尽心尽力。其惧怕邦体漏制祸人之虑，前有六三以身喂虎，终证就礼法，后有九五以礼治国，治其体制弊端，凶虎被礼法制约而凶险尽除。

九四“履虎尾”。对比六三“履虎尾”而言，六三履制，为邦体制度之虎；九四履君，为九五尊位之虎。

黄寿祺曰：“本卦中凡见履虎尾者三：一、见于卦辞中，取上下卦之以和悦上应刚健之象，故为‘不咥人而亨’。二、见于六三爻，以其乘刚妄动，违背履道，故‘咥人而凶’。三、见于九四爻，以其阳刚谦逊，戒慎恐惧，故得终吉。此三者不同，卦辞在阐释一卦之义，而爻辞则分别在说明一爻之旨。”当九四既无有伴君之忧，又无惧怕邦体漏制祸人之虑时，其志得到激励，“志”光明象尽显。九四志行，为治邦国之能士，在礼法制度下大有可为。

决礼与王制之道

九五：夬履，贞，厉。

象曰：夬履贞厉，位正当也。

九五阳刚中正，具刚、中、正之德。有刚断果决之象，故而曰“夬履”。王弼曰：“九五得位处尊，以刚决正，故曰‘夬履，贞，厉’也。而履道恶盈，而五处尊，是以危也。”

《程传》曰："夬，刚决也。五以阳刚乾体居至尊之位，任其刚决而行者也。如此则虽得正，犹危厉也。古之圣人，居天下之尊，明足以照，刚足以决，势足以专，然而未尝不尽天下之议，虽刍荛之微必取，乃其所以为圣也，履帝位而光明者也。若自任刚明，决行不顾，虽使得正，亦危道也。可固守乎？有刚明之才，苟专自任，犹为危道，况刚明不足者乎？《易》中云'贞厉'，义各不同，随卦可见。戒夬履者，以其正当尊位也。居至尊之位，据能专之势而自任刚决，不复畏惧，虽使得正，亦危道也。"

九五决礼。夬者，决也，有决断之刚，故《程传》曰刚决。"夬履"就是决礼。九五如何决礼呢？为决定"礼"的走向与为礼定法。为礼作方向决定，就是把礼最终引向何处？在治国中居何位置？从履卦以礼建礼制而言，九五最终的思考，就是以礼决制。以礼决制，把礼建成邦序，完全区别于礼术，礼术为治道，而礼制高于礼之治道，是礼术的森严法序之源。这需要九五秉承"元永贞"精神，深入道法本质和邦国现状，作利于永久思考。

以礼决制的决断需要九五专决。其专决既需要九五之大开明，又需要九五之权位推行并普施之。九五之大开明，为能悟其道、明其性、尊其法、演其度的开明，能觉礼、见礼、知礼，并治礼，非履卦其他自明君子能比拟之，这依赖于九五君德。九五之权位，利于施有为之政，推广治国之法，任用贤能之才，纠察漏洞弊端等。

健全礼法的决断需要群益而共决。共决者，显决也，以此显决既为九五治显德，又为九五有兼听之德。共决，从夬卦可知，决于何处？为决于王庭；共决需广集群益，广议礼政，扬于王庭而共决之。

九五决礼，无论是专决还是共决，九五皆能坚守中道，秉持正道，故曰"位正当也"，此位为当谋其政的"位"恰当，且有民悦应之，可大谋其政。

"厉"，以夺礼之危厉，而言君王约礼的君王礼制之道。"危厉"何在呢？

为专断之失有违正道和以权夺礼而行法例外。从“履道恶盈”来说，凶虎、贪虎为惯象，且九五又处至尊高位，无法像普通人一样被约束；从“帝王之术”来说，以权弄法为惯象，法外夺礼更是常事。

终极权力的去向便是以防危厉之思考，如比卦与履卦一样的君主并不常见，如何避免不出现九五这只凶虎来食国，是君王礼制之重。既要敬畏礼制，知其见礼之根本，又能使其君王约礼，在礼制的法束之下。

常存危惧之心，时常修政而悟其治道，要明其礼法并非只为约人，管位，它是道法之序，治之于礼制，便是治于精神，更是养天地之德，九五王者制礼，让王位再制于礼，是君王守正之道。

确德位治则

上九：视履考祥，其旋，元吉。

象曰：元吉在上，大有庆也。

上九居履卦之上，为履之终。为阳居阴位，刚而能柔，能明鉴履道之得失，考察祸福之兆。一般卦体之上爻，多因寓物极必反而常有凶象，履卦上九以“其旋”，能反转其凶道常理，因有“居极应说，高而不危”之象，并以此治有履道之大成。王弼曰：“祸福之祥，生乎所履，上九处履之极，履道成矣，故可视履而考祥也。而其居极应说，高而不危，是其‘旋’也。履道大成，故‘元吉’也。”

《《《程传》》》：“上处履之终，于其终视其所履行，以考其善恶祸福，若其旋则善且吉也。旋，谓周旋完备，无不至也。人之所履，考视其终，若终始周完无疚，善之至也，是以元吉。人之吉凶，系其所履，善恶之多寡，占凶之小大也。”

上九终始之吉。上九处履之终见吉，在于履卦有确位之始，所谓“人之所履，观之于始，则诚伪未可见，惟观之于终，然后见也”。正是如此，人之所履便是履确位之位序，能履序则合自然法序，合道之履，便能元吉在上。始能履终亦能履，则执履位之终始，在自然法序中应序而为，则有无为之境，一切皆顺应法序之自然。能观之于始又能观之于终的便是履卦以确位之思想来定礼序制位序，只有在礼序与位序中能履，便能在法序中言盛德。位乃法序之位，顺法序而定秩序之位便是履卦所确之位，因位而有德，履位则有盛德在天，且履位有德，乃大有庆之事。

履卦确位之吉，在于用位之道而视履考祥，既以“位”来明辨福祸，又以“位”来考祥功德。所谓以位来明辨福祸，在于履卦所确之“位”乃体时位之位，亦乃易之序位，为法序之位与自然秩序之位。吉凶有进退变化且循环不定，在于以德确治可以趋吉避凶，使其而互为进退，言“治”多在于化凶转吉，而德治之核心在于能履位序，这也是因“位”而见德之所在。体时位贯穿四易体证必因“位”而见德，有德而吉，无德有凶，而治吉凶又是以“德”而治，治之核心在于履位序。所谓以位来考祥功德，便是治吉凶又是以德而治，德治之成败关键在于是否依位而治，之所以能“视履考祥”，在于履位序而大行监查之能事。视，鉴也；考，察也；祥，祸福之兆。为明鉴履道之得失，考察邦、民之祸福。上九高居上位者而大吉，为依礼制行监察与弹劾之能事，哪怕是弹劾失去约礼的君权。有此完备无疚且善之至的礼制，必有履道大成之元吉。

履卦通所有。履卦之所以有“元吉”的吉祥之兆，便在于履卦确“位”序定礼序，以一卦通所有卦，以一爻贯其他爻，履卦确位序定礼序的核心在位，思想在德，在德位法则统领下，贵在践行，故而因践履而见德治，这也是言“盛德”之所在。

纵观履卦，履卦确位，继而确礼制与德位之道，从而成就履卦的德位法则核心之卦，正因有履卦确德位之内核，方能以履卦通他卦而使易体井然有序。履之六爻，皆以履柔为吉，所谓履柔者，在于见礼而柔，乃礼之于文明之柔性，同师卦刚性冲突而言，礼之柔性乃文明扬升之兆；九二有中德，以中不自乱履位，故有“坦坦”之象，九四履虎尾而确礼，故有愬愬终吉，上九用位之道而视履考祥，故有其旋元吉之象；六三以柔履刚，才弱志刚，不能克己，履刚致凶；初九九五所履皆正，初九当位而触礼知礼，素履于礼，使礼发乎于自然而无咎，九五以夬履行中正，实乃以刚断之明来维护礼制。卦爻取眇象，以“眇”之视言明德，诸爻中阳爻有明，皆能明位序知礼序，以阳明之德履柔，故而见吉，阴爻有暗，虽卦辞言善，但终以履刚有凶。是否有明德来识位且履位，便是诸爻所见吉凶的关键。

以秩序七建之过程来建位序定礼序，便是对比卦所确之制最好的诠释与延伸。经小畜卦施礼、建礼、定礼后，以德礼之道而安位序成履卦，在履卦以礼制与德位之道确法→礼→德三者一体德树之构建，有治礼道之大成，法→礼→德三者一体德树之构建其核心思想无非德位也。比卦言确制，夬卦言决制，皆是以“制”来定序，使其因正序而有盛德，此盛德便是以德制之成而一序刚万德，既载万善，又以善见德，乃大乘盛德之大业。秩序七建建序而有序德，便在于经过秩序七建之过程，通过确礼来确德位，终在履卦形成德位治则，秉以小见大之功，以德位治则贯通其他卦体，使其他卦亦能贯穿德治之始终。